汽车专业职业教育情境化教学通用教材

QICHE ZHUANYE ZHIYE JIAOYU QINGJINGHUA JIAOXUE TONGYONG JIAOCAI

汽车底盘构造与维修

主编 谭本忠

山东科学技术出版社

·济南·

图书在版编目（CIP）数据

汽车底盘构造与维修 / 谭本忠主编. -- 济南：山东科学技术出版社，2010.2（2023.9 重印）
汽车专业职业教育情境化教学通用教材
ISBN 978-7-5331-5537-7

Ⅰ.①汽… Ⅱ.谭… Ⅲ.①汽车-底盘-结构-职业教育-教材 ②汽车-底盘-车辆修理-职业教育-教材 Ⅳ.U472.41

中国版本图书馆CIP数据核字（2009）第235284号

主编：谭本忠
编者：胡波勇　谭敦才　于海东　邓冬梅　张　青　陈海波
　　　蔡晓兵　葛千红　胡　波　谭玉芳　张国林　曾淑琴
　　　黄园园　刘家昌　周景良　曾瑶瑶　于梦莎　陈甲仕
　　　张捷辉　王世根　陈新喜　何柏中　罗冬冬　张丕武

汽车底盘构造与维修

QICHE DIPAN GOUZAO YU WEIXIU

责任编辑：章　斌

主管单位：山东出版传媒股份有限公司
出 版 者：山东科学技术出版社
　　　　　地址：济南市市中区舜耕路517号
　　　　　邮编：250003　电话：（0531）82098088
　　　　　网址：www.lkj.com.cn
　　　　　电子邮件：sdkj@sdcbcm.com
发 行 者：山东科学技术出版社
　　　　　地址：济南市市中区舜耕路517号
　　　　　邮编：250003　电话：（0531）82098067
印 刷 者：济南鲁艺彩印有限公司
　　　　　地址：济南历城区临港国际智能制造产业园33号
　　　　　邮编：250101　电话：（0531）88665353

规格：16开（210 mm×285 mm）
印张：10.25　字数：279千
版次：2010年2月第1版　印次：2023年9月第16次印刷
定价：38.00元

丛 书 序

当前，我国职业教育正大力推行以就业为导向培训实用型人才。怎样培养出优秀的实用型人才，解决这个问题需要从改变传统的教学模式、方法入手，各地职业学院也纷纷进行教学改革，包括教材的改编与更新。这其中就包括情境化教学的试点与推广。

什么叫情境化教学，就是模拟实际的工作情境和工作任务来设置学习任务，围绕完成这项工作所需掌握的知识和技能，对学生进行培训。这样，学生在学校就能学到真正实用的知识和技能，上岗后马上就能适应工作环境，胜任工作任务。

用于汽车专业的情境化教学教材，按汽车结构的特点和维修分工的不同，分为发动机构造、电控发动机、底盘构造、自动变速器、电器、空调、安全舒适系统、汽车电脑、汽车美容与装饰、汽车文化等十八个分块。以上各个系统总成又按结构功能细分到部件，针对各部件在实际工作中可能遇到的故障，我们对大量的案例进行归纳总结，提取出最典型的事件作为学习情境的设置。

每一个学习情境就相当于一个工作任务。那么，完成这个任务必须掌握哪些理论知识（必知），需要具备哪些技能（必会），同时，在完成任务的过程中要注意哪些事项（如作业安全与环保），又有哪些经验技巧可以供参考，这些内容的讲述就构成教材情境的"骨肉"。

做什么，学什么；学什么，用什么。使之学以致用，为实用而学，这是情境化教学的最大特点。

为了突出教学效果，提高学员对知识与技能的理解程度和学习兴趣。我们为这套教材开发了相应的多媒体教学课件（与教材同步，综合教学所要用到的图片、动画、视频、文本等）和电子教学讲义。教师若有需要可免费索取。

汽车专业职业教育情境化教学通用教材的模块组成如下：
- 发动机构造与维修
- 汽车底盘构造与维修
- 汽车电器构造与维修
- 电控发动机原理与维修
- 自动变速器原理与维修
- 汽车安全舒适系统原理与维修
- 汽车空调原理与维修
- 电控柴油发动机构造与维修
- 汽车电脑原理与维修
- 汽车车身构造与修复
- 汽车保养与维护
- 汽车检测与故障诊断技术
- 汽车机械基础
- 汽车电学基础
- 汽车美容与装饰
- 汽车构造
- 汽车电子控制技术
- 汽车文化与概论

各汽车院校与职业培训机构可以根据开设专业的教学需要选取不同的模块教材。采用情境化教学教材，实施情境化教学，将大大提升学生的学习兴趣、分析问题的能力和动手能力，同时也将为教师教学带来更多方便，使专业教学更轻松，更具实效性。

目　录

第一部分　传动系统　1

情境一：离合器　1
一、离合器的组成　1
二、离合器的拆卸　5
三、离合器的检测与维修　6
四、离合器的维修实际操作　7

情境二：手动变速器　9
一、手动变速器的构造与工作原理　9
二、同步器　13
三、变速器的操纵机构　15
四、手动变速器的拆卸　16
五、变速器的检测与维修　25
六、变速器的维修实际操作　26

情境三：万向传动装置　29
一、万向传动装置常见布置形式　29
二、万向传动装置的组成　30
三、万向传动装置的拆卸　33
四、万向传动装置的检测与维修　37
五、万向传动装置的维修实际操作　37

情境四：驱动桥　40
一、驱动桥的结构类型　40
二、驱动桥的组成　40
三、差速器的拆装　47
四、驱动桥的检测与维修　50
五、驱动桥的维修实际操作　50

第二部分　行驶系统　53

情境一：悬架　53
一、悬架的组成　53
二、悬架的种类　56
三、悬架的拆装　65
四、悬架系统的检测与维修　68
五、悬架系统的维修实际操作　69

情境二：车架与车桥　74
一、车架的种类　74
二、车架的修理　75
三、车桥的组成　76
四、车桥的检测与维修　77

情境三：车轮与轮胎　80
一、车轮　80
二、轮胎　81
三、车轮、轮胎的检测与维修　91
四、车轮的维修实际操作　92

第三部分　转向系统　94

情境一：机械式转向系统　94
一、转向操纵机构组成　94
二、转向器　96
三、转向传动机构　98

四、循环球式转向器拆装……………100
五、循环球式转向器检测与维修………103
六、机械式转向系统维修实际操作……104

情境二：动力转向系统……………106

一、动力转向系统组成与结构…………106
二、动力转向系统拆装…………………111
三、动力转向系统检测与维修…………114
四、动力转向系统维修实际操作………115

第四部分 制动系统 118

情境一：制动器……………………119

一、制动器的种类………………………119
二、制动器的拆卸………………………122

三、制动器的检测与维修………………129
四、制动器的维修实际操作……………131

情境二：液压制动传动机构…………136

一、液压制动传动机构的组成…………136
二、液压制动操纵机构的拆卸…………139
三、液压制动操纵机构的检测与维修…140
四、液压制动操纵机构的维修实际操作…142

情境三：气压制动操纵机构…………146

一、气压制动操纵机构类型……………146
二、气压制动操纵机构的供能装置……147
三、气压制动操纵机构的控制装置……148
四、制动力调节装置……………………150
五、气压制动操纵机构的检测与维修…151
六、气压制动操纵机构的维修实际操作…153

第一部分 传动系统

传动系统将发动机发出的动力传递给驱动车轮，并实现减速增矩等功能。传动系统包括离合器、变速器、传动轴、主减速器、差速器及半轴。

用户挂挡不当，如低速高挡或高速低挡，容易引起离合器片磨损加剧。在维修过程中需要了解离合器的组成与构造，熟练掌握离合器的拆装与检修方法。只有对离合器了如指掌，才能使故障手到病除。下面就离合器进行情境式学习。

情境一：离合器

一、离合器的组成

离合器按传递扭矩的方式分为摩擦式、液力式和电磁式离合器。与手动变速器相配合的绝大多数离合器为干式摩擦式离合器，液力式和电磁式离合器普遍用于自动变速器中。这里重点介绍摩擦离合器。

（一）摩擦式离合器结构

摩擦式离合器分解图如图1-1所示。摩擦式离合器主要由主动部分、从动部分、压紧机构和操纵机构四部分组成。

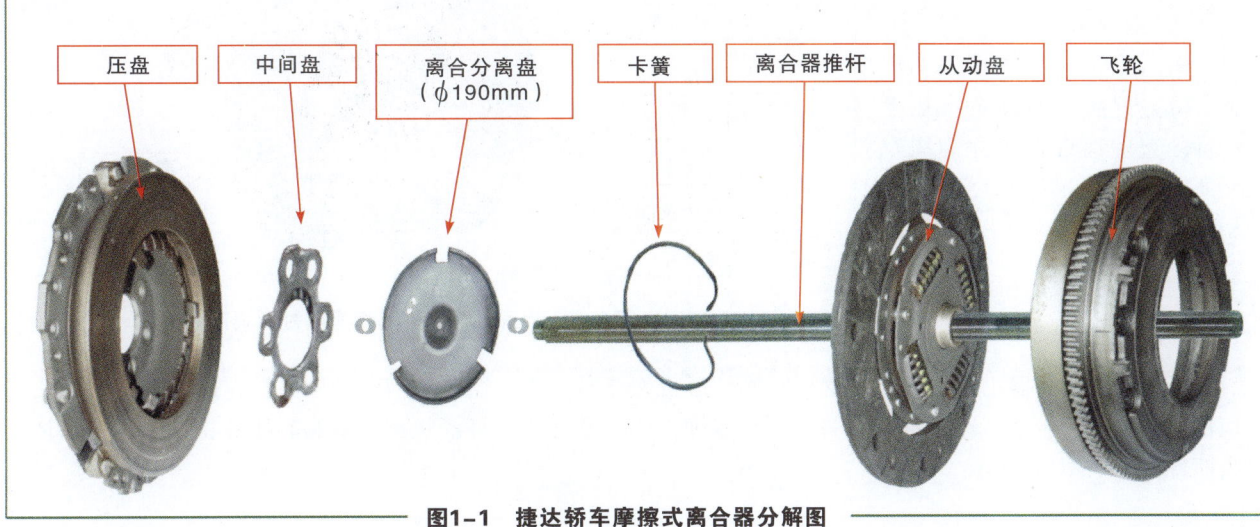

图1-1 捷达轿车摩擦式离合器分解图

情境教学　汽车底盘构造与维修

1. 主动部分

主动部分由带有膜片弹簧的压盘、飞轮、中间盘等组成。主动部分与发动机曲轴相连。离合器盖用螺钉固定于飞轮的后端面上，压盘通过传动片与离合器盖相连，可做轴向移动，飞轮与曲轴固定在一起，只要曲轴旋转，发动机动力便可通过飞轮、离合器盖带动压盘一起转动。

2. 从动部分

从动部分包括从动盘和从动轴。从动盘带有双面的摩擦片，离合器正常接合时分别与飞轮和压盘接通；从动轴通过花键套装在变速器第一轴上，通过轴承支承于曲轴后端中心孔内。

3. 压紧机构

压紧机构由若干压紧弹簧组成，安装于压盘与离合器盖之间，沿圆周均匀分布，将压盘和从动盘压向飞轮，使飞轮、从动盘和压盘三者压紧在一起。

4. 操纵机构

操纵机构由分离杠杆、分离杠杆支承柱、摆动销、分离套筒、分离轴承和离合器踏板等组成。

（二）摩擦式离合器类别

擦式离合器分为湿式和干式两种。按其从动盘的数目，又分为单盘式、双盘式和多盘式等。湿式摩擦式离合器一般为多盘式，浸在油中，以便于散热。

1. 按压紧弹簧分

按压紧弹簧的形式与布置分为膜片弹簧式、周布弹簧式、中央弹簧式等。

采用若干个螺旋弹簧作为压紧弹簧，并将这些弹簧沿压盘圆周分布的离合器，称为周布弹簧离合器；采用膜片弹簧作为压紧弹簧的离合器，称为膜片弹簧离合器。

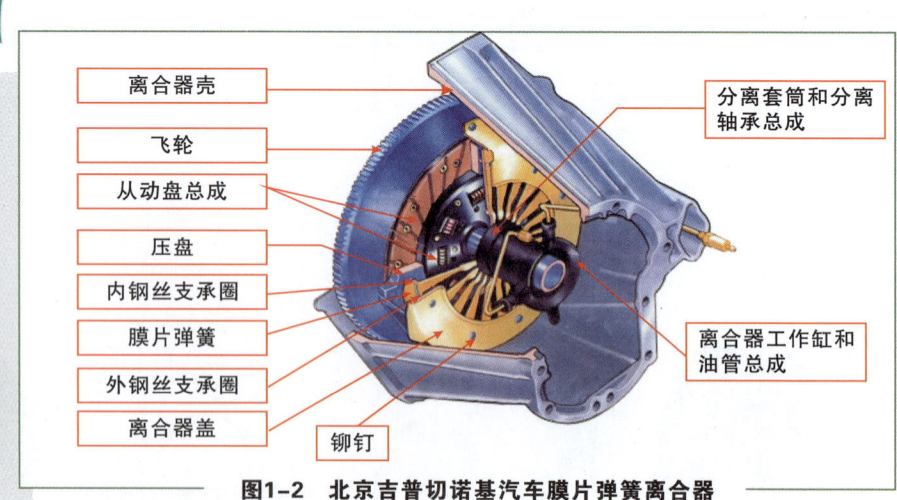

图1-2　北京吉普切诺基汽车膜片弹簧离合器

膜片式弹簧离合器：用优质弹簧钢板制成，形状为碟形，开有径向切槽，切槽内端连通，外端为圆孔。两个切槽之间的钢板形成一个弹性杠杆，既是压紧弹簧，又是分离杠杆。螺旋弹簧具有线性特征，膜片弹簧具有非线性特征。如图1-2所示。

膜片弹簧离合器有推式和拉式两种结构形式，分别如图1-3、4所示。

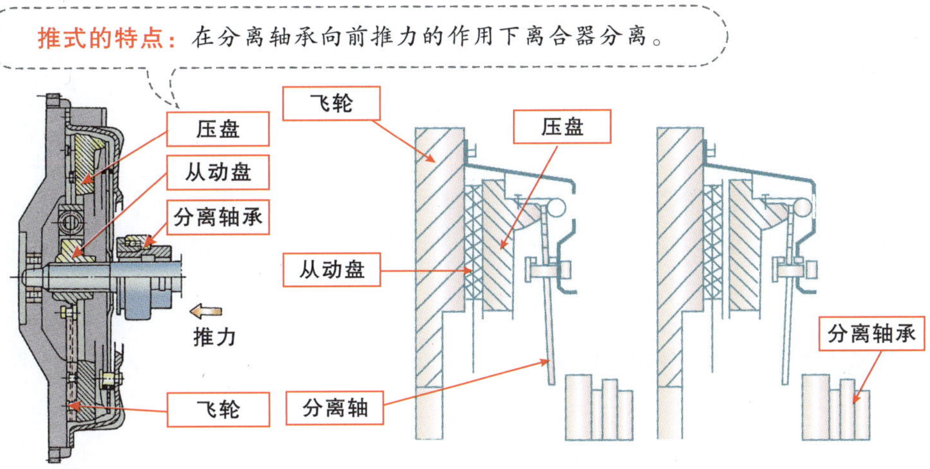

推式的特点：在分离轴承向前推力的作用下离合器分离。
压盘
从动盘
分离轴承
推力
飞轮
飞轮
压盘
从动盘
分离轴
分离轴承

图1-3
推式膜片弹簧离合器

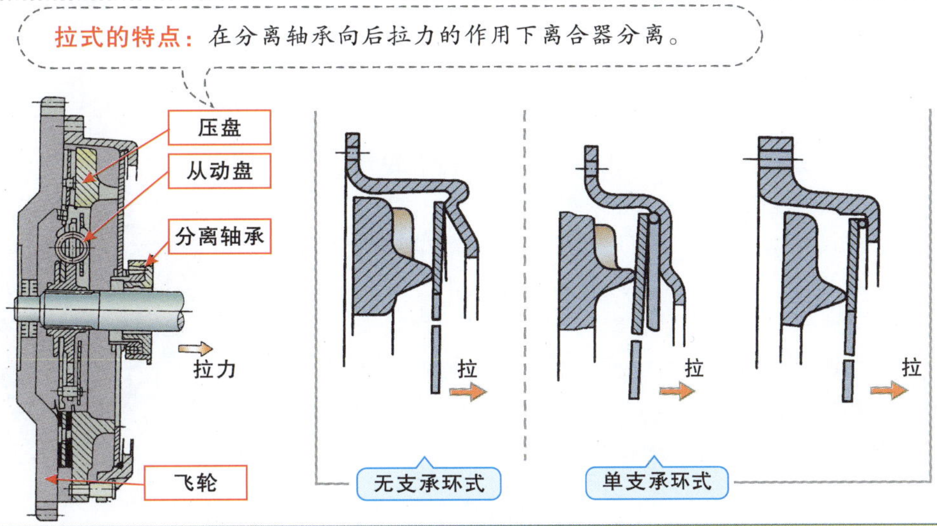

拉式的特点：在分离轴承向后拉力的作用下离合器分离。
压盘
从动盘
分离轴承
拉力
飞轮
拉
拉
拉
无支承环式
单支承环式

图1-4
拉式膜片弹簧离合器

周布弹簧离合器：目前，周布弹簧离合器主要用于商用载重汽车上。结构上，螺旋弹簧沿着压盘的圆周做同心圆布置，如图1-5所示。

特点：周布弹簧离合器所用的螺旋弹簧是线性的，当摩擦片磨损后，弹簧伸长，压紧力下降，这对离合器可靠传扭是很不利的。为此，可改用组合周置螺旋弹簧的结构，在大弹簧的里面放一个弹簧，两者旋转相反，弹簧刚度也不一样。为了保证摩擦片上的压力分布尽量均匀，压簧的数目不应太少，且要随摩擦片直径的增大而增多，有时甚至布置成两排。

压紧弹簧
离合器从动盘
减振器盘
离合器盖
从动盘毂
飞轮
减振器阻尼片
离合器压盘

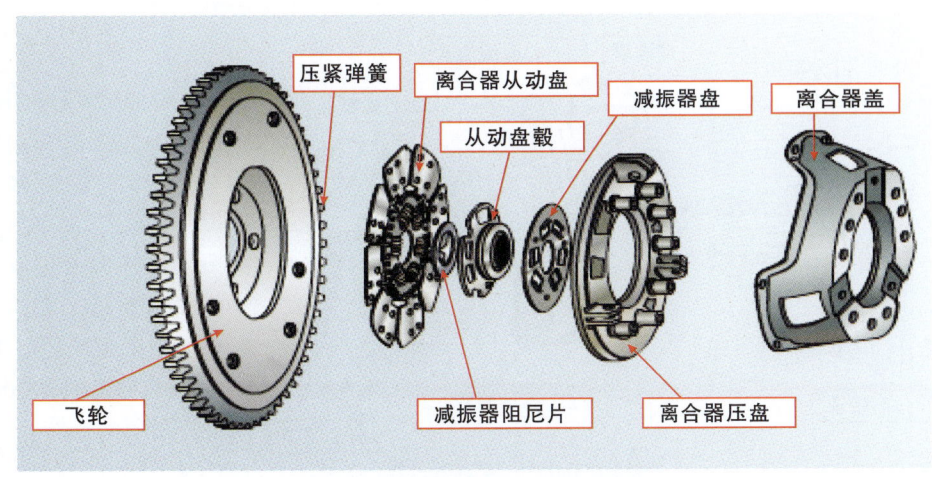

图1-5　周布弹簧离合器部件的构造

情境教学 — 汽车底盘构造与维修

中央弹簧离合器：长征XD2150型汽车中央弹簧离合器如图1-6所示。中央弹簧离合器的压紧弹簧不与压盘直接接触，因此，压盘由于摩擦产生的热量不会直接传给弹簧，而使其回火失效。中央弹簧的压紧力通过杠杆系统作用于压盘，并按杠杆比放大，所以可用较小的弹簧力得到足够大的压盘压紧力。有些中央弹簧离合器弹性压杆的中段常常做成叶片状，成为风扇叶片，有利于离合器的通风散热。

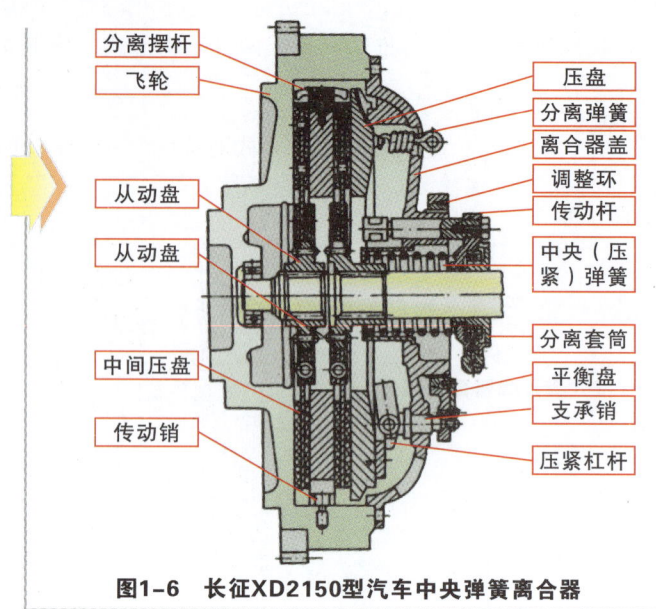

图1-6 长征XD2150型汽车中央弹簧离合器

2. 按离合器操纵机构分

离合器操纵机构有机械式、液压式和气压式三种。机械式操纵机构通常有杠杆式和绳索式两种。

离合器机械绳索式操纵机构：离合器踏板和分离轴承之间通过机械杆件和绳索相连。

绳索式操纵机构广泛应用于乘用车和微型货车上。这种传动装置由于拉索磨损较大，其工作时受到车身和拉杆、拉索变形等影响，会导致行程损失过大；但其结构简单，制造成本低。机械绳索式操纵机构如图1-7所示。

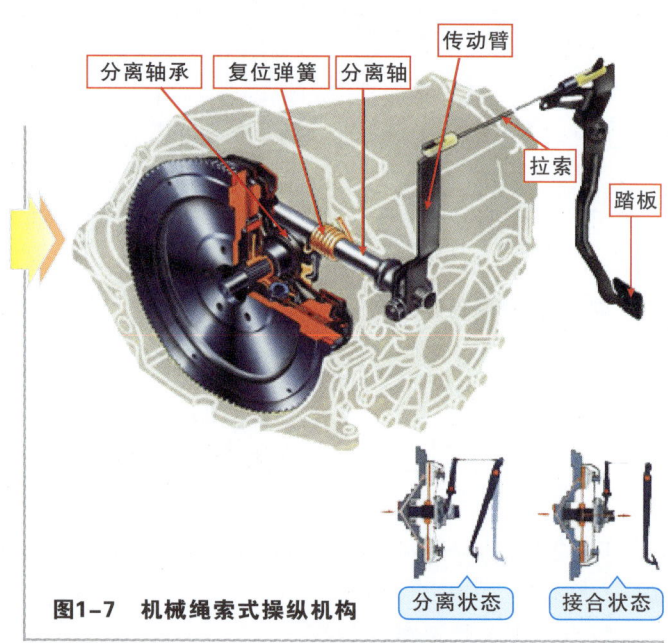

图1-7 机械绳索式操纵机构

离合器液压操纵机构：液压离合器操纵机构一般由离合器踏板、主缸、储液罐、工作缸分离叉、分离轴承和管路系统组成。当踩下离合踏板，踏板受到作用力，在主缸中产生液压，压力通过液压管送到工作缸。此压力用于移动分离叉来达到对离合器的操纵。在液压管道中产生液压。液压用于离合器接合和分离。

桑塔纳2000轿车离合器液压操纵系统如图1-8所示。

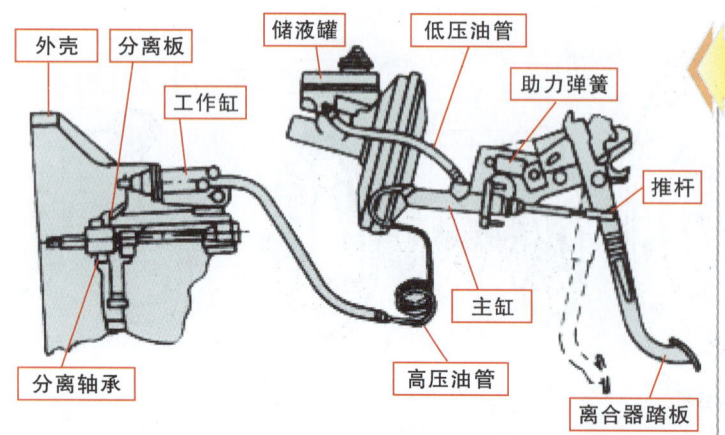

图1-8 桑塔纳2000轿车离合器液压操纵系统

第一部分　传动系统

离合器气压助力式机械操纵机构：气压助力式离合器操纵机构利用发动机带动空气压缩机作为主要的操纵能源，驾驶员的肌体作为辅助的或后备的操纵能源，多与汽车的气压制动系统或其他气动设备共用一套压缩空气源，离合器气压助力式机械操纵机构如图1-9所示。

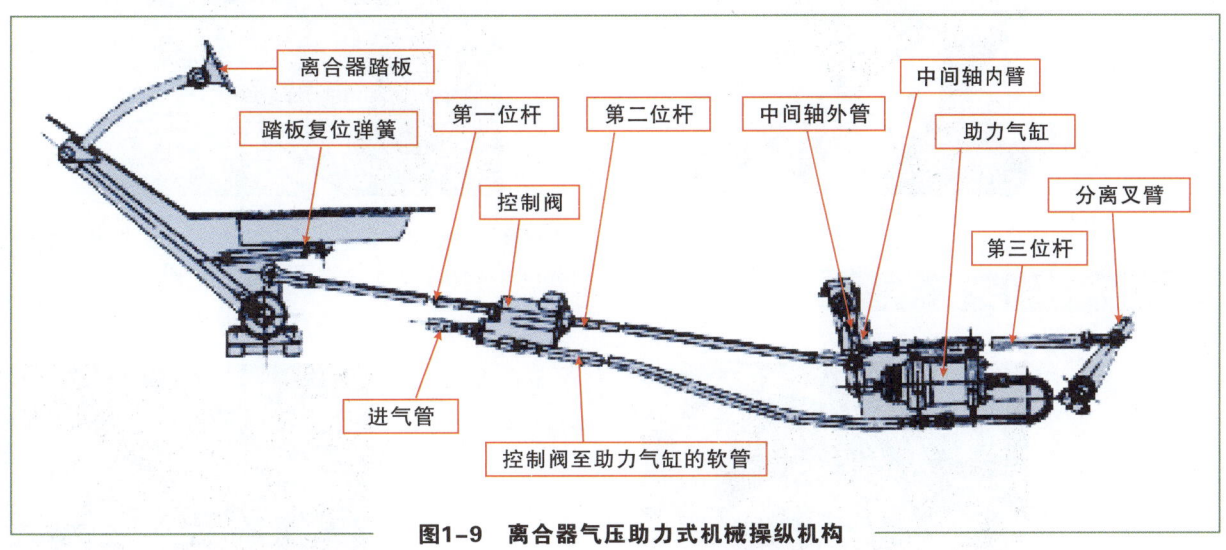

图1-9　离合器气压助力式机械操纵机构

二、离合器的拆卸

下面以捷达轿车为例，介绍离合器的拆装过程。

1. 离合器的拆卸

①先按顺序拆下飞轮盘上的紧固螺栓，如图1-10所示。

图1-10

②取下飞轮与从动盘，如图1-11所示。

图1-11

③取下卡簧和离合器分离盘，如图1-12所示。

图1-12

④用专用工具拆下螺栓，取下中间盘，如图1-13所示。

图1-13

情境教学
汽车底盘构造与维修

⑤取下压盘，如图1-14所示。

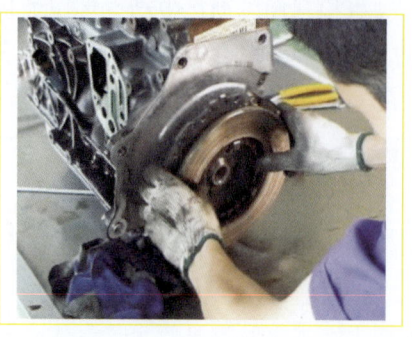

图1-14

图1-15

2. 离合器的安装

①将离合器压盘固定在曲轴上，装上中间盘，并用30N·m的扭力拧紧紧固螺栓，如图1-15所示。

②装上离合器分离盘，如图1-16所示。

图1-16

③装上卡簧，如图1-17所示。

图1-17

④装上从动盘和飞轮，用20N·m的扭力拧紧紧固螺丝，如图1-18所示。

图1-18

⑤装上盖板，如图1-19所示。

图1-19

三、离合器的检测与维修

1. 检查从动盘径向跳动量

如图1-20所示，在从动盘距外边缘2.5mm处测量其端面跳动量不应大于0.5mm。如果摆差过大，则应更换离合器从动盘。

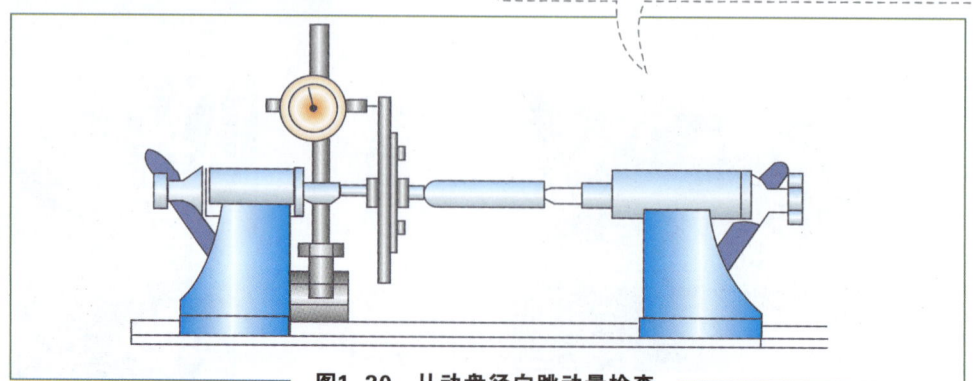

图1-20 从动盘径向跳动量检查

第一部分 传动系统

2. 检查摩擦衬片磨损

如图1-21所示,用游标卡尺测量铆头深度,铆钉头的最小深度为0.3mm,超过极限则应更换离合器。

图1-21　摩擦衬片磨损的检查

3. 检查压盘翘曲度

如图1-22所示,检查压盘向内扭曲量最大不应超过0.20mm。

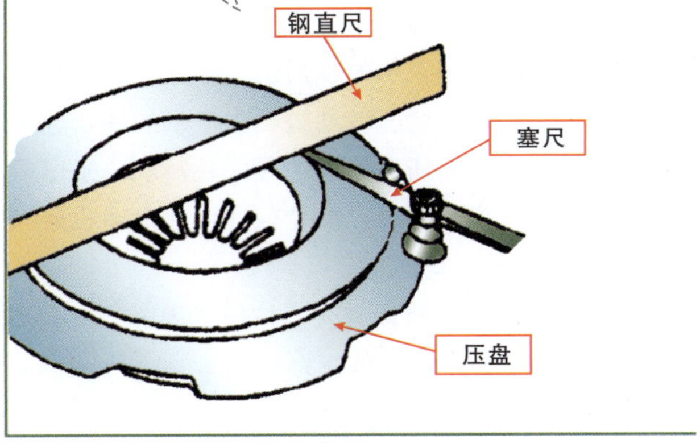

钢直尺
塞尺
压盘

图1-22　压盘翘曲度的检查

四、离合器的维修实际操作

经过前面的学习,相信你对离合器有了一定的了解,是不是有了想动手的冲动了。别急,在动手之前,还要先研究一下故障原因,这样才知道如何下手。下面我们一起来分析离合器打滑的故障。

故障原因:

引起该故障的原因可能是:

离合器踏板自由行程过小或没有自由行程,分离轴承经常压在离合器分离杠杆上,使压盘处于半分离状态。

压紧弹簧磨损、变形、弹力减弱或拆断,膜片弹簧损坏或弹力减弱超过极限值,导致摩擦片间压力不均。

摩擦片磨损变薄,表面有油污、烧蚀、硬化或铆钉外露,使其与飞轮、压盘间的摩擦力大大减弱。

离合器和飞轮连接螺钉松动。

压盘和飞轮发生翘曲或摩擦表面磨出沟槽,使得轴向压紧力不匀。

故障检查与排除:

启动发动机,拉紧驻车制动器,挂上低速挡,缓慢放松离合器踏板,并徐徐踏下加速踏板,若汽车不动,发动机仍继续运转而不熄火。证明离合器打滑。

检测离合器踏板自由行程,如不符合规定,应加以调整。

若自由行程正常,应拆下离合器底盖,检查离合器与飞轮连接螺钉是否松动,如松动,应拧紧。

检查摩擦片是否磨损过薄,表面是否有油污、硬化或铆钉外露等现象,根据情况予以更换或修复。

上述检查完成后,如果仍然打滑,应拆下离合器,检查压紧弹簧的弹力,若弹力过小,应予更换。

思考与练习

一、填空题

1. 摩擦式离合器由_____、_____、_____及_____四部分组成。
2. 离合器操纵机构的作用是_____和_____。
3. 为了减小离合器转动过程中产生的冲击、从动盘,应安装有_____。
4. 摩擦离合器所能传递的最大转矩取决于摩擦面间的_____。
5. 在设计离合器时,除需保证传递发动机最大转矩外,还应满足_____、_____和_____、_____等性能要求。
6. 弹簧压紧的摩擦离合器按压紧弹簧形式的不同,可分为_____和_____。其中,前者又根据弹簧布置形式的不同分为_____和_____、_____;根据从动盘数目的不同,离合器又可分为_____和_____。

二、判断题(正确的打"√",错误的打"×")

1. 离合器的主、从动部分常处于分离状态。（　　）
2. 为使离合器接合柔和,驾驶员应逐渐放松离合器踏板。（　　）
3. 离合器踏板的自由行程过大会造成离合器的传力性能下降。（　　）
4. 离合器从动部分的转动惯量应尽可能大。（　　）
5. 离合器的摩擦衬片上粘有油污后,可得到润滑。（　　）

三、选择题

1. 膜片弹簧离合器主要由离合器盖、压盘和膜片弹簧三个零件组成,膜片弹簧本身兼起(　　)的作用
   A. 压紧元件　　B. 分离杠杆　　C. 压紧元件和分离杠杆　　D. 分离轴承
2. 分离杠杆不平将导致离合器（　　）
   A. 分离不彻底　　B. 操作费力　　C. 接合不完全　　D. 散热差
3. 离合器的主动部分包括（　　）
   A. 飞轮　　B. 离合器盖　　C. 压盘　　D. 摩擦片
4. 离合器的从动部分包括（　　）
   A. 离合器盖　　B. 压盘　　C. 从动盘　　D. 压紧弹簧
5. 东风EQ1090E型汽车离合器的分离杠杆支点采用浮动销的主要目的是（　　）
   A. 避免运动干涉　　B. 利于拆装　　C. 提高强度　　D. 节省材料
6. 离合器分离轴承与分离杠杆之间的间隙是为了（　　）
   A. 实现离合器踏板的自由行程　　B. 减轻从动盘磨损
   C. 防止热膨胀失效　　D. 保证摩擦片正常磨损后离合器不失效
7. 膜片弹簧离合器的膜片弹簧起到(　　)的作用
   A. 压紧弹簧　　B. 分离杠杆　　C. 从动盘　　D. 主动盘

第一部分　传动系统

在汽车行驶过程中，变速器经常担负着变速、变扭的作用。频繁换挡和大负荷、高速状态下工作都极易引起零件的磨损、变形等，造成变速器出现跳挡、乱挡、异响、漏油等故障。俗话说，磨刀不误砍柴工。只要把变速器的构造、组成、拆装、检修这些"刀"磨锋利了，还怕砍不到柴吗？下面我们一起进入变速器情境式学习吧。

情境二：手动变速器

变速器包括变速传动机构和操纵机构两部分。汽车变速器按照换挡操纵方式的不同，可分手动（MT）变速器、自动（AT）变速器和手自动一体式变速器三种，如图1-23、1-24、1-25所示。

图1-23　手动变速器换挡杆

图1-24　自动变速器换挡杆

图1-25　手自动一体式变速器换挡杆

一、手动变速器的构造与工作原理

手动变速器通过拨动变速杆改变变速器内的齿轮啮合状态，改变传动比，从而达到变速的目的。一般由动力传动机构、变速执行机构和减速输出机构组成。动力传动机构主要由离合器组成。变速执行机构实现变速输出的部分，主要有变速齿轮与变速轴、拨叉机构组成。

车辆的驱动方式不同，变速器的外部形状差异较大，但其基本结构相同。

齿轮传动比：

一对啮合传动的齿轮，设小齿轮齿数$Z_1=12$，大齿轮齿数$Z_2=24$，在相同的时间内小齿轮转过一圈时，大齿轮转过半圈。输入和输出齿轮大小的不同叫作速比。这一齿轮速比就定为24∶12或2∶1。显然，当小齿轮是主动齿轮时，它的转速经大齿轮输出时就降低了；如果大齿轮是主动齿轮，它的转速经小齿轮输出时就提高了。这就是齿轮传动的变速原理，如图1-26所示。

情境教学 汽车底盘构造与维修

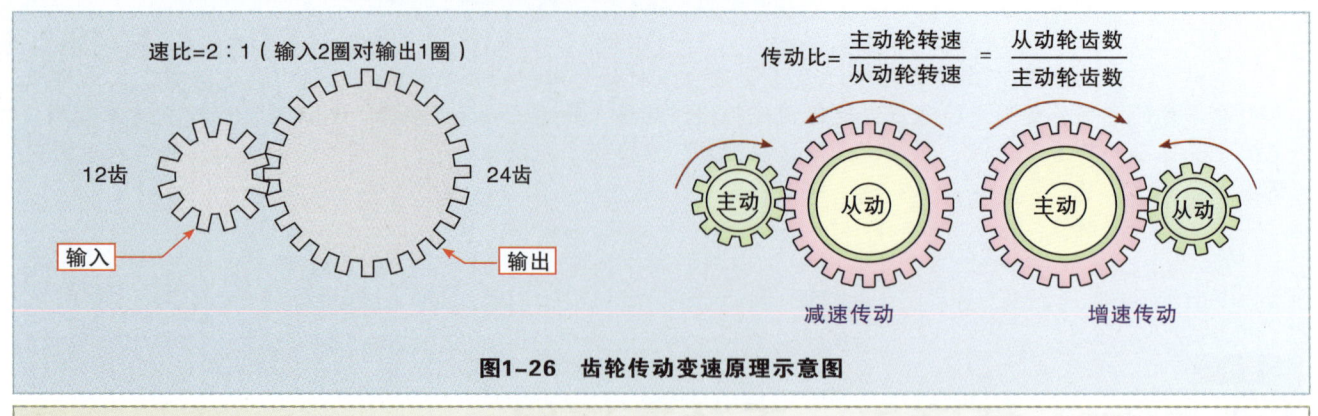

图1-26 齿轮传动变速原理示意图

☞ **小结**：传动比大于1的为低速挡，传动比等于1的为直接挡，传动比小于1的为超速挡。

按变速器的轴数分，有两轴式和三轴式变速器两种。

1. 两轴式变速器

两轴式变速器只设有输入轴、输出轴和倒挡轴，而不设置中间轴，动力传递主要依靠输入轴和输出轴完成。倒挡轴用来实现汽车的倒退行驶。捷达轿车02KA型变速器采用的就是两轴五挡式变速器，具有5个前进挡和1个倒挡，如图1-27所示。

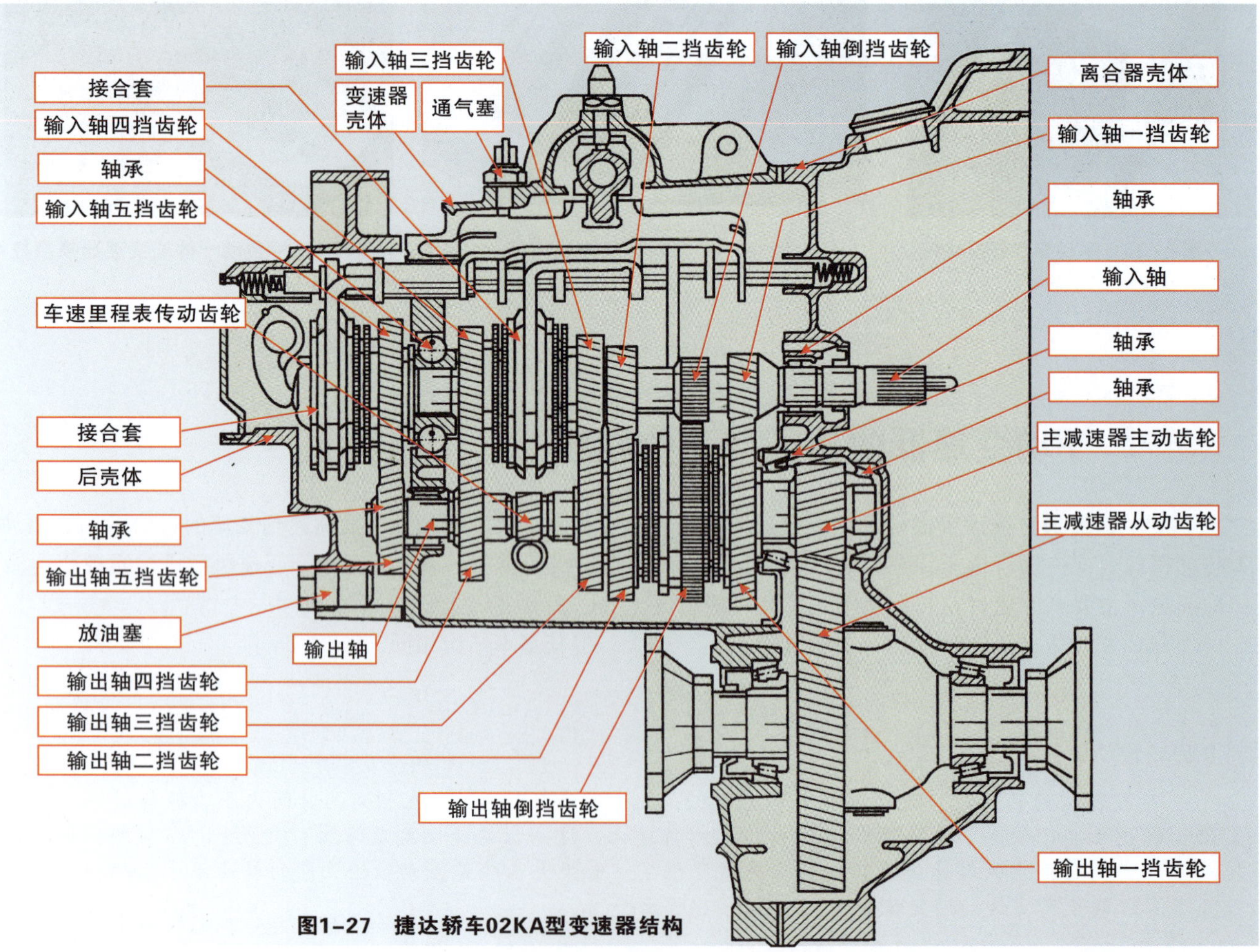

图1-27 捷达轿车02KA型变速器结构

第一部分　传动系统

输入轴与离合器的从动盘通过花键相连，动力通过离合器从动盘进入变速器。在输入轴上从右向左分别装有一、倒、二、三、四、五挡主动齿轮。其中，一、倒、二挡主动齿轮与输入轴花键相连，与输入轴一起旋转；而三、四、五挡主动齿轮通过滚针轴承与输入轴相连，可以在输入轴上自由转动。与之相反，在输出轴上从右向左分别装有一、倒、二、三、四、五挡被动齿轮。其中，一、倒、二挡被动齿轮与输出轴通过滚针轴承相连；而三、四、五挡被动齿轮则采用花键配合。同时在一、二挡被动齿轮间装有同步器。

捷达轿车采用齿轮常啮合同步器式手动变速器，通过拨叉机构使同步器结合，从而起到齿轮与输入或输出轴相连的作用。捷达轿车02KA型变速器传动示意图如图1-28所示。

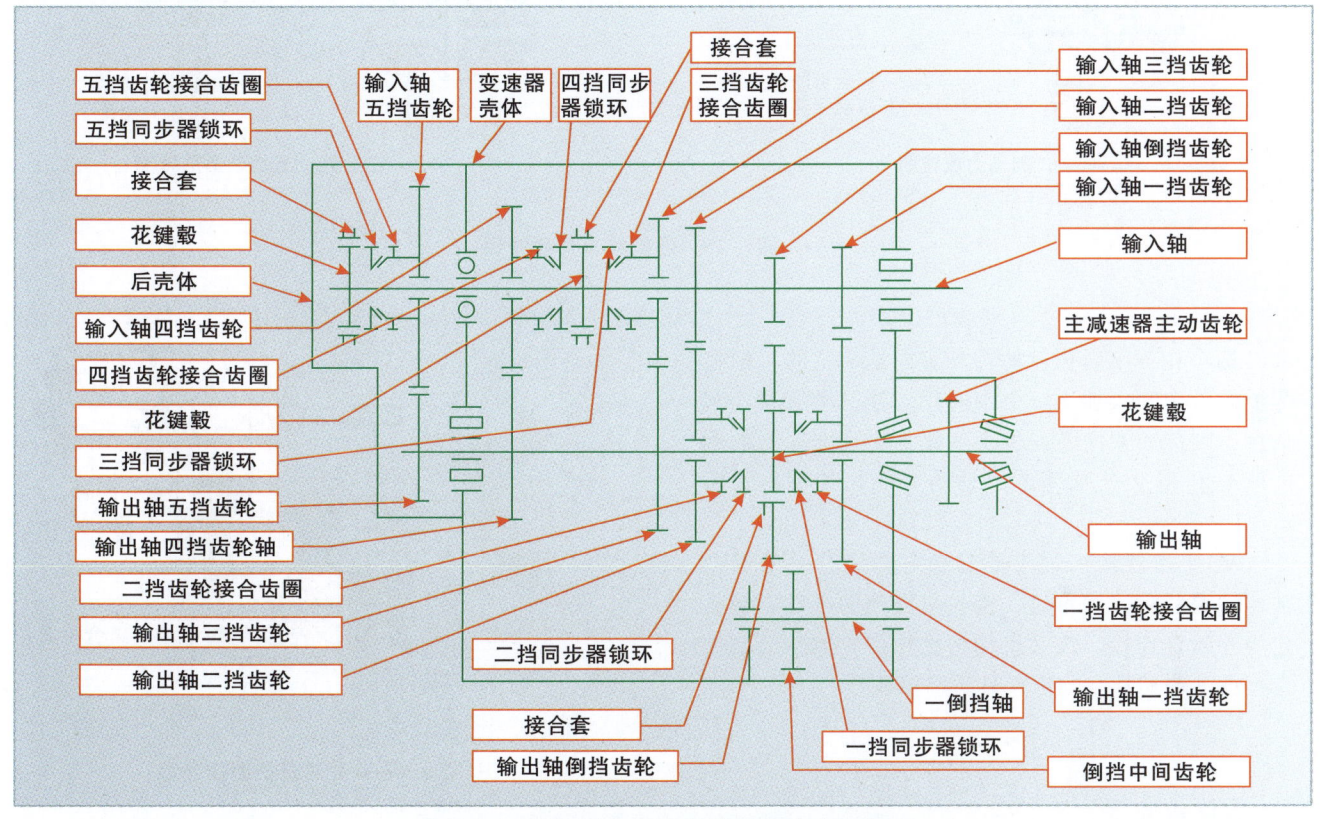

图1-28　捷达轿车02KA型变速器传动示意图

变速器常用换挡方式有直齿滑动齿轮换挡、接合套换挡和同步器换挡。直齿滑动齿轮换挡方式的结构简单，但换挡时相互接合的轮齿之间由于速度不同将产生很大的冲击，容易破坏齿轮，一般只用于倒挡。接合套换挡方式是利用接合套的内花键与齿轮接合齿圈相接合实现挂挡的，减少了冲击，并可将输入轴和输出轴上相啮合的传动齿轮制动常啮合的斜齿轮，从而减小变速器工作时的噪声。同步器是一种加装了一套同步装置的接合套换挡机构，其同步装置可使变速器在汽车行进中换挡不发生齿间冲击。捷达轿车02KA型变速器除倒挡采用直齿滑动齿轮换挡外，其余各挡均采用同步器换挡。常啮合斜齿轮副的主动齿轮都是右旋，从动齿轮都是左旋。

两轴五挡变速器工作原理：

一挡时发动机的动力通过离合器→输入轴→一挡主动轮→一挡被动轮→一、二挡同步器→输出轴的顺序送给减速输出机构，各挡动力传动路径如图1-29所示。

情境教学　汽车底盘构造与维修

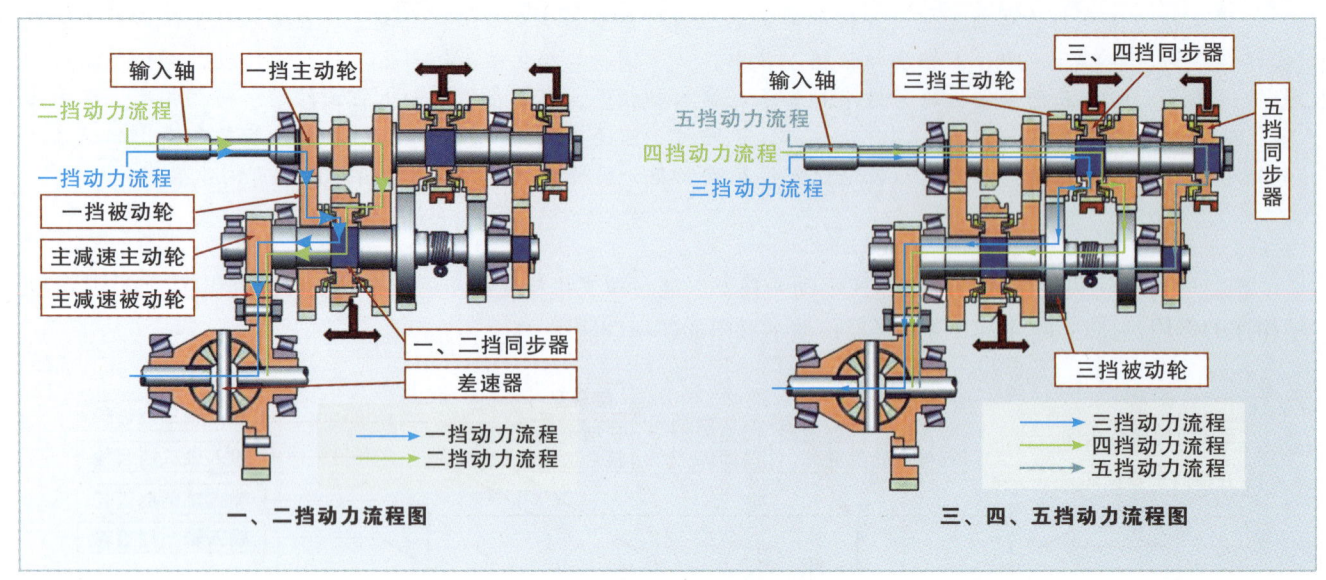

图1-29　各挡动力传动路径

两个相互啮合齿轮的传动方向是一定的，但在两个齿轮中间再加入一个中间轮，让三个齿轮相互啮合，则传动方向就发生了变化。手动变速器的倒挡就是利用这个原理来传动动力的，如图1-30所示。

在变速器输入轴与输出轴之间还有一条倒挡轴，轴上装有倒挡惰轮，惰轮与倒挡的主动、被动轮为外啮合连接。拨叉机构将倒挡惰轮拨至与倒挡主、被动轮相啮合的位置时，倒挡被挂上。

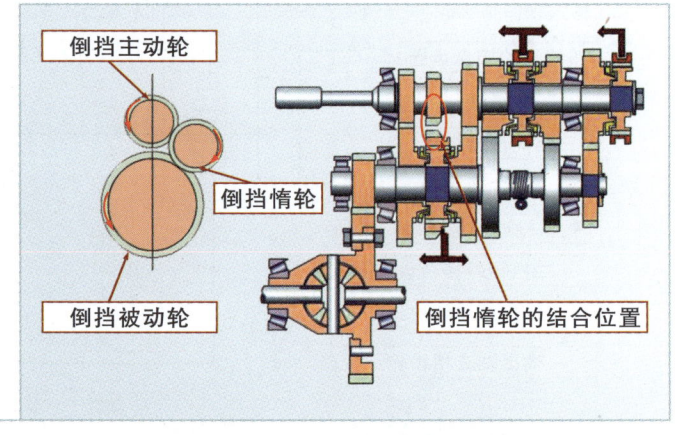

图1-30　手动变速器的倒挡原理

2. 三轴式变速器

在传动系统中，客车或中重型载货汽车要求输出更大的扭矩和实现较大的速度变动范围，广泛采用三轴式变速器。三轴式变速器除了设有输入轴、输出轴、倒挡轴之外，还另设了中间轴，如图1-31所示。

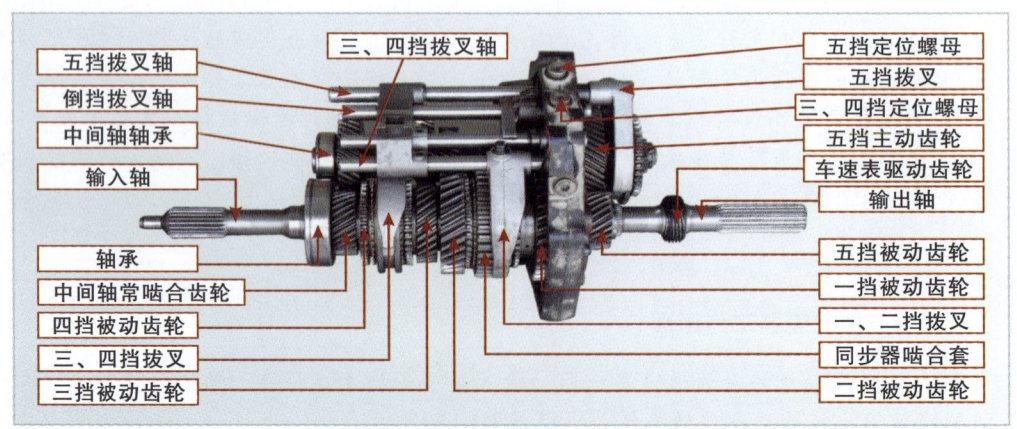

图1-31　三轴式变速器结构

12

第一部分　传动系统

三轴五挡变速器工作原理：

动力传递路线如图1-32所示。

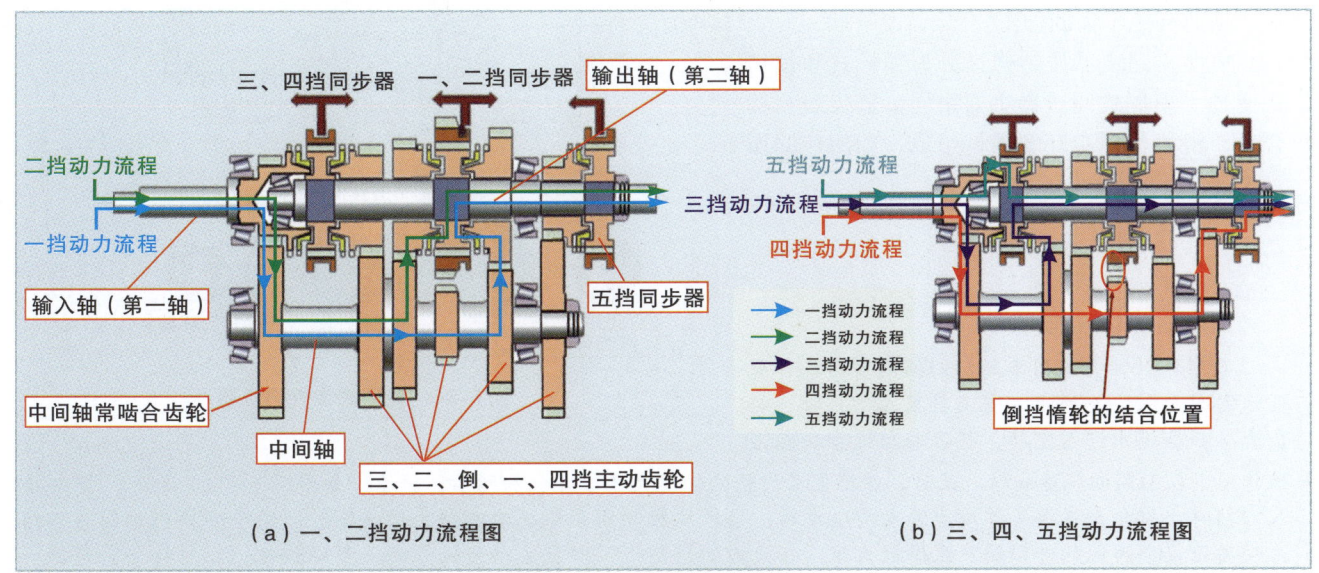

图1-32　动力传递路线

各挡位动力传递路径：

一挡：第一轴→第一轴常啮合齿轮→中间轴常啮合齿轮→中间轴→中间轴上一挡齿轮→第二轴一挡齿轮→一、二挡同步器→第二轴。

二挡：第一轴→第一轴常啮合齿轮→中间轴常啮合齿轮→中间轴→中间轴上二挡齿轮→第二轴二挡齿轮→一、二挡同步器→第二轴。

三挡：第一轴→第一轴常啮合齿轮→中间轴常啮合齿轮→中间轴→中间轴上三挡齿轮→第二轴三挡齿轮→三、五挡同步器→第二轴。

四挡：第一轴→第一轴常啮合齿轮→中间轴常啮合齿轮→中间轴→中间轴上四挡齿轮→第二轴四挡齿轮→四挡同步器→第二轴。

五挡：第一轴→三、五挡同步器→第二轴。

倒挡：第一轴→第一轴常啮合齿轮→中间轴常啮合齿轮→中间轴上倒挡齿轮→倒挡轴倒挡惰轮→第二轴倒挡齿轮→第二轴。

二、同步器

手动变速器的结构内部有一个非常重要的设备，那就是同步器。同步器的作用就是换挡时由于动力输出端齿轮转速快于马上要换入这个挡位的齿轮，如果没有同步器，把一个慢速旋转的齿轮强行塞入一个高速旋转的齿轮中，肯定会发生打齿的现象。同步器分解如图1-33所示。

同步器有常压式、惯性式和自行增力式等。这里仅介绍目前广泛采用的惯性式同步器。

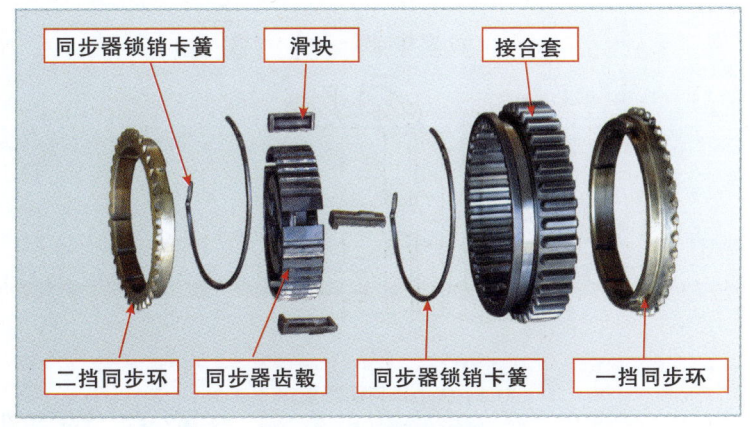

图1-33　同步器分解

情境教学 — 汽车底盘构造与维修

惯性式同步器是依靠摩擦作用实现同步的，在其上面设置有专设机构，以保证接合套与待接合的花键齿圈在达到同步之前不可能接触，从而避免了齿间冲击。

惯性式同步器按结构又分为锁环式和锁销式两种。锁环式同步器主要由同步器齿毂、接合套、滑块、同步环等零件组成，如图1-34所示。

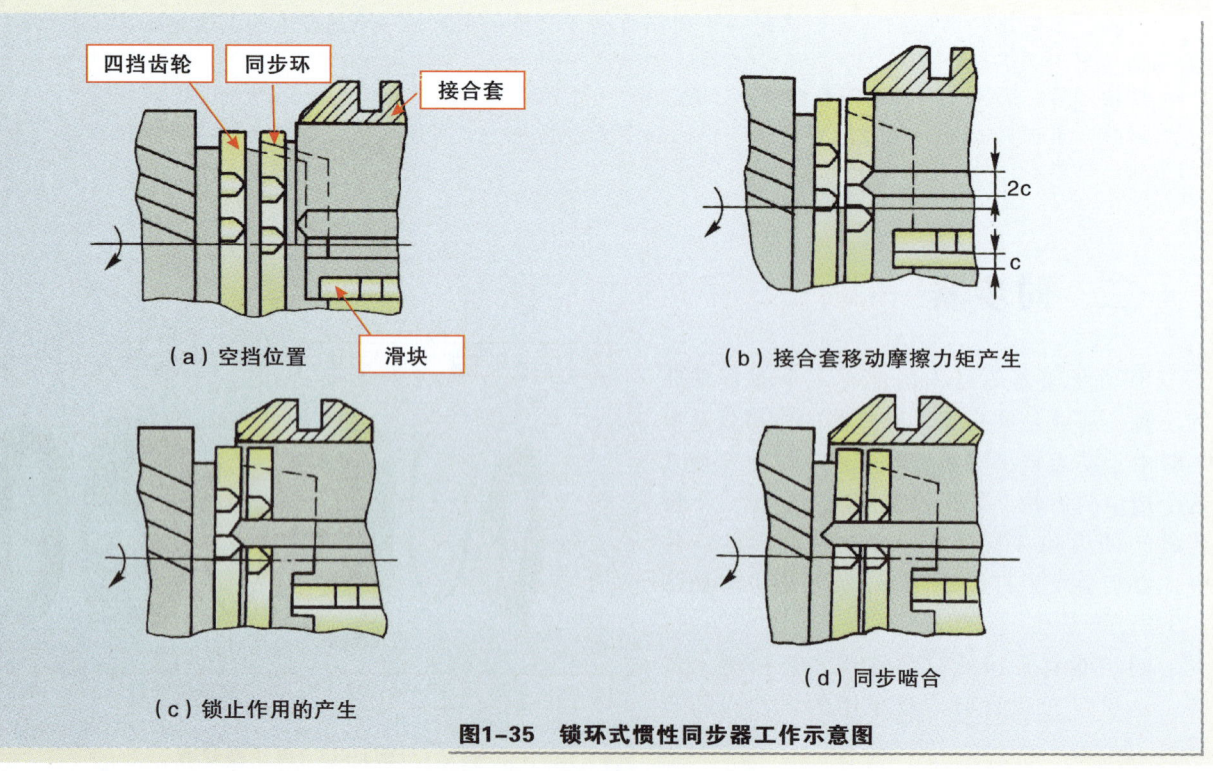

图1-34 锁环式惯性同步器

同步器工作原理：

桑塔纳2000型乘用车三、四挡同步器工作原理示意图如图1-35所示。当三挡换入四挡时，接合套从三挡退出进入空挡，接合套与同步环在惯性作用下以不同的转速旋转。此时，四挡主动齿轮的转速大于接合套和同步环转速，如图1-35（a）所示。当要挂入四挡时，接合套在拨叉作用下带动滑块左移。当滑块推动同步环压向四挡主动齿轮时，同步环的内锥面与四挡主动齿轮接合齿圈的外锥面产生摩擦力矩，在此力矩作用下，四挡主动齿轮带动同步环旋转，相对接合套超前一个角度，超前角的大小，正好是同步环缺口的一侧靠在滑块一侧所留的间隙，即正好是半个短齿。此时，由于四挡主动齿轮相对于同步环和接合套作减速旋转，使四挡主动齿轮与同步环、接合套的转速相同，达到同步旋转。拨叉作用在接合套上的力，使接合套上的短齿倒压在同步环的短齿倒角上，使倒角面上的力F分解出F_1和F_2两个力，F_1使同步环锥面更紧地压在四挡主动齿轮的锥面上，F_2使同步环相对接合套倒转一个角度，使两花键齿倒角不再抵触（滑块此时正好在同步环缺口的中间），同步环的锁止作用消除，于是接合套压下弹簧圈继续左移，从而与同步环的花键齿圈进入啮合，如图1-35（c）所示。当接合套穿过同步环短齿与四挡主动齿轮接合齿圈的短齿倒角接触时，作用在短齿倒角上的力同样分解成两个力，一个力使接合套左移，另一个力使四挡主动齿轮相对接合套转过一个角度，从而最终完成接合套与四挡主动齿轮接合齿圈上短齿的顺利啮合，如图1-35（d）所示。

（a）空挡位置　　（b）接合套移动摩擦力矩产生

（c）锁止作用的产生　　（d）同步啮合

图1-35 锁环式惯性同步器工作示意图

第一部分　传动系统

三、变速器的操纵机构

按操纵杆与变速器的相互位置，变速器操纵机构分为直接操纵式、远距离操纵式和变速保护装置。

1. 直接操纵式

变速器的位置在驾驶员附近，变速杆由驾驶室底板伸出，驾驶员可直接操纵。这种操纵机构一般由变速杆、拨块、拨叉、拨叉轴以及安全装置等组成，多集装于变速器上盖或侧盖内，如图1-36所示。具有换挡位置容易确定、换挡快、平稳等特点，主要应用于发动机前置后轮驱动的汽车。

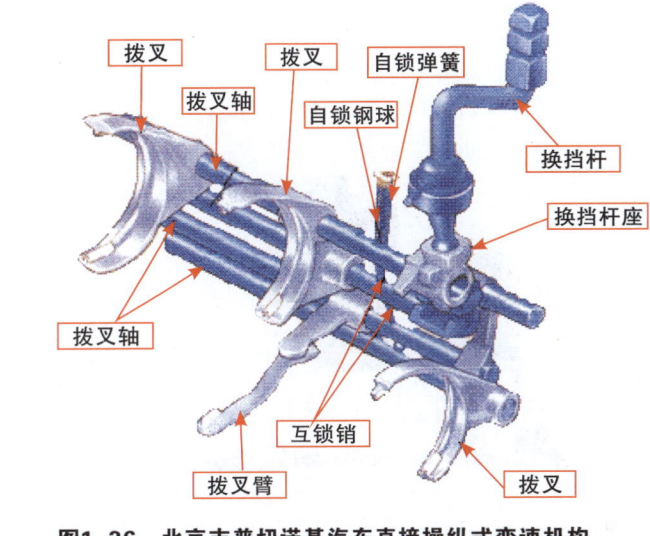

图1-36　北京吉普切诺基汽车直接操纵式变速机构

2. 远距离操纵式

发动机前置前轮驱动及后置后轮驱动的汽车，由于变速器距离变速杆较远，通常在变速杆与拨叉之间增加若干传动杆件，组成远距离操纵机构，主要由支承杆、换挡杆接合器、外换挡杆、倒挡保险挡块、变速杆等组成。远距离操纵机构分为杆件式操纵机构（图1-37）、拉索式操纵机构（图1-38）。

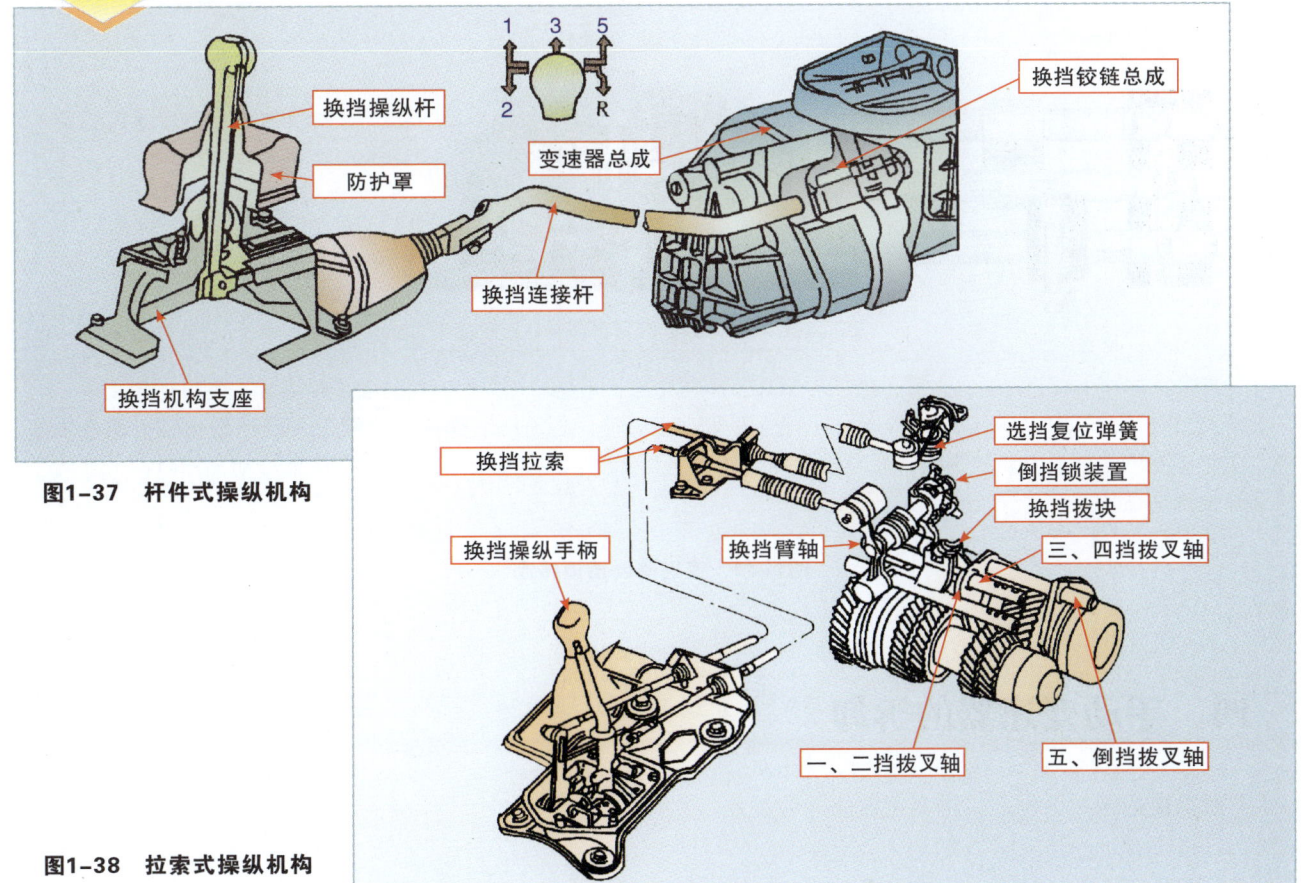

图1-37　杆件式操纵机构

图1-38　拉索式操纵机构

15

3. 变速保护装置

变速器操纵机构要保证变速器在任何情况下都能准确、安全、可靠地工作，设置了自锁装置、互锁装置、倒挡锁装置，分别如图1-39、1-40、1-41所示。

组成：自锁钢球和自锁弹簧。
作用：保证换挡到位，防止自动脱挡。

组成：互锁销、互锁钢球。
作用：防止同时挂入两挡。

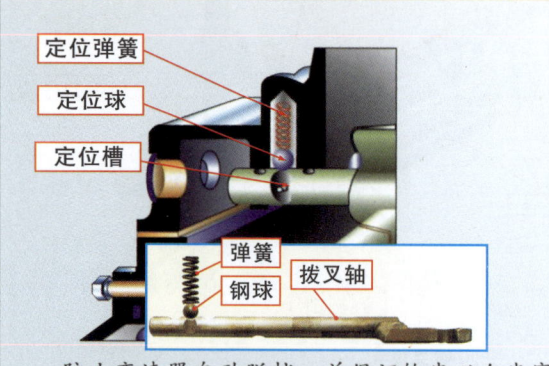

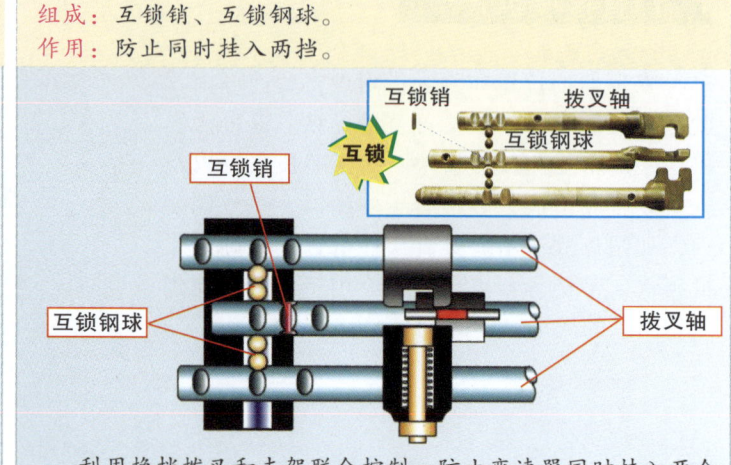

防止变速器自动脱挡，并保证轮齿以全齿宽啮合。换挡拨叉轴上方有三凹坑，上面有被弹簧压紧的钢球。当拨叉轴位置处于空挡或某一挡位置时，钢珠压在凹坑内起到了自锁的作用。

利用换挡拨叉和支架联合控制，防止变速器同时挂入两个挡位。当中间换挡拨叉轴移动挂挡时，另外两个拨叉轴被钢球锁住，起到了互锁作用。

图1-39　变速器自锁装置

图1-40　变速器互锁装置

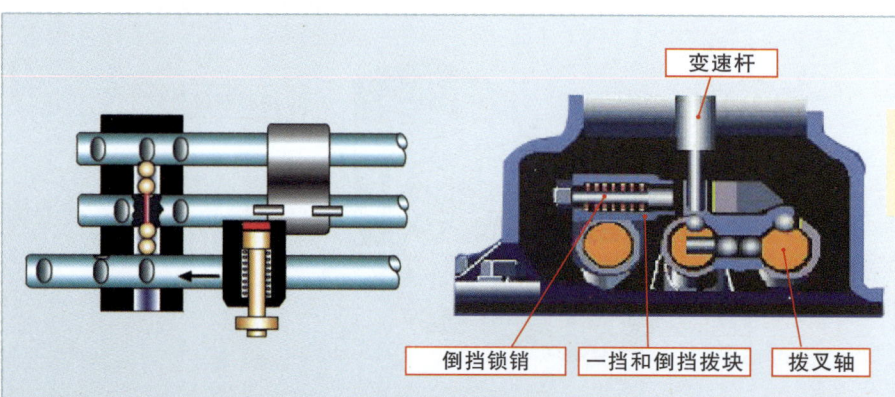

组成：倒挡锁销、倒挡锁弹簧。
作用：防止误挂倒挡。

利用限位块和限位片控制，只有当限位块和限位片脱开后，才能挂入倒挡；倒挡继动杆能防止倒挡脱落。当换挡杆下端（红色的长方块部分）向倒挡拨叉轴移动时，必须压缩弹簧，才能进入倒挡拨叉轴上的拨块槽中。防止了在汽车前进时误挂倒挡，而导致零件损坏，起到了倒挡锁的作用。当倒挡拨叉轴移动挂挡时，另外两个拨叉轴被钢球锁住。

图1-41　变速器倒挡锁装置

四、手动变速器的拆卸

下面以捷达轿车为例，讲讲变速器的拆装过程。

第一部分　传动系统

1. 变速器的拆卸

①从发动机里拆下变速器总成，如图1-42所示。

图1-42

②拆下变速器倒挡开关，如图1-43所示。
③拆下车速传感器的固定螺丝，取出车速传感器。

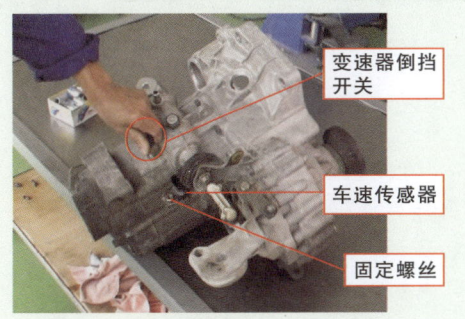
图1-43

④取下选挡杆总成，如图1-44所示。

图1-44

⑤拆下变速器后壳罩盖，连同取出分离轴承。
⑥拧下变速器安装支座的三个紧固螺丝，取下安装支座，如图1-45所示。

⑦拧下主动轴端锁紧螺丝，用起子撬出五挡止动圈，取出弹簧，如图1-46所示。

⑧用钳子取出五挡换挡拨叉的定位杆及五挡滑动齿套，如图1-47所示。

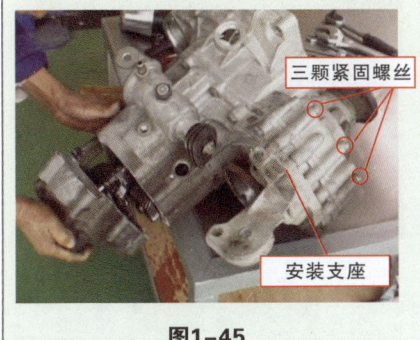
图1-45

图1-46

图1-47

⑨取出输入轴五挡游动齿轮、五挡同步环及齿毂，如图1-48所示。

⑩撬出输出轴五挡齿轮的锁定卡簧，取出五挡齿轮，如图1-49所示。

情境教学
汽车底盘构造与维修

⑪ 拧下变速器壳体的四个紧固螺丝，取下换挡轴止动螺丝，如图1-50所示。

图1-48

图1-49

图1-50

⑫ 撬出驱动法兰密封件，取出卡环，再用锤子敲出套筒，同时取出套筒后端的压力弹簧与止推垫片。用同样方法撬出差速器另一端驱动法兰，如图1-51所示。

图1-51

⑬ 用工具拧下换挡轴的罩盖，并取出压力弹簧，如图1-52所示。

图1-52

⑭ 用夹钳取出弹性挡圈，进而取出压力弹簧。从另一端取出换挡叉轴总成，如图1-53所示。

⑮ 用拉器架于变速器壳体上，拉出变速器壳体，如图1-54所示。

⑯ 拧下倒车挡换挡架支座固定螺丝，取出倒车挡换挡杠杆、压力弹簧和滑块，如图1-55所示。

图1-53

⑰ 取出换挡杆拨叉总成，如图1-56所示。

⑱ 取出输出轴四挡齿轮弹性挡圈，取出输入齿轮组总成，并取出四挡齿轮。

图1-54

图1-55

图1-56

第一部分　传动系统

2. 变速器的安装

①将滚针轴承装入输入轴，如图1-57所示。

②第三挡游动齿轮装入输入轴，如图1-58所示。

③装入三挡同步环，如图1-59所示。

④装入三、四挡同步器，并用橡胶锤敲击到位，然后检查其应能运动自如，如图1-60所示。

⑤装入弹性弹圈，如图1-61所示。

⑥装入四挡同步环，如图1-62所示。

⑦装入滚针轴承，如图1-63所示。

⑧装入四挡游动齿轮，如图1-64所示。

⑨装入压紧板，如图1-65所示。

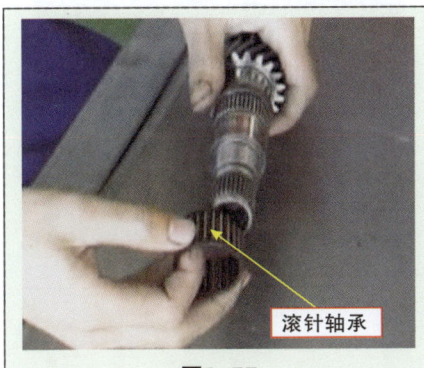

图1-57

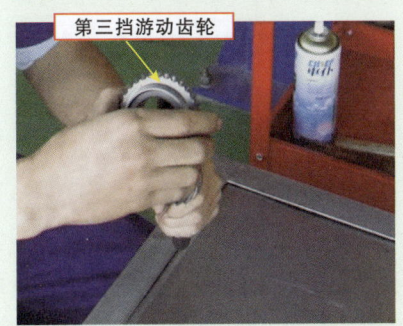

图1-58

图1-59

图1-60

图1-61

图1-62

情境教学　汽车底盘构造与维修

图1-63

图1-64

图1-65

⑩装入向心滚珠轴承，使用橡胶锤敲击到位，如图1-66所示。

图1-66

⑪将输入轴进行清洗并吹干，如图1-67所示。

⑫将差速器总成装入离合器壳体，如图1-68所示。

图1-67

⑬装入输出轴后，再装入带锥形圆柱轴承的轴承座，并用40N·m的扭力拧紧四个紧固螺丝，如图1-69所示。

⑭装入止推垫片，如图1-70所示。

图1-68

⑮装入滚针轴承，如图1-71所示。

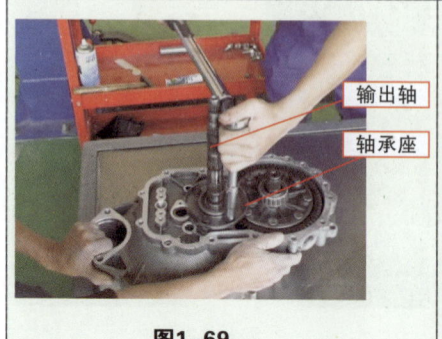

图1-69

图1-70

图1-71

⑯ 装入一挡游动齿轮，如图1-72所示。

图1-72

⑰ 装入带一挡同步环的一、二挡同步器，再装入同步器齿毂，如图1-73所示。

图1-73

⑱ 装入同步器滑块，如图1-74所示。

⑲ 装入同步器滑动齿套，并对准滑动齿套与同步齿毂的安装位置，如图1-75所示。

图1-74

⑳ 装入二挡同步环、内滑套和二挡滚针轴承，如图1-76所示。

㉑ 装上二挡游动齿轮，再装入三挡齿轮和弹性挡圈，如图1-77所示。

㉒ 装上前面装配好的输入轴，如图1-78所示。

图1-75

㉓ 装入倒挡轴和倒挡齿轮。注意：倒挡轴上孔与两边距离相等，如图1-79所示。

㉔ 装上输出轴四挡齿轮，扣上弹性挡圈，如图1-80所示。

㉕ 将装好的变速器齿轮组清洗并吹干，如图1-81所示。

二挡滚针轴承　内滑套　二挡同步环
图1-76

二挡游动齿轮　三挡齿轮　弹性挡圈
图1-77

图1-78

情境教学
汽车底盘构造与维修

倒挡轴　倒挡齿轮
图1-79

四挡齿轮　弹性挡圈
图1-80

图1-81

㉖进行装配前，首先将压力弹簧装入换挡杆座孔内，并对应各挡位装上前进挡拨叉总成，如图1-82所示。

图1-82

㉗再将倒挡拨叉、压力弹簧和支座安装入位，并拧好螺丝，如图1-83所示。

图1-83

㉘在离合器壳体与变速器壳体结合面均匀涂上一道密封胶，装上变速器壳体。再用橡胶锤将变速器壳体夯实，如图1-84所示。

㉙装上四颗螺丝，并按规定力矩拧紧，如图1-85所示。

密封胶
图1-84

㉚装上输出轴五挡齿轮，同时嵌入垫圈和弹性挡圈，如图1-86所示。

㉛装上输入轴五挡游动齿轮、五挡同步器总成和五挡换挡拨叉，如图1-87所示。

图1-85

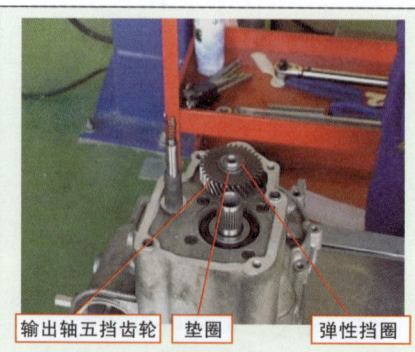
输出轴五挡齿轮　垫圈　弹性挡圈
图1-86

图1-87

㉜装好后，用游标卡尺测量换挡拉杆与换挡拨叉的距离应为5mm，如图1-88所示。

㉝装上输入轴末端垫片，并锁紧螺母，如图1-89所示。

㉞拧上各道紧固螺丝，按规定扭矩和次序进行，如图1-90所示。

㉟装入倒挡轴锁定螺丝，注意施加适量密封胶，如图1-91所示。

㊱安装换挡杆总成，注意对准选挡槽，如图1-92所示。

㊲装入压紧弹簧及盖罩，如图1-93所示。

㊳装上止动螺丝，注意施加适量密封胶，如图1-94所示。

㊴装上车速传感器和倒挡开关，如图1-95所示。

㊵安装后罩盖之前，先装上分离轴承，然后将密封胶均匀涂在变速器壳体上，如图1-96所示。

㊶装上变速器后盖罩，并拧紧紧固螺栓，如图1-97所示。

图1-88

图1-89

图1-90

图1-91

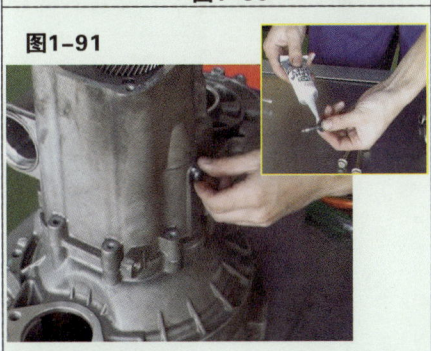

图1-92

图1-93

图1-94

情境教学
汽车底盘构造与维修

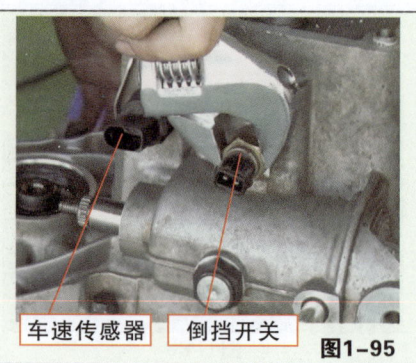
车速传感器　倒挡开关
图1-95

图1-96

图1-97

㊷拧上加油口堵头块，如图1-98所示。

图1-98

㊸注意：差速器壳体两油封须更换新品。
先装入锥形圈，然后装上止推垫片、压力弹簧及驱动法兰盘，如图1-99所示。

㊹用压力器将驱动法兰盘压入，并装上碟形弹簧、卡紧圈及锁紧盖，如图1-100所示。

驱动法兰盘
图1-99

㊺用同样的方法装入另一端的驱动法兰盘，如图1-101所示。

㊻从离合器壳体前端插入离合器压杆，如图1-102所示。

图1-100

㊼装上变速器安装支座，并拧紧螺丝，如图1-103所示。

㊽装上换挡叉轴防护套，如图1-104所示。

图1-101

图1-102

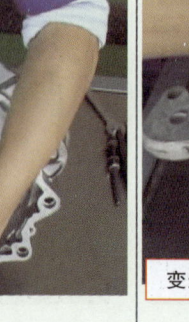
变速器安装支座
图1-103

第一部分　传动系统

㊾装上选挡杆总成。最后将变速器与发动机组合。

注意：按照画面的装配记号对准装入，如图1-105所示。

图1-104

图1-105

五、变速器的检测与维修

1. 检查同步环的磨损或损坏

检查变速器齿轮与同步器之间的配合间隙，如小于规定值，必须更换，如图1-106所示。

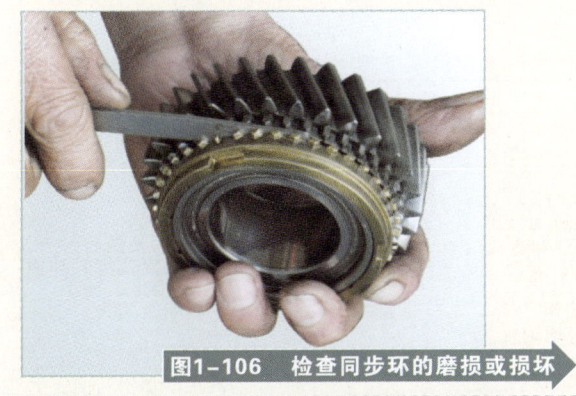
图1-106　检查同步环的磨损或损坏

2. 检查倒挡惰轮的游隙

用千分表检查倒挡惰轮的游隙，如图1-107所示。如超过规定值，应更换。

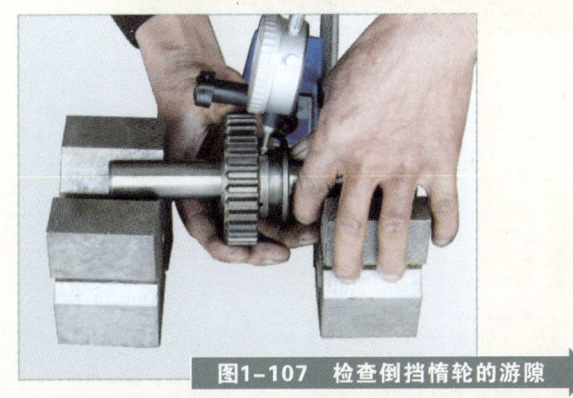
图1-107　检查倒挡惰轮的游隙

3. 检查输出轴和轴承内座圈

- 分别用游标卡尺测量输出轴凸缘的厚度和内座圈外径，如图1-108、图1-109所示。
- 用外径千分尺检查各轴的轴颈，用百分表检查各轴的径向跳动，如图1-110、图1-111所示。以上测量如超过极限值，则更换。

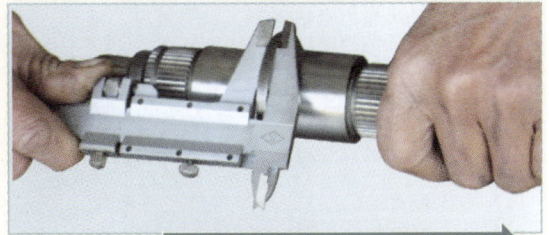
图1-108　测量输出轴凸缘厚度

图1-109　测量内座圈外径

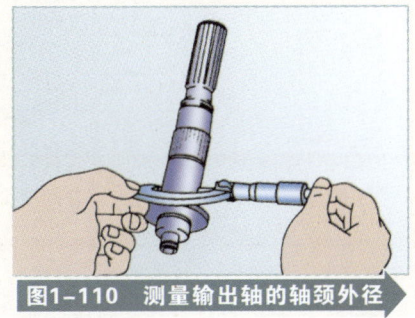
图1-110　测量输出轴的轴颈外径

图1-111　测量输出轴的径向跳动

六、变速器的维修实际操作

1. 变速器漏油诊断流程图

2. 变速器异响诊断流程图

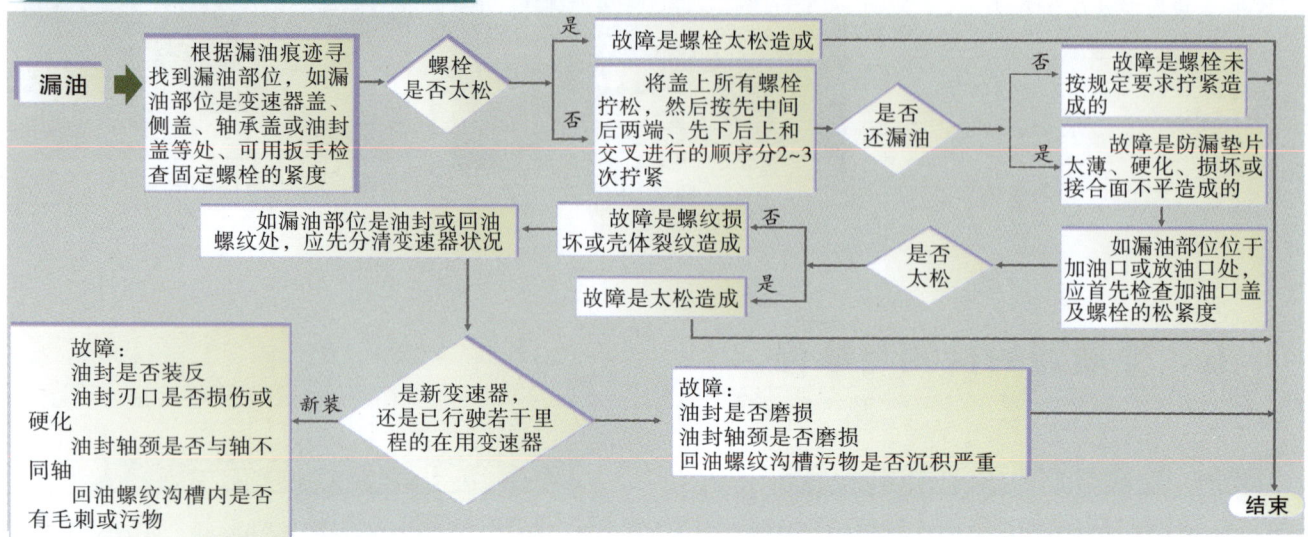

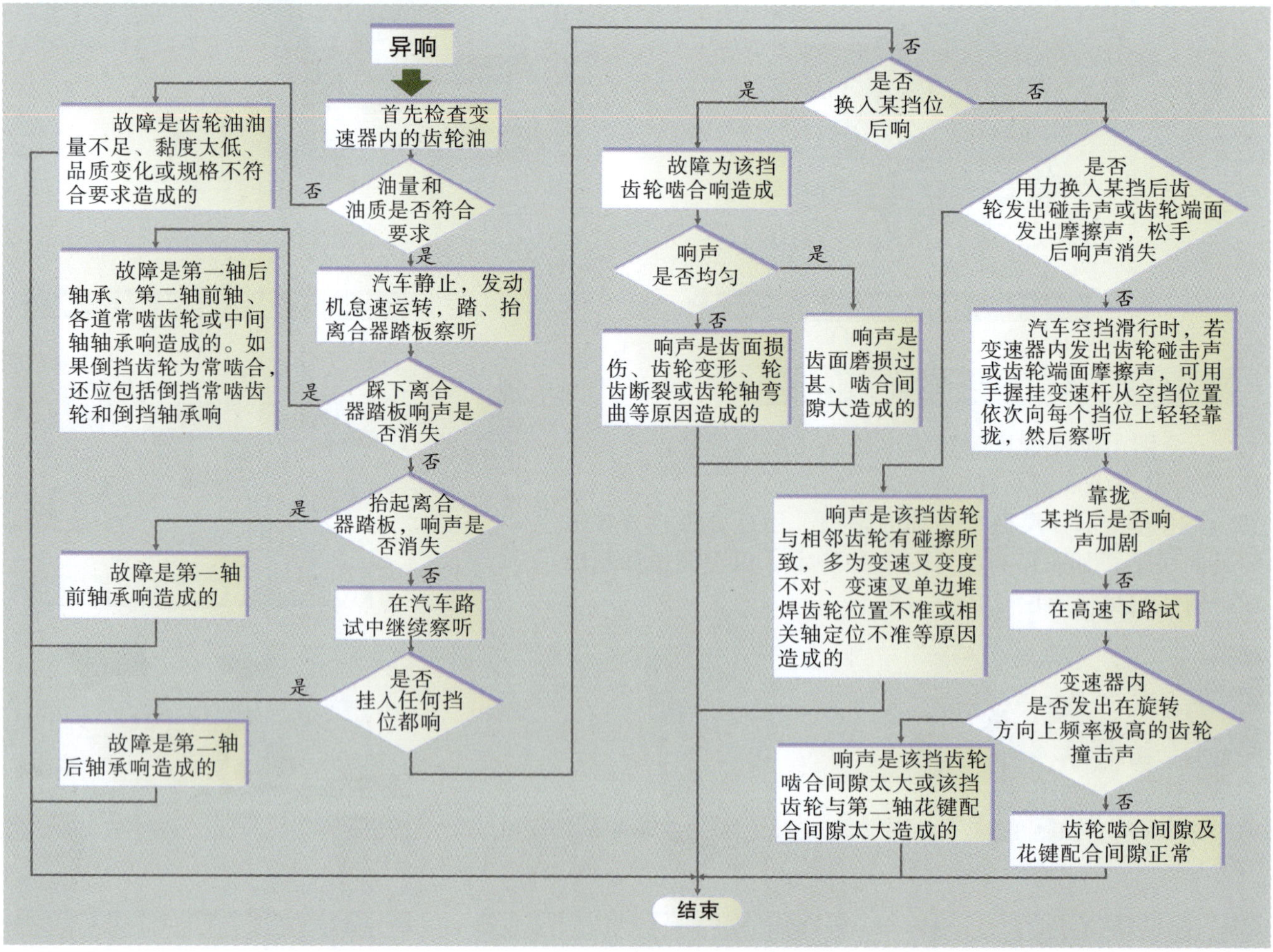

3. 变速器跳挡诊断流程图

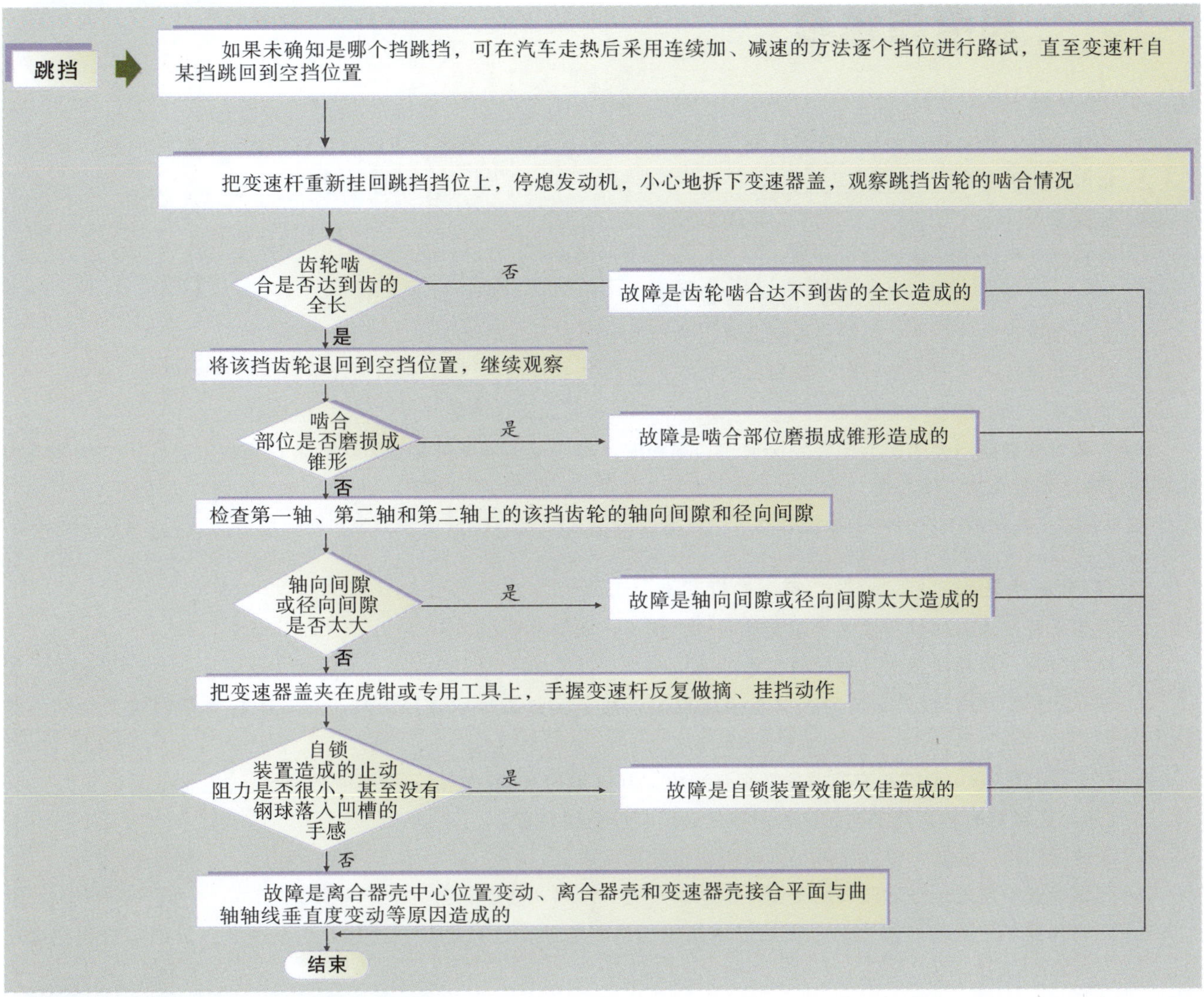

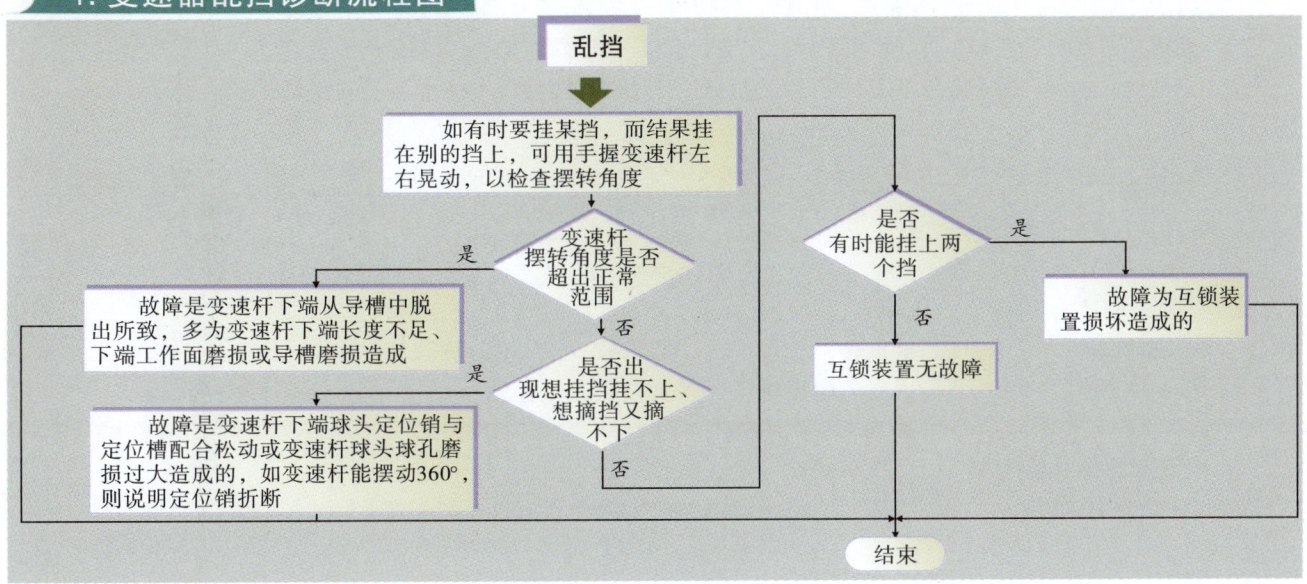

4. 变速器乱挡诊断流程图

情境教学 — 汽车底盘构造与维修

思考与练习

一、填空题

1. 变速操纵机构的锁止机构包括_____、_____、_____三种，其中，可以防止自动挂挡和脱挡的是_____。
2. 常用的同步器有_____、_____、_____三种形式，其中，常用的惯性同步器有_____、_____两种形式。
3. 变速器由_____和_____组成。
4. 变速器按传动比变化方式可分为_____、_____和_____三种。
5. 惯性式同步器与常压式同步器一样，都是依靠_____作用实现同步的。
6. 在多轴驱动的汽车上，为了将变速器输出的动力分配到各驱动桥，变速器之后需装有_____。
7. 当分动器挂入低速挡工作时，其输出的转矩_____，此时_____必须加以驱动，以分担一部分载荷。
8. 变速器一轴的前端与离合器的_____相连，二轴的后端通过凸缘与_____相连。
9. 为减少变速器内摩擦引起的零件磨损和功率损失，需在变速器壳体内注入齿轮油，采用_____方式润滑各齿轮副轴与轴承等零件的工作表面。
10. 为防止变速器工作时由于油温升高、气压增大而造成润滑油渗漏现象，应在变速器盖上装_____。

二、判断题（正确的打"√"，错误的打"×"）

1. 汽车设置变速器的目的是为了改变发动机的扭矩，增加发动机功率。（　　）
2. 换挡时，一般用两根拨叉轴同时工作。（　　）
3. 在东风EQ1090E型汽车变速器的互锁装置中，两个互锁钢球的直径之和正好等于相邻两根拨叉轴间的距离。（　　）
4. 在东风EQ1090E型汽车变速器的互锁装置中，互锁销的长度恰好等于拨叉轴的直径。（　　）
5. 变速器在换挡时，为避免同时挂入两挡，必须装设自锁装置。（　　）
6. 变速器的挡位越低，传动比越小，汽车的行驶速度越低。（　　）
7. 互锁装置的作用是当驾驶员用变速杆推动某一拨叉轴时，自动锁上其他所有拨叉轴。（　　）
8. 无同步器的变速器，换挡时，无论是从高速挡换到低速挡，还是从低速挡换到高速挡，其换挡过程完全一致。（　　）
9. 采用移动齿轮或接合套换挡时，待啮合的一对齿轮的圆周速度一定相等。（　　）
10. 同步器能够保证：变速器换挡时，待啮合齿轮的圆周速度迅速达到一致，以减少冲击和磨损。（　　）
11. 超速挡主要用于汽车在良好路面上轻载或空载运行，以提高汽车的燃料经济性。（　　）
12. 分动器的操纵机构必须保证：非先挂低速挡而不得接前桥；非先摘前桥而不得退低速挡。（　　）

三、选择题

1. 下列哪个齿轮传动比表示超速（　　）
   A. 2.15∶1　　B. 1∶1　　C. 0.85∶1　　D. 以上都不表示超速
2. 三轴式变速器包括（　　）等
   A. 输入轴　　B. 输出轴　　C. 中间轴　　D. 倒挡轴
3. 两轴式变速器的特点是输入轴与输出轴（　　），且无中间轴
   A. 重合　　B. 垂直　　C. 平行　　D. 斜交
4. 变速器的操纵机构由（　　）等构成
   A. 变速杆　　B. 拨叉　　C. 拨叉轴　　D. 安全装置

第一部分　传动系统

> 万向传动是将变速器所输出的动力传到驱动轮上。在行驶过程中，汽车经常受到高低不平路面的冲击，以及转向离心力、道路横坡力、加速或制动产生惯性力的作用产生损坏。因此在拆装之前，有必要了解万向传动装置的构造、组成等。

情境三：万向传动装置

一、万向传动装置常见布置形式

在前置发动机后轮驱动的汽车上，变速器的输出轴与驱动桥输入轴之间采用万向节和传动轴组成的万向传动装置，如图1-112所示。

在前置发动机的四轮驱动汽车中，分动器的输入轴与变速器的输出轴连接。分动器的输出轴采用万向节、传动轴与前后驱动桥连接组成万向传动装置，如图1-113所示。

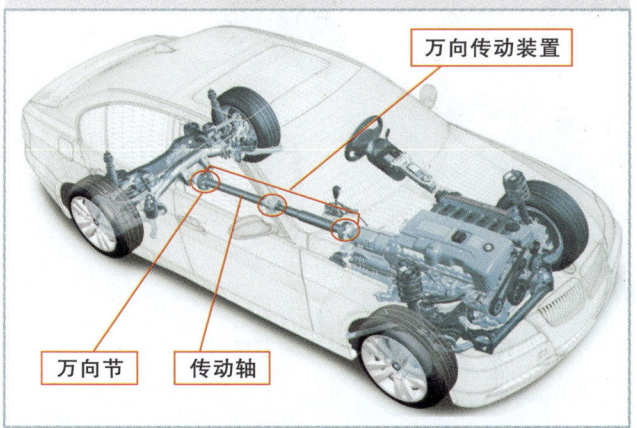

图1-112　变速器与驱动桥之间的万向传动装置

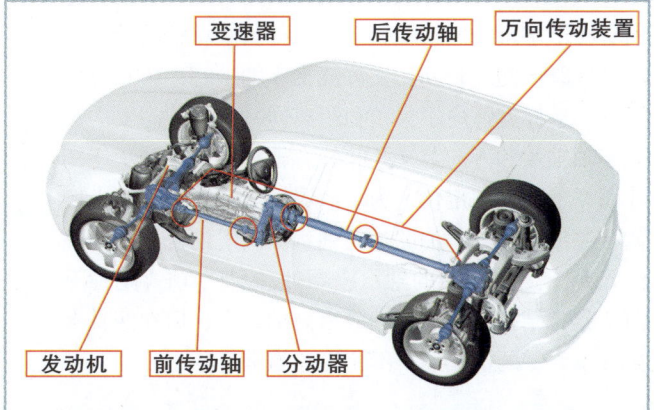

图1-113　变速器与分动器之间的万向传动装置

在前置发动机的前轮驱动汽车中，转向驱动桥的前轮既是转向轮，也是驱动轮，因此前轮在偏转时传动动力。独立悬架的转向驱动桥一般将一侧半轴分为内、外两段半轴，内外侧由万向节连接，形成万向传动装置。如图1-114所示。

图1-114　变速器输出轴至驱动桥的万向传动装置

情境教学 — 汽车底盘构造与维修

二、万向传动装置的组成

万向传动装置一般由万向节、传动轴和中间轴承组成。其功用是实现汽车上任何一对轴线相交且相对位置经常变化的转轴之间的动力传递。

1. 万向节

按万向节在扭转方向上是否有明显的弹性，可分为刚性万向节和挠性万向节。刚性万向节分为不等速万向节、准等速万向节和等速万向节。

不等速万向节主要有十字轴式万向节；准等速万向节常见的有双联式和三销轴式两种，它们的工作原理与双十字轴式万向节实现等速传动的原理是一样的；等速万向节常用的为球笼式万向节，也有球叉式万向节或自由三枢轴万向节。

（1）十字轴万向节

十字轴式刚性万向节为汽车上广泛使用的不等速万向节，允许相邻两轴的最大交角为15°～20°。图1-115所示的十字轴式万向节由一个十字轴、两个万向节叉和四个滚针轴承等组成。两个万向节叉孔分别套在十字轴的两对轴颈上。这样当主动轴转动时，从动轴既可随之转动，又可绕十字轴中心在任意方向摆动，这样就适应了夹角和距离同时变化的需要。在十字轴轴颈和万向节叉孔间装有轴承座圈，轴承座圈外圈靠卡环轴向定位。为了润滑轴承，十字轴上一般装有注油嘴，并有油路通向轴颈。润滑油可从注油嘴注入到十字轴轴颈的轴承座圈处。十字轴式刚性万向节具有结构简单、传动效率高的优点，但在两轴夹角α不为零的情况下，不能传递等角速转动。

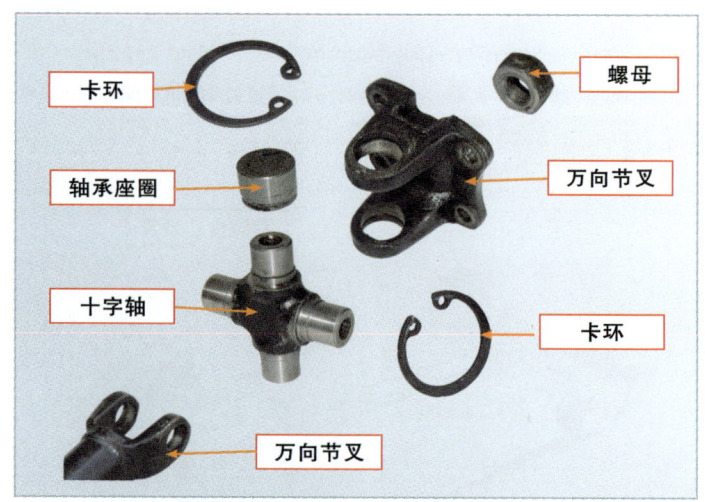

图1-115　十字轴万向节结构

（2）双联式万向节

双联式万向节实际上是一套将传动轴长度减缩至最小的双十字轴式万向节的等速传动装置，双联叉相当于传动轴及两端处在同一平面上的万向节叉。当输出轴与输入轴的交角较小时，处在圆弧上的两轴轴线交点离上述中垂线很近，能使两轴角度接近相等，所以称双联式万向节为准等速万向节。如图1-116所示。

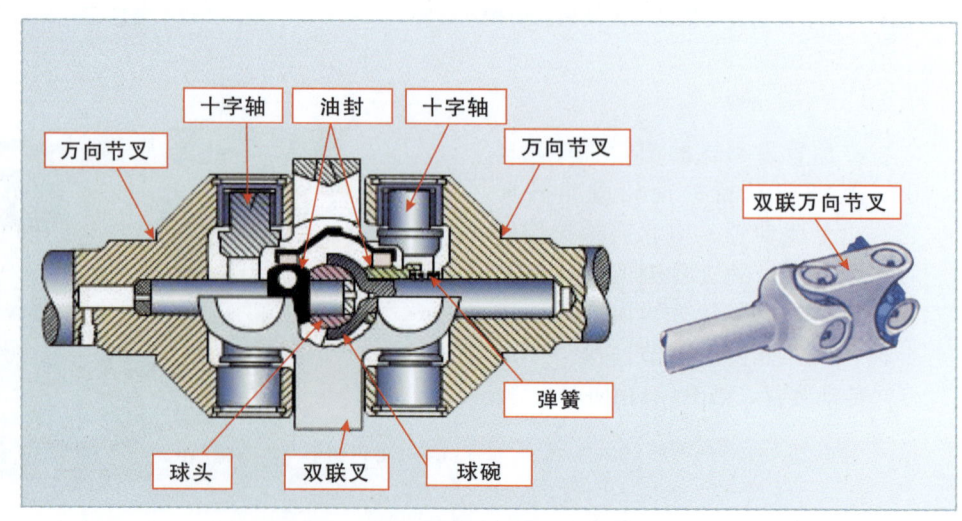

图1-116　双联式万向节的结构

第一部分　传动系统

（3）三销轴式等速万向节

三销轴式等速万向节主要由主、从动偏心轴叉、三销轴、密封件等组成。主、从动偏心轴叉分别与转向驱动桥的内、外半轴制成一体，其上的叉孔中心线与叉轴中心线垂直不相交。主、从动叉由两个三销轴连接，如图1-117所示。

特点：
三销轴式万向节允许相邻两轴有较大夹角，最大可达45°，可以获得较小的转弯半径、较大的转弯半径以及较大的转向轮偏转角，从而提高汽车的机动性。

缺点：
结构尺寸大。

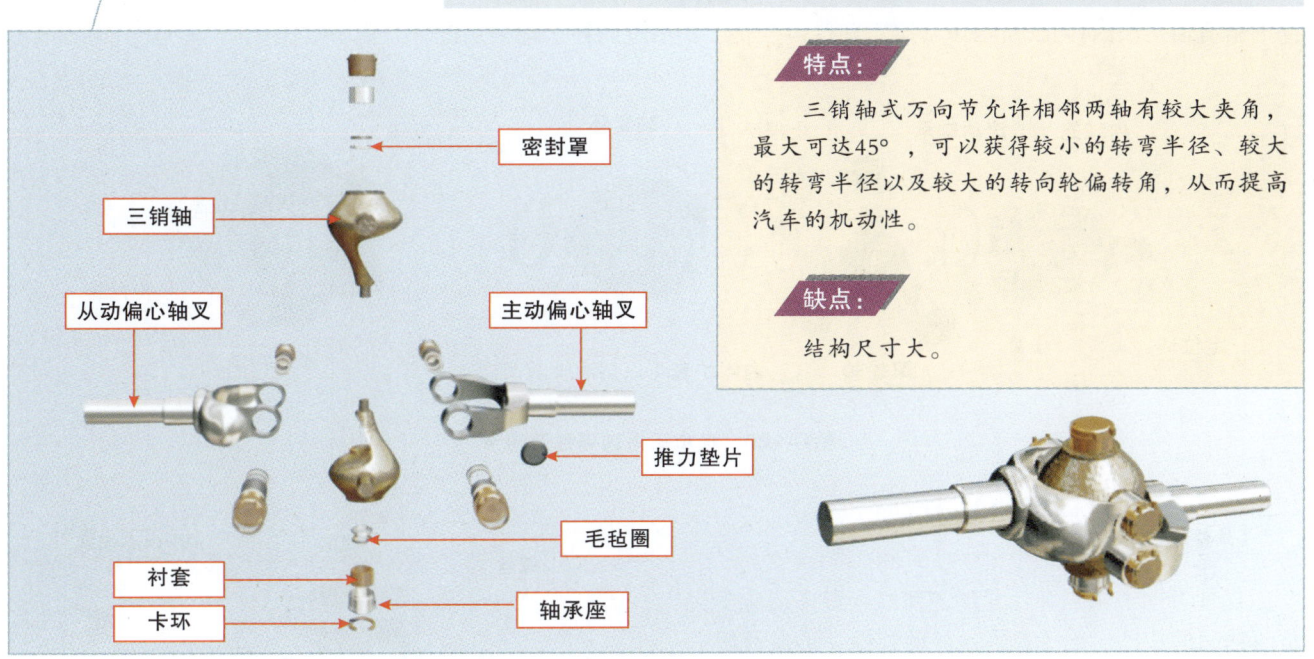

图1-117　三销轴式万向节的结构

（4）球笼式万向节

球笼式万向节有固定球笼式和伸缩式。球笼式等速万向节如图1-118所示，伸缩型球笼式万向节结构如图1-119所示。

球笼式万向节由球形壳、保持架、星形套、钢球等组成。星形套以内花键与主动轴相连，外表面由六条凹槽形成内滚道。球形壳内表面有相应凹槽形成外滚道，六个钢球分别装于各条凹槽中，并由保持架保持在一个平面内。

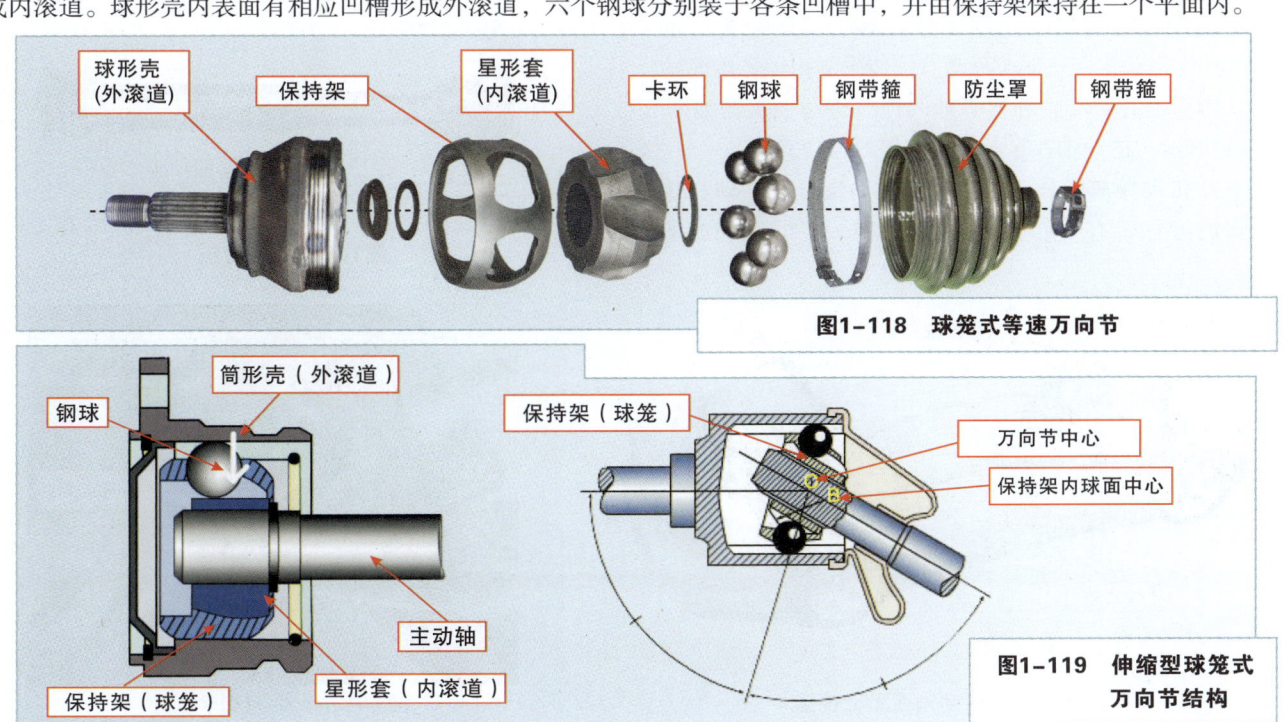

图1-118　球笼式等速万向节

图1-119　伸缩型球笼式万向节结构

（5）自由三枢轴等速万向节

自由三枢轴等速万向节包括三个位于同一平面内互成120°的枢，它们的轴线交于输入轴上一点，并且垂直于驱动轴。如图1-120所示。富康、现代伊兰特、本田雅阁轿车均采用此种万向节。

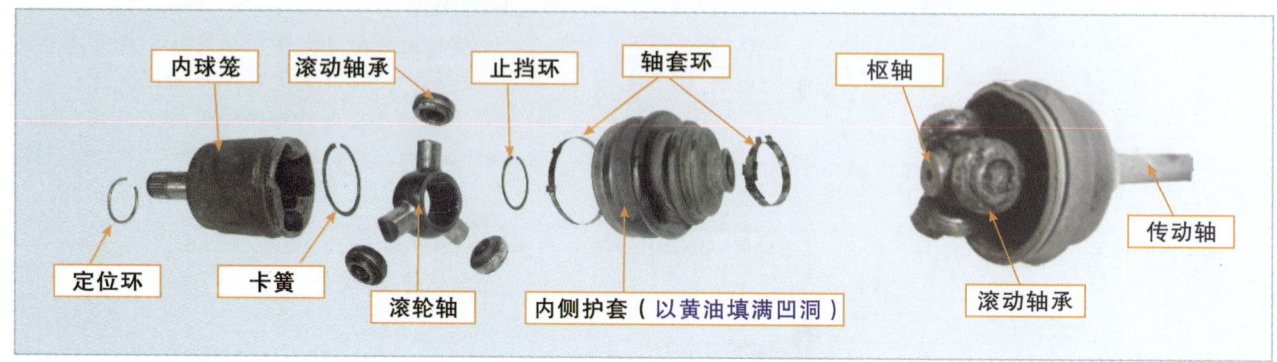

图1-120　自由三枢轴等速万向节

（6）挠性万向节

挠性万向节依靠弹性元件的弹性变形来适应变交角两轴间的传动。因为弹性元件的弹性变形量有限，一般挠性万向节用于两轴交角不大于3°~5°的万向传动中，通常用于连接安装在车架和车身上的两个部件，以消除安装误差和变形的影响。一般用在转向系统中。挠性万向节结构图如图1-121所示。

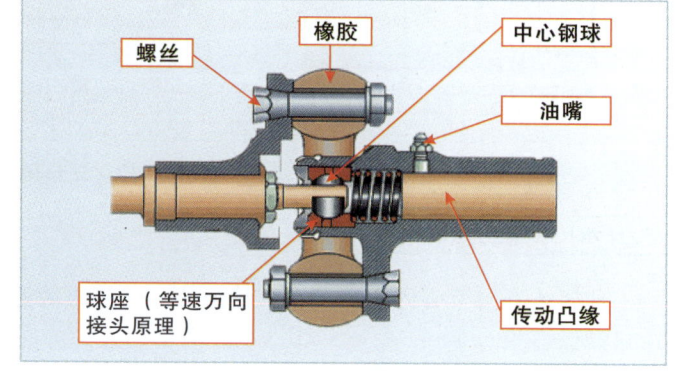

图1-121　挠性万向节

2. 传动轴和中间支承

传动轴是连接变速器（分动器）与驱动桥的部件。其作用是将变速器（分动器）传来的扭矩传给驱动桥。传动轴有空心轴和实心轴两种。传动轴实物如图1-122所示。传动轴在车上的位置如图1-123所示。

在传动距离较长时，往往将传动轴分段，即在传动轴前增加带有中间支承的前传动轴。如图1-124所示。

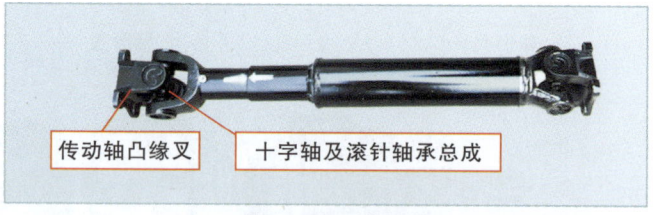

图1-122　传动轴

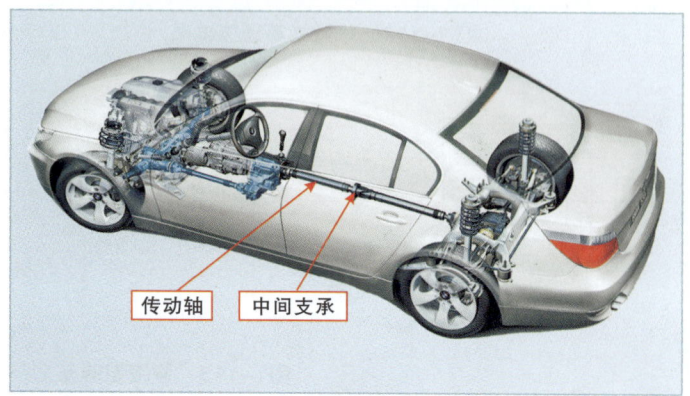

图1-123　传动轴在车上位置

图1-124　中间支承位置

三、万向传动装置的拆卸

> **提示**：拆卸传动半轴之前，应举起汽车，拆下车轮。用工具拆卸内等速万向节与变速器万向法兰固定螺丝，拆卸下摆臂球头螺栓，拆下车轮轴承套与减振器的连接紧固螺栓。用顶杆将传动轴与制动器分离，取出传动半轴总成。

下面以捷达轿车为例，讲讲传动半轴的拆装过程。万向传动装置的结构如图1-125所示。

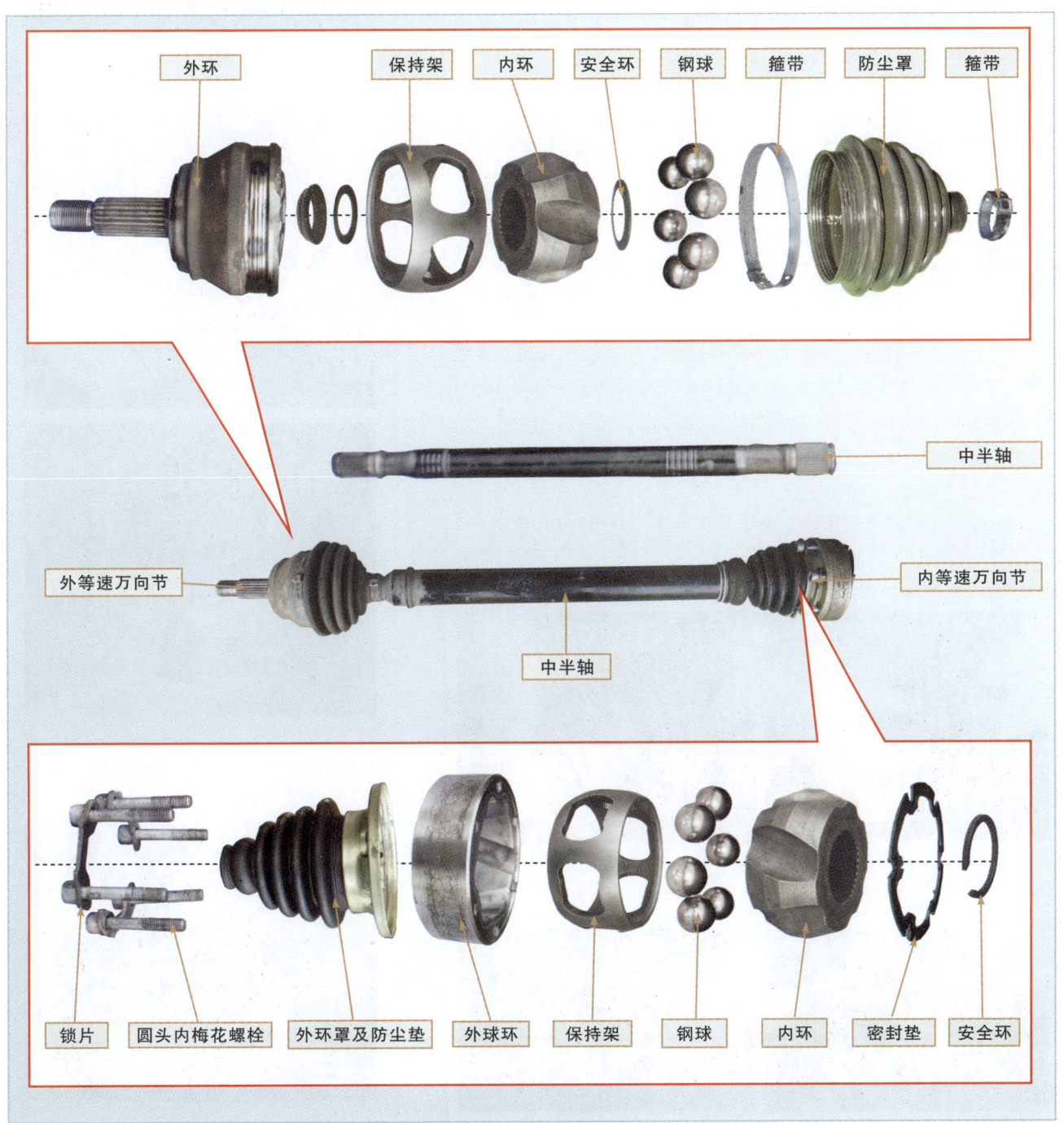

图1-125 传动半轴结构

情境教学　汽车底盘构造与维修

1. 万向传动装置的安装

👉 提示：将内等速万向节清洗干净，并检查滚珠、防尘套及零部件有无损坏，如有损坏，需更换。

（1）外等速万向节的安装

① 将滚珠逐个装入内等速万向节座内，并上下推动，应运动自如，如图1-126所示。

↓

② 将传动轴两端及防护套口涂上润滑油，并装上防护套，如图1-127所示。

↓

③ 先向外等速万向节内压入适量润滑脂，如图1-128所示。

↓

④ 装上碟形弹簧，再装上外等速万向节，并将压入的润滑脂搅拌均匀。用力摆动外等速万向节，应运动自如，如图1-129所示。

↓

⑤ 用卡环钳将夹箍夹紧，夹箍应换新件，如图1-130所示。

图1-126

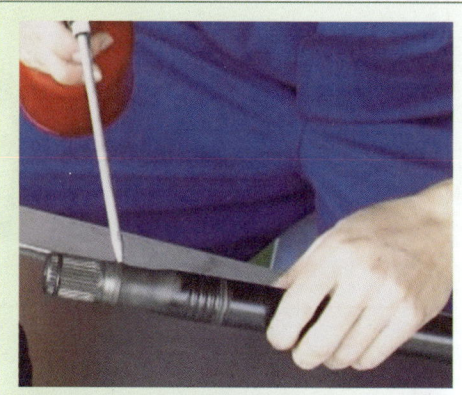

图1-127

图1-129

图1-128

图1-130

第一部分　传动系统

（2）内等速万向节的安装

①将内等速万向节的防护套安装复位，如图1-131所示。

②装上碟形弹簧，如图1-132所示。

③向内等速万向节内压入适量润滑脂，并搅拌均匀，如图1-133所示。

④再装上内等速万向节，上下应运动自如，然后压入适量润滑脂，并装上新的密封垫，如图1-134所示。

⑤将剩余的润滑脂压入内等速万向节内，并装上连接紧固螺栓，如图1-135所示。

⑥将传动轴的两万向节连接复位，先将内等速万向节与变速器万向法兰连接，同时将外等速万向节与轮毂轴承连接，如图1-136所示。

图1-131

图1-132

图1-133

图1-134

图1-135

图1-136

情境教学　汽车底盘构造与维修

2. 万向传动装置的拆卸

①用工具拆卸内等速万向节与变速器万向法兰固定螺丝，从车上取出传动半轴，如图1-137所示。

↓

②用卡环钳将卡环取出，如图1-138所示。

↓

③将防尘套与内等速万向节分离，如图1-139所示。

↓

④取出内等速万向节及碟形弹簧，如图1-140所示。

↓

⑤取出螺丝及防尘套，如图1-141所示。

↓

⑥用工具拆卸防尘套夹箍，并取出防尘套，如图1-142所示。

↓

⑦用榔头敲出外等速万向节，如图1-143所示。

↓

⑧取出传动轴上的轴向止推环及碟形弹簧，如图1-144所示。

图1-137

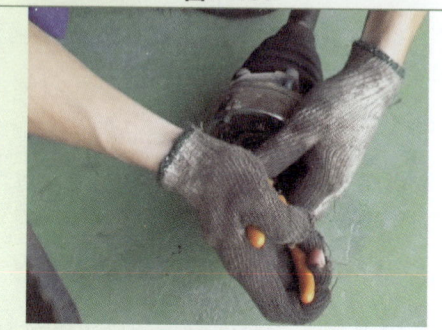

图1-138

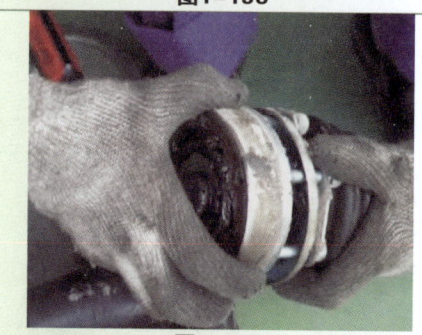

图1-139

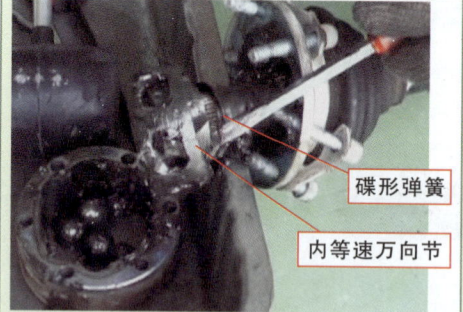

图1-140

图1-141

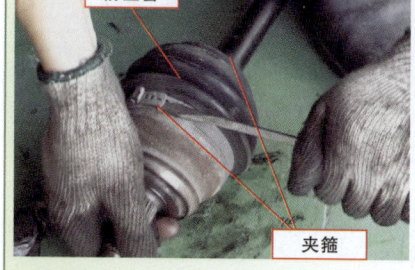

图1-142

图1-143

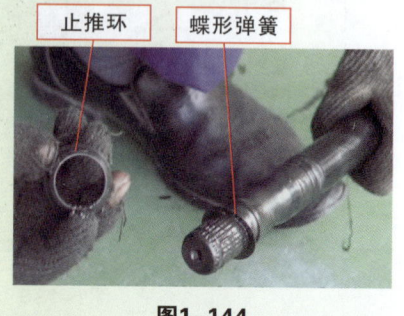

图1-144

第一部分　传动系统

四、万向传动装置的检测与维修

1. 传动轴的检修

传动轴花键齿与滑动叉配合间隙的检查。最大间隙不得超过0.4mm，若间隙过大，则应更换新件，如图1-145所示。

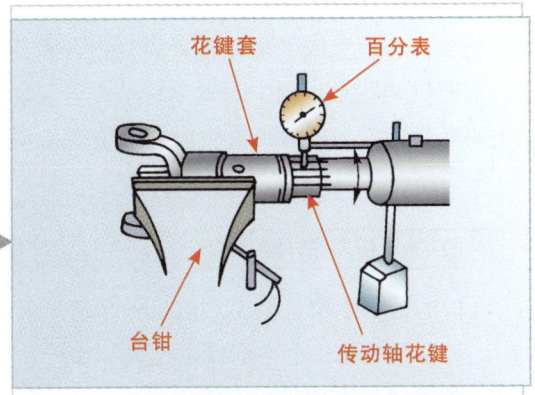

图1-145　检查传动轴花键轴与花键套的配合间隙

传动轴径向圆跳动的检查：最大圆跳动量不大于0.8mm，如图1-146所示。

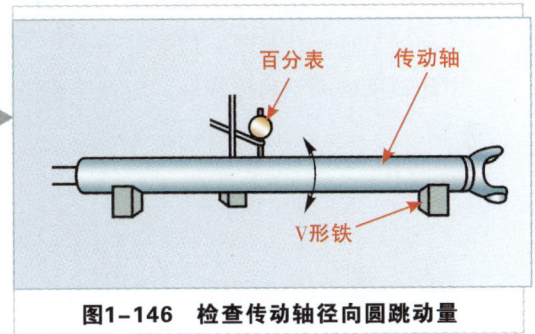

图1-146　检查传动轴径向圆跳动量

2. 传动轴中间支承的检修

当传动轴中间支承轴承的轴向间隙大于0.3mm时，应将中间支承总成解体。解体前，检查橡胶垫环有无老化现象，中间支架有无裂损，橡胶垫环与中间支架配合是否松动，否则应更换橡胶垫环及修复中间支架。解体后，轴承内外圈的滚道及滚子表面不应出现损坏及疲劳剥落、烧蚀等现象，否则应更换新件。测量中间轴承径向间隙和轴向间隙，如图1-147（a）（b）所示。如间隙超过标准极限值时应更换新件。

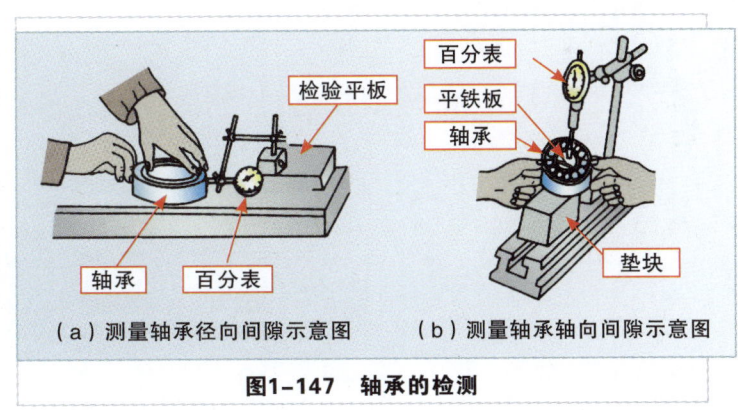

（a）测量轴承径向间隙示意图　　（b）测量轴承轴向间隙示意图

图1-147　轴承的检测

五、万向传动装置的维修实际操作

经过以上的学习，我们应该具有判断故障的能力，下面再来看看传动轴摆振的故障检修。

故障现象：

汽车起步有响声，并伴有振动的感觉，变换车速时，故障更明显。

情境教学

汽车底盘构造与维修

故障诊断：

将汽车后轮架起，启动发动机，并使传动轴高速旋转，在收油门时观察传动轴振摆情况。若明显，检查传动轴是否弯曲或平衡片是否脱落；若无异常，检查伸缩管的花键齿配合间隙是否松动，若汽车起步、行驶时都有振动感觉，则中间轴承松动；若制动时发出沉闷的金属敲击声，可能是后桥骑马螺栓松动；若响声随车速增高而增大或脱挡滑行时声音清晰，多为中间轴承损坏或歪斜。

故障分析与排除：

传动轴不平衡量偏大。由于传动轴不平衡，会使传动轴的质心偏离其旋转中心线而产生振抖。

传动轴弯曲、径向圆跳动过大。当传动轴出现振动时，可将汽车顶起，用百分表检查传动轴的径向圆跳动，如超过标准极限，应校正或更换。

万向节凸缘叉与花键卡滞，需更换万向节。

传动轴上平衡片脱落，应焊补平衡片。

中间轴承松动歪斜或损坏，应调整或更换中间轴承。

第一部分 传动系统

思考与练习

一、填空题

1. 刚性万向节可分为_____万向节和_____万向节。
2. 万向传动装置主要由_____和_____组成，有的还加装_____，万向传动装置一般都安装在_____和_____之间。
3. 单个普通十字轴万向节传动时，当_____等角速旋转时，_____是不等角速的，其不等角速的程度会随_____的加大而愈烈。
4. 万向传动装置一般由_____和_____组成，有时还加装上_____。
5. 万向传动装置用来传递轴线_____且相对位置_____的转轴之间的动力。
6. 万向传动装置除用于汽车的传动系外，还可用于_____和_____。
7. 目前，汽车传动系中广泛应用的是_____万向节。
8. 如果双十字轴式万向节要实现等速传动，则第一万向节的_____必须与第二万向节的_____在同一平面内。
9. 等速万向节的基本原理是从结构上保证万向节在工作过程中_____。
10. 传动轴在高速旋转时，由于离心力的作用将产生剧烈振动。因此，当传动轴与万向节装配后，必须满足_____要求。
11. 为了避免运动干涉，传动轴中设有由_____和_____组成的滑动花键连接。
12. 单个万向节传动的缺点是具有_____，从而传动系受到扭转振动，使用寿命降低。
13. 双联式万向节用于转向驱动桥时，可以没有_____对万向节，但必须在结构上保证双联式万向节中心位于_____与的交点。

二、判断题（正确的打"√"，错误的打"×"）

1. 刚性万向节是以零件的铰链式连接来传递动力的，而挠性万向节则是以弹性来传递动力的。（　　）
2. 对于十字轴式万向节来说，主、从动轴的交角越大，则传动效率越高。（　　）
3. 对于十字轴式万向节来说，主、从动轴之间只要存在交角，就存在摩擦损失。（　　）
4. 双联式万向节实际上是一套传动轴长度减缩至最小的双十字轴万向节等速传动装置。（　　）
5. 球叉式万向节的传力钢球数比球笼式万向节多，所以承载能力强，耐磨性好，使用寿命长。（　　）
6. 挠性万向节一般用于主、从动轴间夹角较大的万向传动。（　　）
7. 汽车行驶过程中，传动轴的长度可以自由变化。（　　）
8. 单个十字轴万向节在有夹角时传动的不等速性是指主、从动轴的平均转速不相等。（　　）

三、选择题

1. 为适应传动轴工作在长度方面的变化，通常在传动轴中采用（　　）布置
   A. 伸缩花键　　B. 万向节叉　　C. 空心轴管　　D. 扭转减振器
2. 十字轴式刚性万向节的十字轴轴颈一般都是（　　）
   A. 中空的　　B. 实心的　　C. 无所谓　　D. A、B、C均不正确
3. 十字轴式万向节的损坏是以（　　）的磨损为标志的
   A. 十字轴轴颈　　B. 滚针轴承　　C. 油封　　D. 万向节

情境教学
汽车底盘构造与维修

> 驱动桥的主减速器、差速器、半轴等不仅承受很大的径向力、轴向力，还要承受巨大的扭力，而且经常受到剧烈的冲击载荷，造成零件磨损以及驱动桥异响、发热、漏油等现象。我们将带着这些故障现象开始驱动桥的学习。

情境四：驱动桥

一、驱动桥的结构类型

驱动桥按结构形式分为非断开式和断开式两种。

1. 非断开式驱动桥

非断开式驱动桥也称整体式驱动桥。当车轮采用非独立悬架时，驱动桥采用非断开式。其特点是半轴套管与主减速器壳刚性连成一体，整个驱动桥通过弹性悬架与车架相连，两侧车轮和半轴不能在横向平面内做相对运动。如图1-148所示。

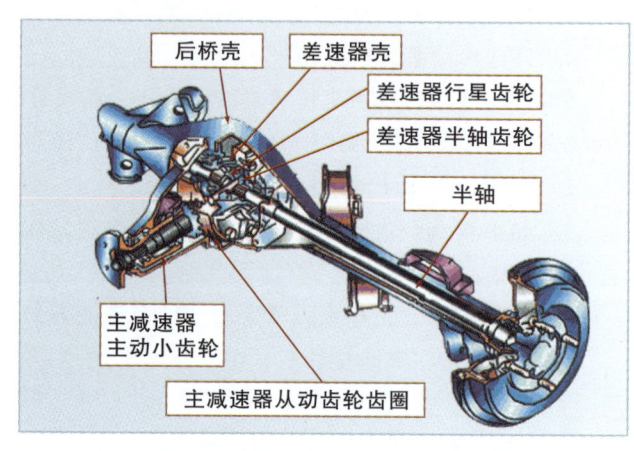

图1-148 非断开式驱动桥

2. 断开式驱动桥

当驱动轮采用独立悬架时，两侧的驱动轮分别通过弹性悬架与车架相连，两车轮可彼此独立地相对于车架上下跳动。与此相对应，主减速器壳固定在车架上，半轴与传动轴通过万向节铰接，传动轴又通过万向节与驱动轮铰接，这种驱动桥称为断开式驱动桥。如图1-149所示。

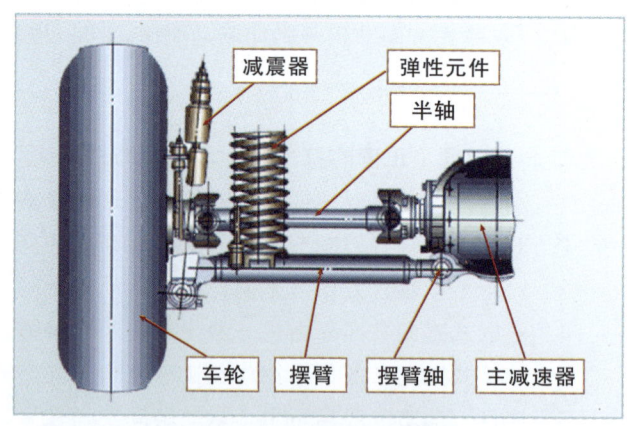

图1-149 断开式驱动桥

二、驱动桥的组成

驱动桥由主减速器、差速器、半轴、万向节、驱动桥壳（或变速器壳体）和驱动车轮等几部分组成。其功用是将万向传动装置传来的发动机转矩传给驱动车轮，以实现降速和增大转矩。如图1-150所示。

图1-150 驱动桥部件位置分布

第一部分　传动系统

1. 主减速器

主减速器由一对大小啮合斜齿轮构成，小齿轮与输出轴制成一体，大齿轮由铆钉与差速器的外壳连在一起，并与差速器同装于驱动壳体内。

主减速器结构种类：

按参加减速传动的齿轮副数目分，有单级主减速器和双级主减速器两种。如图1-151、1-152所示。
按主减速器传动比挡数分，有单速式和双速式。

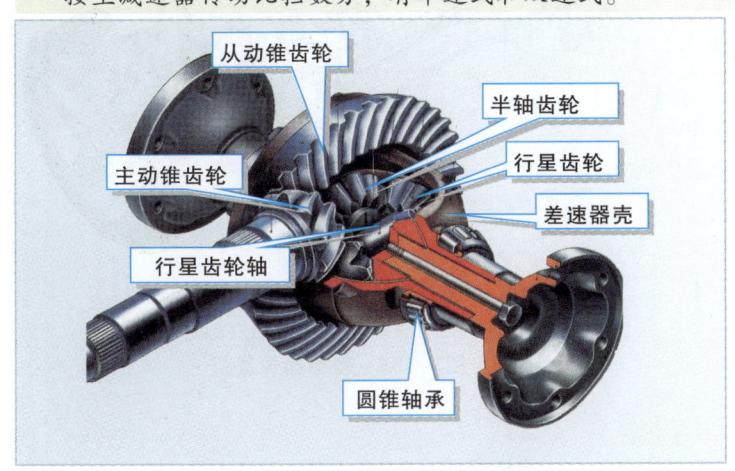

图1-151　单级主减速器和差速器

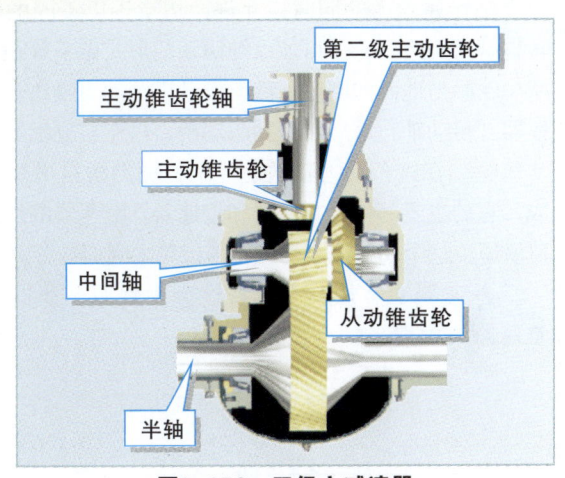

图1-152　双级主减速器

按齿轮副结构形式分，有圆柱齿轮式、圆锥齿轮式和准双曲面齿轮式。如图1-153所示。

图1-153　主减速器实物与安装位置

2. 差速器

车辆直线行驶时，两侧车轮的行驶距离是完全相同的，并无转速差异。但在转弯时，如果继续保持这种行驶状态，将会对车辆造成严重的损伤，并且无法顺利通过弯道。原因是：车辆在弯道行驶时，外侧车轮行驶的距离要大于内侧车轮。由于通过的时间相等，两侧车轮之间存在转速差，所以不能采用刚性连接。差速器的出现巧妙地解决了这一问题，它安装于两侧驱动轮之间，并与传动轴相连接，发动机输出的动力通过它传递给两侧驱动轮。当车辆转弯时，差速器可以自动调节两侧车轮转速，从而使车辆平稳前进。如图1-154所示。

差速器的差速原理：

弯道行驶时，车辆两侧驱动轮所受到的转动阻力是不同的，差速器的实际功能就在于消除两侧车轮的阻力差。也就是说，只有两侧驱动轮出现阻力差，差速器才会工作，并且差速器的"差速程度"与"阻力差"是成正比的。

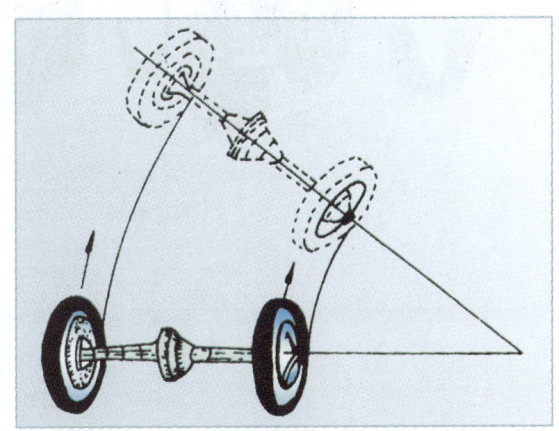

图1-154　两轮不等距离运动示意图

情境教学 汽车底盘构造与维修

汽车差速器是一个差速传动机构，用来保证各驱动轮在各种运动条件下的动力传递，能自动使两侧驱动轮以不同转速行驶，避免轮胎与地面间打滑。

在前轮驱动的汽车上，差速器布置在变速驱动桥内，成为整个系统的一部分。同发动机发出的转矩，通过变速器传到差速器传送给驱动轮。差速器的安装位置如图1-155所示。

汽车差速器是驱动桥的主件。它的作用就是在向两边半轴传递动力的同时，允许两边半轴以不同的转速旋转，满足两边车轮尽可能以纯滚动的形式做不等距行驶，减少轮胎与地面的摩擦。汽车发动机的动力经离合器、变速器、传动轴，最后传送到驱动桥，再左右分配给半轴驱动车轮。在这条动力传送途径上，驱动桥是最后一个总成，它的主要部件是减速器和差速器。减速器的作用是减速增矩，这个功能完全靠齿轮与齿轮之间的啮合完成。

差速器通常按其工作特性分为普通差速器和防滑差速器两大类。

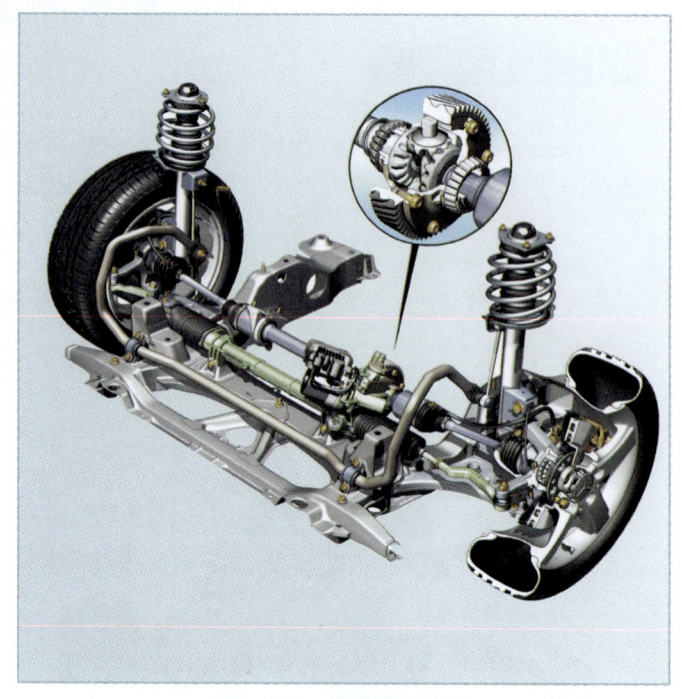

图1-155　差速器位置图

（1）普通齿轮差速器

对称式行星锥齿轮差速器在普通差速器中应用最广泛。

四行星齿轮的差速器主要由四个圆锥行星齿轮、十字轴、两个圆锥半轴齿轮和差速器壳等组成。如图1-156所示。

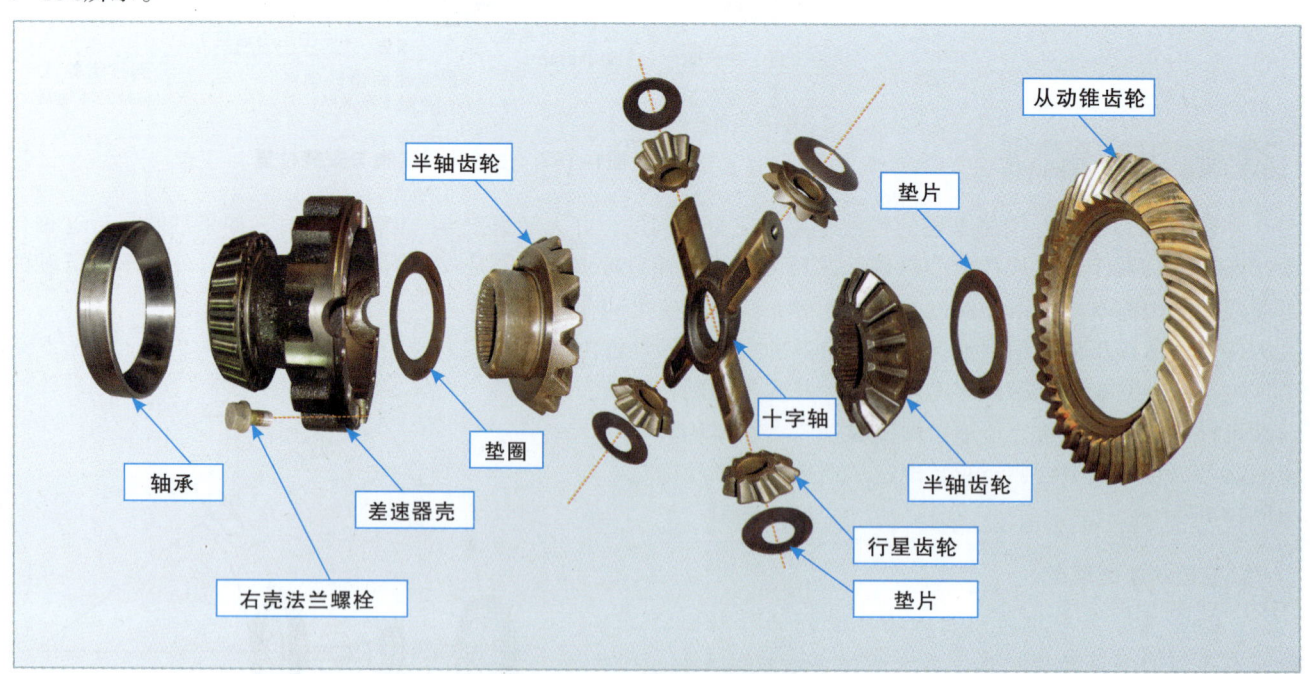

图1-156　四行星齿轮差速器

第一部分　传动系统

有些车型因传递的扭矩较小，只用两个行星齿轮，行星齿轮轴是一根带锁止销的直轴。两行星齿轮差速器如图1-157所示。

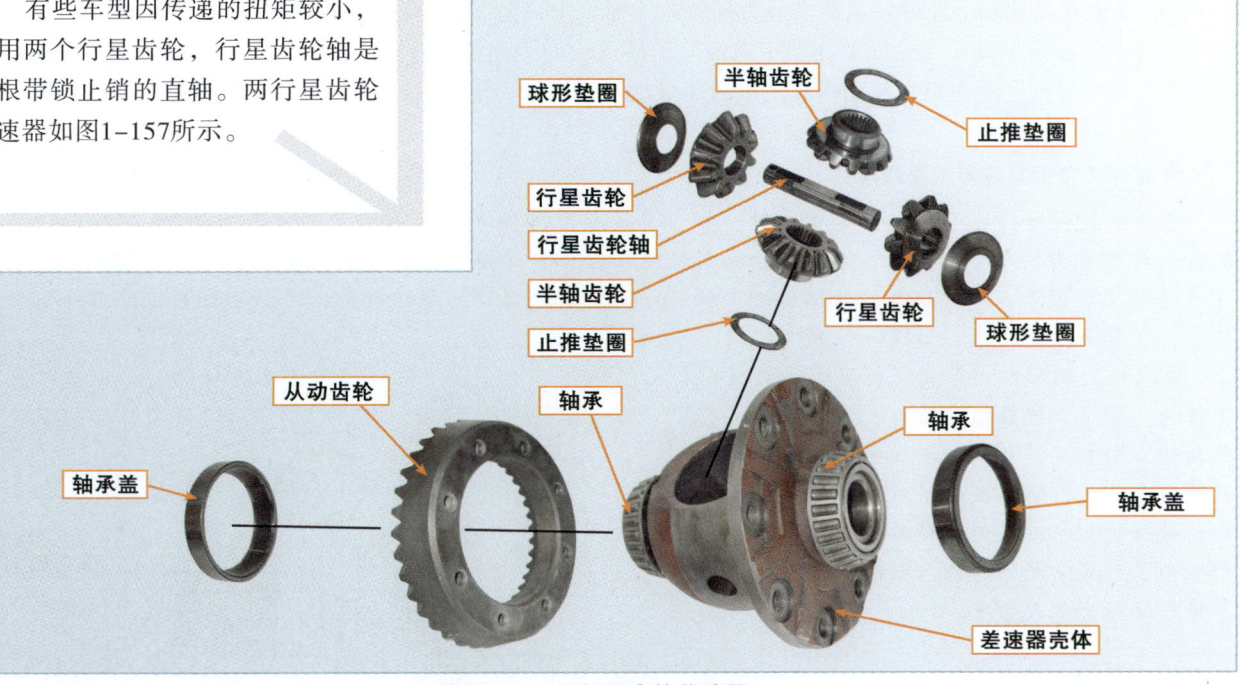

图1-157　两行星齿轮差速器

（2）防滑差速器

防滑差速器根据其结构特点的不同，分为强制锁止式、高摩擦式和自由轮式三种类型。

①强制锁止式差速器。是在普通差速器上加了一个差速锁。需要时由驾驶员操纵差速锁，使两半轴成为一个整体，差速器不起作用，破坏了差速器平分扭矩的特性，达到所需的行驶要求。奔驰2026A型汽车强制锁止式差速器如图1-158所示。

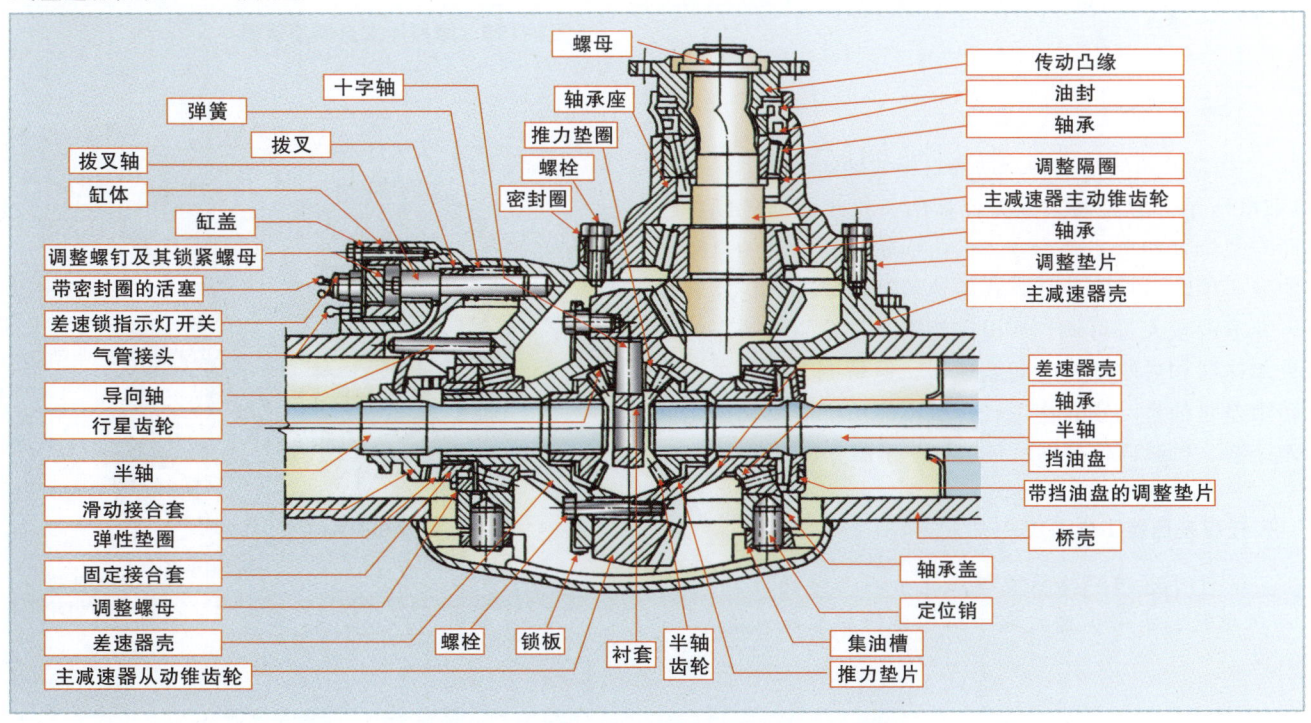

图1-158　奔驰2026A型汽车强制锁止式差速器

情境教学 — 汽车底盘构造与维修

②高摩擦式差速器。此种差速器又分为托森差速器、中央防滑差速器、黏性耦合式差速器等5种类型。它们共同的特点是在两驱动轮（轮间差速器）或两驱动桥（轴间差速器）转速不同时，无需人工操纵，可自动为转速慢的车轮多分配一些扭矩，从而提高汽车的通过性和操纵的稳定性。这里重点讲摩擦片式自锁差速器。

摩擦片式自锁差速器工作原理：

当汽车直线行驶，两半轴转速相等时，扭矩平均分配给两半轴。由于差速器通过V形斜面驱动行星齿轮轴，使两行星齿轮轴分别向左、右通过行星齿轮使压盘压紧摩擦片，这就如同离合器一样，使摩擦片和压盘可传递扭矩。因而，此时扭矩经两路传给半轴：一路经齿轮传动，即经行星齿轮和半轴齿轮；另一路经摩擦传动，即摩擦片和压盘。如图1-159所示。

当汽车一侧驱动车轮在泥泞路面上打滑时，两半轴转速不等，一侧高于差速器壳转速，一侧低于差速器壳转速。于是，经摩擦传给左、右两半轴的扭矩方向相反，快转一侧扭矩与半轴的旋转方向相反，从而减小了对其分配的扭矩；慢转一侧与半轴的旋转方向相同，从而加大了对其分配的扭矩，即慢转比快转车轮分配扭矩加大。

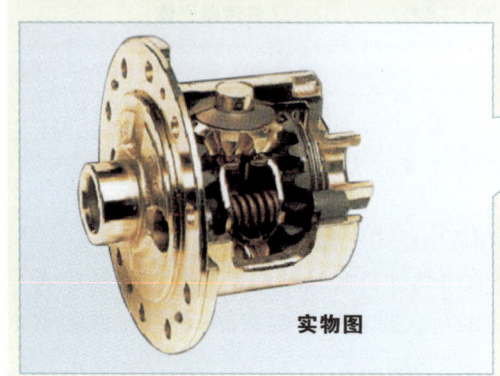
实物图

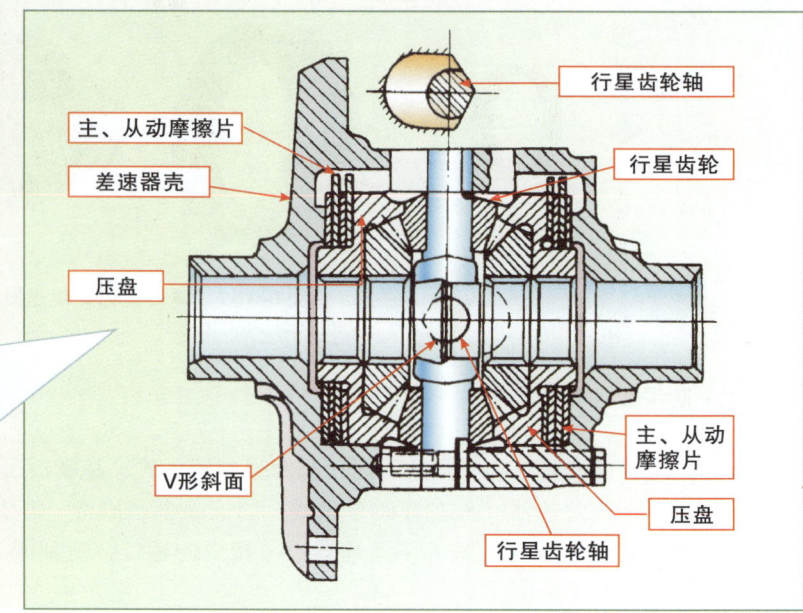

图1-159 摩擦片式自锁差速器

托森差速器：

托森差速器是一种新型的自锁式轴间差速器，如图1-160所示。它是将普通差速器的齿轮改成涡轮蜗杆，而安装位置和形式并不变，借由蜗轮蜗杆传动的自锁功能来实现防滑功能。托森式差速器结构紧凑，传递转矩可变范围较大且可调，所以广泛用于全轮驱动轿车的中央差速器和后驱动桥轮间差速器。但是由于其在高转速转矩差时的自动锁止作用，一般不能用于前驱动桥轮间差速器。奥迪TT使用的就是这种差速器。

托森差速器工作原理：

蜗杆可以向蜗轮传递扭矩，而蜗轮向蜗杆施以扭矩时，齿间摩擦力大于所传递的扭矩而无法旋转。

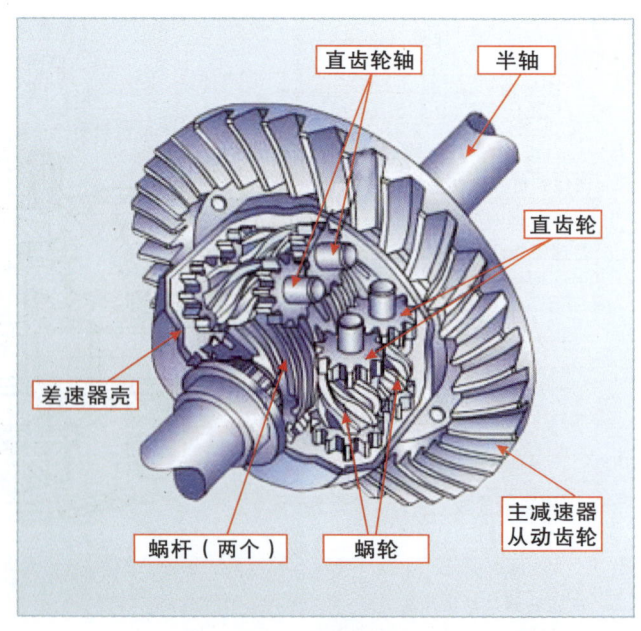

图1-160 托森差速器

第一部分　传动系统

中央防滑差速器：

中央防滑差速器具有扭矩感应功能，根据驱动的扭矩情况能够立即自动改变前后扭矩的分配，以防止打滑，也能够确保加速和高速行使时的稳定性。丰田中央差速器的分解如图1-161所示。

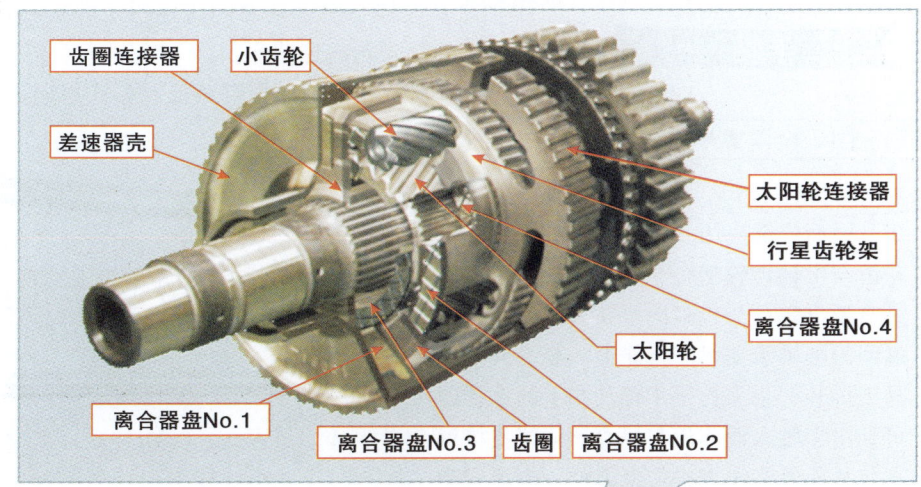

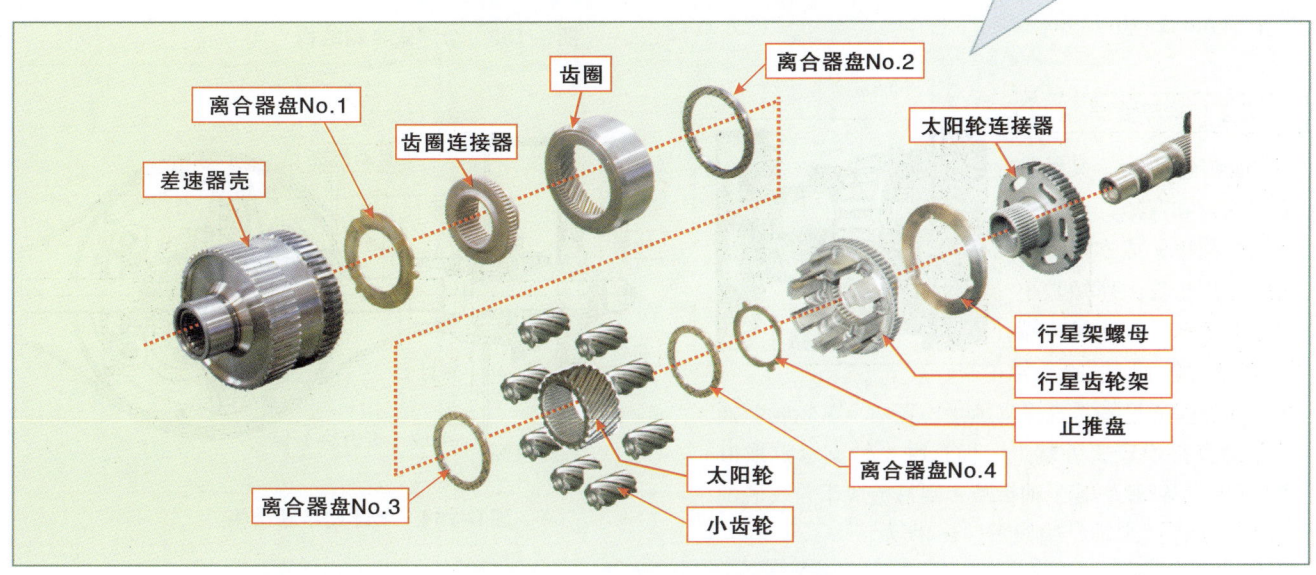

图1-161　丰田中央差速器分解图

黏性耦合式差速器：

黏性耦合式差速器是由多个离合器片组合而成，透过硅油的喷入，使左右轮胎产生回转差，然后再利用硅油的黏性做锁定，如图1-162所示。

硅油具有很高的热膨胀系数，当两车轴的转速差过大时，硅油温度急剧上升，体积不断膨胀。硅油推动摩擦叶片紧密结合，这是黏性耦合器两端驱动轴直接连成一体，即黏性耦合器锁死，这种现象被称为"驼峰现象"。这种现象的发生极其迅速，差速器骤然锁死，因此车辆很容易脱离抛锚地。一旦硅油停止之后，硅油的温度逐渐下降，直至充分冷却后，驼峰现象才会消失。鉴于黏性耦合器传递转矩柔和平稳，差速响应快，它被推广运用于驱动桥的轴间差速系统，当作轴间差速器，使全轮驱动轿车的性能大幅度提高。

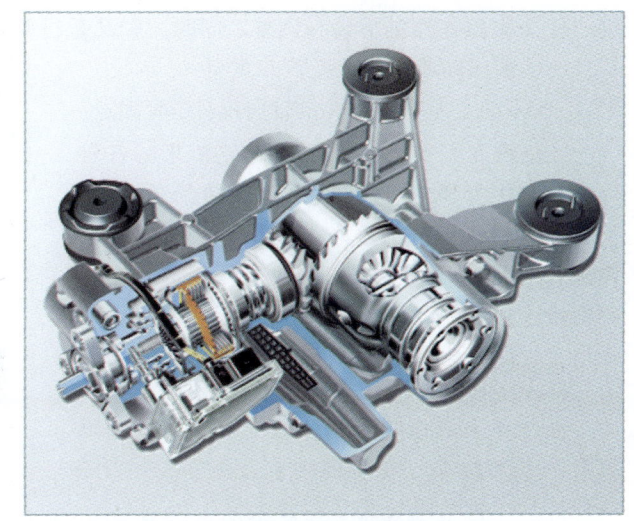

图1-162　黏性耦合式防滑差速器

情境教学 — 汽车底盘构造与维修

3. 半轴

半轴是差速器与驱动轮之间传递扭矩的实心轴,其内端一般通过花键与半轴齿轮连接,外端与轮毂连接。

现代汽车常用的半轴,根据其支承形式不同,有全浮式和半浮式两种。

(1) 全浮式半轴

只传递转矩,不承受任何反力和弯矩,因而广泛应用于各类汽车上。内端借花键与半轴齿轮啮合,外端有凸缘盘,凸缘盘通过螺栓与轮毂固定在一起,轮毂通过两圆锥轴承支承于桥壳上。全浮式半轴易于拆装,只需拧下半轴凸缘上的螺栓即可抽出半轴,而车轮与桥壳照样能支持汽车,从而给汽车维护带来方便。全浮式半轴结构如图1-163所示。

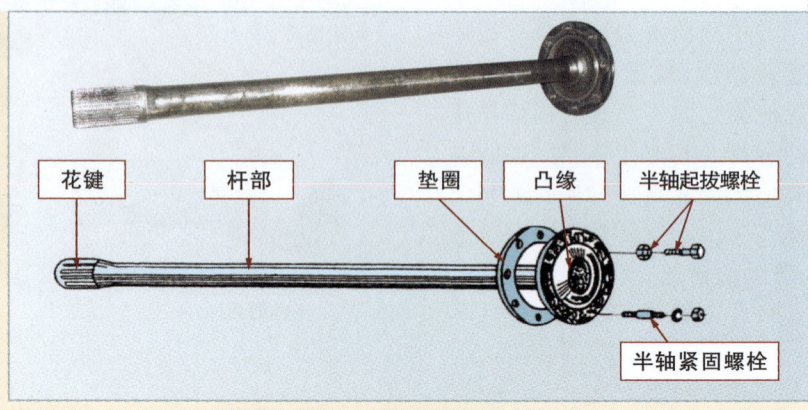

图1-163 全浮式半轴结构

(2) 半浮式半轴

既传递扭矩,又承受全部反力和弯矩。它的支承结构简单,成本低,因而广泛用于反力弯矩较小的各类轿车上。半轴内端与半轴齿轮通过花键连接,其外端通过轴承直接支承于桥壳内,车轮轮毂通过花键直接固定于外端上。但这种半轴支承拆取麻烦,且汽车行驶中若半轴折断,则易造成车轮飞脱的危险。半浮式半轴结构如图1-164所示。

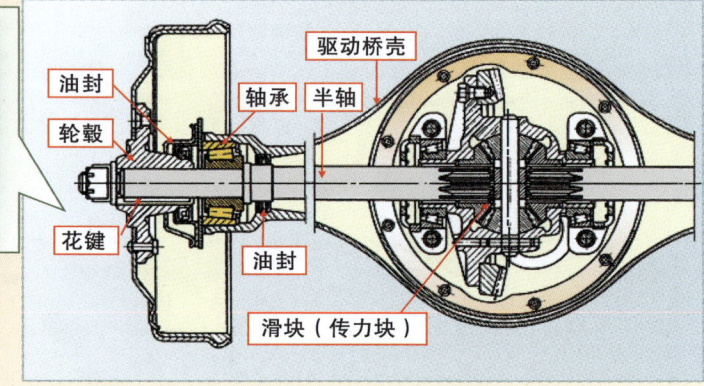

图1-164 半浮式半轴结构

4. 桥壳

桥壳是用来安装主减速器、差速器、半轴、轮毂和悬挂的基础件。桥壳应具有足够的强度和刚度,重量轻,便于主减速器的拆装和调整。同时,它又是行驶系统的主要组成件之一,故还具有如下功用:

一是和从动桥一起承受汽车重量。

二是使左、右驱动车轮的轴向相对位置固定。

三是汽车行驶时,承受驱动轮传来的各种反力、作用力和力矩,并通过悬架传给车架。

驱动桥壳可分为整体式和分段式两类。整体式桥壳是桥壳与主减速器壳分开制造,二者用螺栓连接在一起,如图1-165所示。

结构优点:

在检查主减速器和差速器的技术状况或拆装时,不用把整个驱动桥从车上拆下来,因而维修比较方便,普遍用于各类汽车。

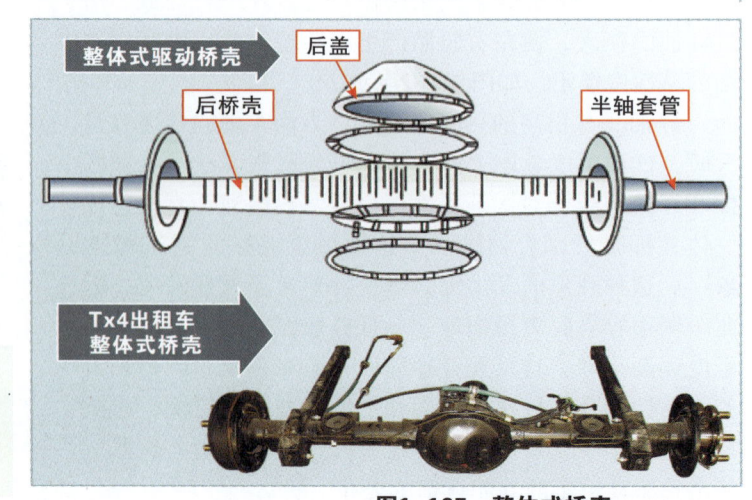

图1-165 整体式桥壳

第一部分　传动系统

分段式桥壳是桥壳与主减速器壳铸成一体，且一般分为两段，由螺栓连成一体，如图1-166所示。这种桥壳易于铸造，但在维护主减速器和差速器时，必须把整个桥壳拆下来，否则无法拆检主减速器和差速器。现在已很少使用。

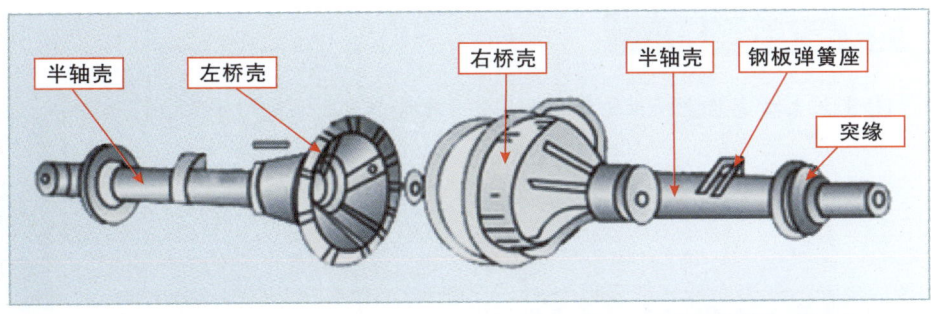

图1-166　分段式驱动桥壳结构

三、差速器的拆装

1. 差速器安装

① 装上半轴齿轮及垫片，如图1-167、图1-168所示。

② 装上行星齿轮及垫片，如图1-169所示。

③ 转动齿轮至合适位置，装上行星齿轮轴。
注意：安装时，轴端孔应对齐差速器壳体孔，如图1-170、图1-171所示。

④ 用铜棒敲入行星齿轮轴销。齿轮安装完毕后，检查齿轮转动是否灵活，如图1-172所示。

⑤ 装上主减速器从动齿圈，旋上紧固螺栓。用锤子锤紧锁片，如图1-173、图1-174所示。

图1-167

图1-168

图1-169

图1-170

图1-171

图1-172

图1-173

图1-174

情境教学
汽车底盘构造与维修

2. 差速器装箱

①装上主减速器主动齿轮轴，如图1-175所示。

②装上轴承、输入法兰油封罩、油封，如图1-176、图1-177所示。

③装上输入法兰、垫圈，旋紧螺母，如图1-178所示。

④锁紧螺母。

⑤将差速器总成装到后桥壳体内，装上两边垫片，如图1-179所示。

⑥按拆卸时所做记号装入瓦盖，切不可互换，如图1-180所示。

⑦涂上密封胶，装上后盖，旋紧固定螺栓，如图1-181所示。

⑧装上两边输出法兰，用铜棒轻轻敲入，如图1-182所示。

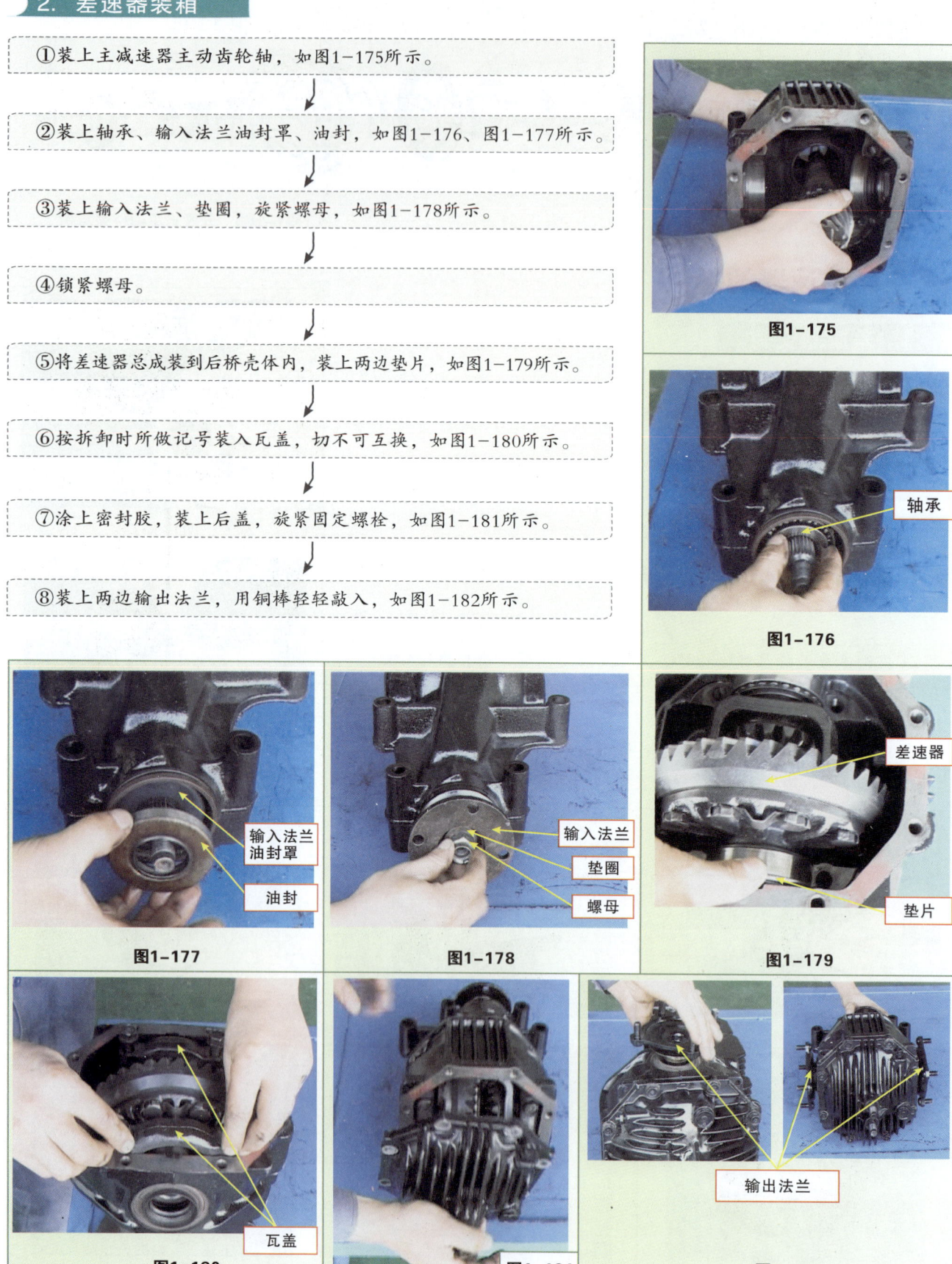

图1-175

图1-176

图1-177

图1-178

图1-179

图1-180

图1-181

图1-182

第一部分　传动系统

3. 差速器分箱

注意：驱动桥的拆卸顺序与安装相反。

①用撬棍拆下后桥两端输出法兰，翻转后桥壳体，撬出另一端输出法兰。
注意：两端输出法兰拆出后，应注意对比长度是否一致，如果不一致，应做好标记，如图1-183所示。

②旋出紧固螺栓，拆下后桥壳体后盖。

③拆下差速器瓦盖前，应在瓦盖和壳体同一侧做上记号，安装时两边瓦盖不能互换，如图1-184所示。

④用扭力扳手旋松两边瓦盖紧固螺栓。旋出紧固螺栓，拆下瓦盖。

⑤从后桥壳体内取出差速器总成。

⑥取下瓦盖两边垫片。

⑦旋出输入法兰螺母。

⑧取出输入法兰垫圈。

⑨拆下输入法兰。

⑩从后桥壳体内拆下主减速器主动齿轮轴。

⑪取出主减速器主动齿轮轴上的油封和输入法兰油封罩。

⑫取出主减速器主动齿轮轴的轴承。

图1-183　检查输出法兰长度

图1-184　瓦盖和壳体同一侧做上标记

4. 差速器拆卸

注意：差速器的拆卸顺序与安装相反。

①用錾子将锁片打开。　②旋出紧固螺栓，取下主减速器从动齿圈。

③取下从动齿轮紧固螺栓。

④用铜棒敲出行星齿轮轴销，如图1-185所示。

⑤取出行星齿轮轴。

⑥取出转动齿轮、行星齿轮。

⑦取出半轴齿轮、半轴齿轮垫片。

⑧取出行星齿轮垫片。

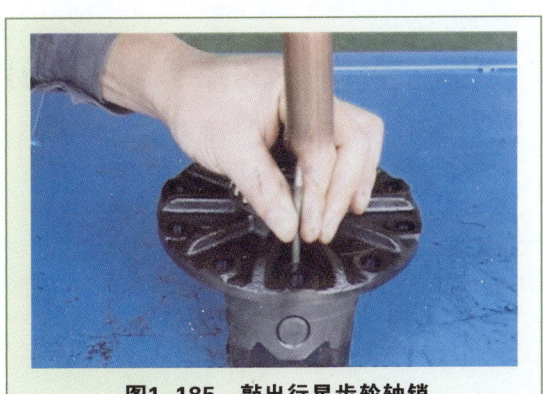

图1-185　敲出行星齿轮轴销

四、驱动桥的检测与维修

1. 差速器的检修

（1）齿圈与主动锥齿轮的间隙调整

用百分表在环齿上进行间隙调整，如图1-186所示。将百分表调零，前后拨动环齿检查间隙，注意百分表所示的间隔量。如间隙大于标准值，放松右侧螺母1个凹口，旋紧左侧螺母1个凹口；如间隙小于允许值，放松左侧螺母1个凹口，旋紧右侧螺母1个凹口。调整螺母位于轴承盖旁边。

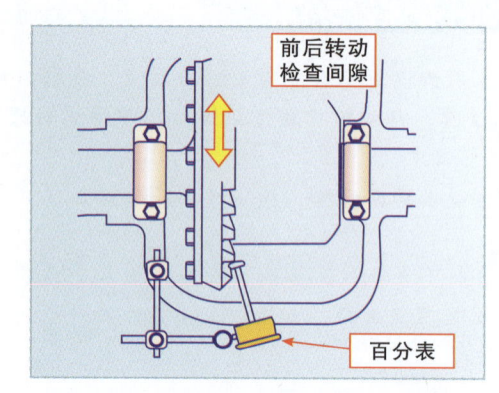

图1-186 齿圈与主动锥齿轮的间隙调整

（2）半轴齿轮与行星齿轮之间的间隙调整

用百分表检查差速器壳内半轴齿轮与行星齿轮之间的间隙。其间隙一般应在0.025～0.152mm的范围内。如间隙大于最大值时增加垫片；间隙小于最小值时拆下垫片。一般0.05mm的垫片改变间隙0.025mm，如图1-187所示。

组装差速器时，必须检查主动锥齿轮的深度。可用各种现有的专用工具或百分表。用垫片调整行星齿轮的位置，要按制造商规定的具体步骤进行。

用一套塞规检验半轴齿轮与变速器壳之间的间隙。通常的测量值在0～0.152mm之间。如间隙超过规定值，则应更换差速器壳，如图1-188所示。

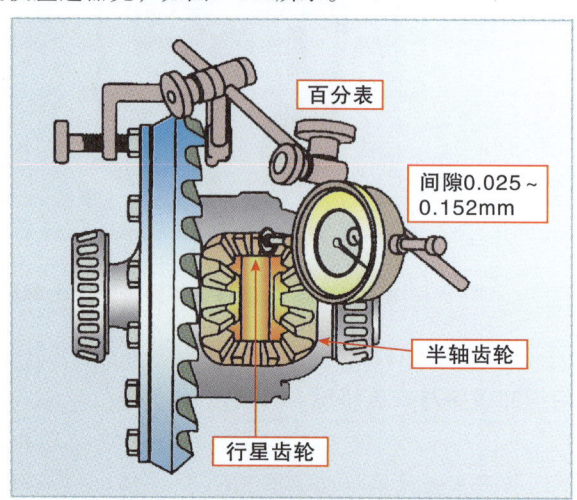

图1-187 测量差速器壳内半轴齿轮与行星齿轮之间的间隙

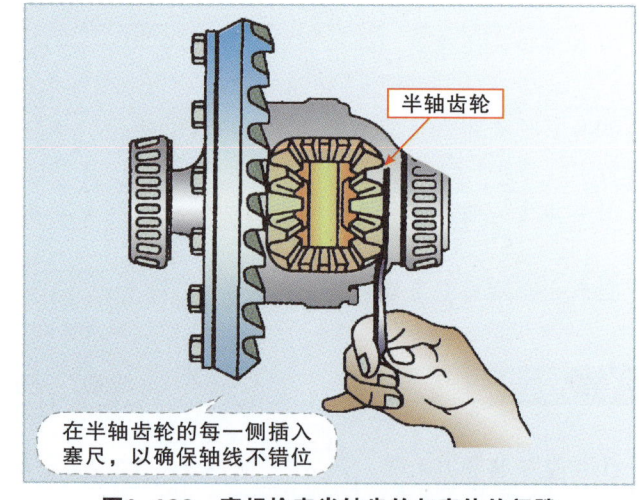

图1-188 塞规检查半轴齿轮与壳体的间隙

五、驱动桥的维修实际操作

前面我们学习了驱动桥的组成与构造，对驱动桥异响、发热、漏油等现象的诊断还是毫无头绪，紧跟下来我们就带着这些问题来分析这些故障吧！

1. 驱动桥异响

故障原因：

引起该故障的原因可能有：
齿轮或轴承严重磨损或损坏；齿轮副配合间隙过大；主、从动锥齿轮啮合不良或啮合间隙不均匀；半轴齿

第一部分　传动系统

轮花键槽与半轴配合松旷。

减速器主动齿轮或差速器的轴承松旷；后桥中某个轴承预紧力过大；主、从动锥齿轮调整不当，间隙过小。

差速器行星齿轮与半轴齿轮严重磨损或啮合不良；行星齿轮支承垫圈磨薄或过厚，使行星齿轮转动困难；主减速器从动齿轮与差速器壳的紧固螺钉松动。

驱动桥某一部位的齿轮啮合间隙过小，导致汽车上坡时发出响声；啮合间隙过大会导致下坡时发出声响；啮合不当或轴承松旷会导致上下坡时发出响声。

故障检查与排除：

若道路试验检查。若汽车直线行驶时无异响，而转弯时产生异响，应将差速器拆下，分解检查行星齿轮、半轴齿轮、十字轴是否磨损、松旷或相互不匹配。若不符合要求，应予以修理或更换。

若行驶有异响，而空挡滑行时异响减轻或消失，应将主减速器拆下，分解检查主、从动锥齿轮是否损伤折断，啮合间隙是否过大，啮合印痕是否符合要求。

若行驶或空挡滑行时均有异响，应检查润滑油量是否充足，并按要求加足。否则，应将主减速器和差速器拆下，检查主、从动锥齿轮的啮合间隙和差速器轴承。若不符合要求，应调整啮合间隙或更换轴承。

若汽车在上、下坡时有异响，应将主减速器拆下，检查主、从动锥齿轮的啮合间隙和磨损状况。若有损坏，应予以修理或更换。

2. 驱动桥发热

故障现象：

汽车行驶一定里程后，用手触碰驱动桥壳中部，有无法忍受的烫手感觉。

故障原因：

齿轮油不足、变质或牌号不符合要求。

锥形滚动轴承调整过紧。

主传动器一对锥形齿轮啮合间隙调整过小。

差速器行星齿轮与半轴齿轮啮合间隙太小。

油封过紧。

止推垫片与主传动器从动齿轮背面间隙太小。

诊断方法：

按下列方法诊断，其流程图如图1-189所示。

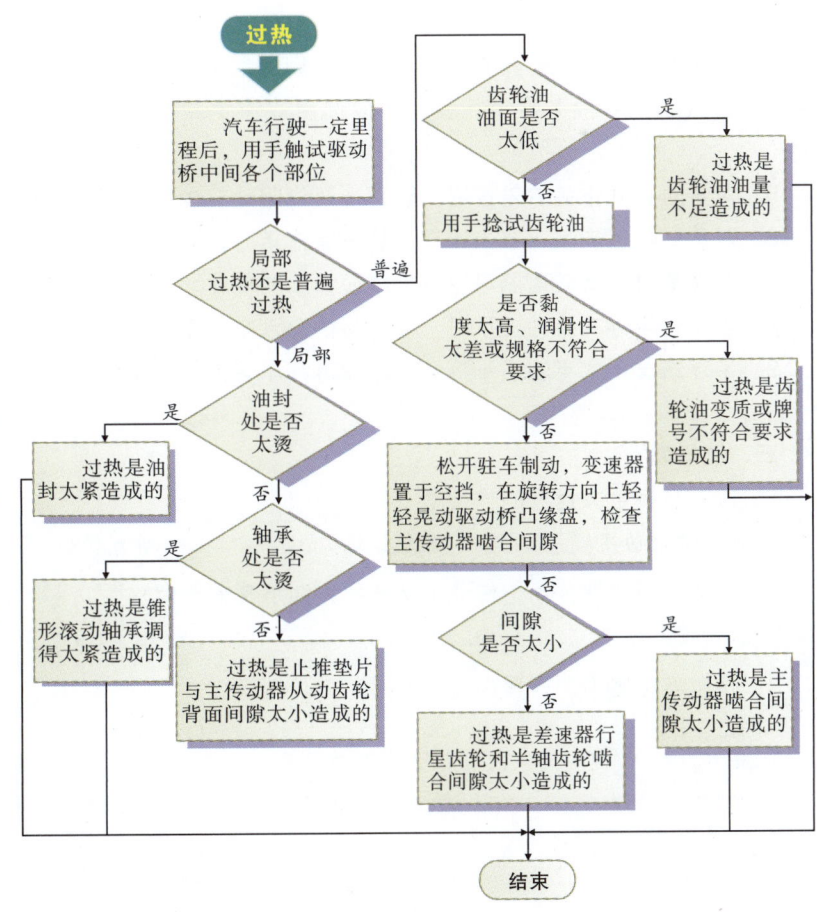

图1-189　过热诊断流程图

思考与练习

一、填空题

1. 驱动桥由主_____、_____、_____等组成。其功用是将万向传动装置传来的发动机转矩传递给驱动车轮，实现降速，以增大转矩。
2. 驱动桥的类型有_____驱动桥和_____驱动桥两种。
3. 贯通式主减速器多用于_____上。
4. 两侧的输出转矩相等的差速器，称为_____。
5. 对称式差速器用作_____差速器或由平衡悬架联系的两驱动桥之间的_____差速器。
6. 强制锁止式差速器为了使全部转矩传给附着条件好的驱动车轮，在差速器中设置了_____，它由_____和操纵装置组成。
7. 半轴是在_____与_____之间传递动力的实心轴。
8. 半轴的支承形式有_____和_____两种。

二、判断题（正确的打"√"，错误的打"×"）

1. 差速器的主要作用是：当汽车转向行驶时，防止左右两驱动轮以不同转速旋转。（　　）
2. 一般说来，当传动轴的叉形凸缘位于驱动桥壳中剖面的下部时，驱动桥内的主减速器是螺旋锥齿轮式主减速器。（　　）
3. 双速主减速器就是具有两对齿轮传动副的主减速器。（　　）
4. 当汽车在一般条件下行驶时，应选用双速主减速器中的高速挡，而在行驶条件较差时，则采用低速挡。（　　）
5. 对于对称式锥齿轮差速器来说，当两侧驱动轮的转速不等时，行星齿轮仅自转，而不公转。（　　）
6. 对称式锥齿轮差速器当行星齿轮没有自转时，总是将转矩M平均分配给左右两半轴齿轮。（　　）
7. 高摩擦自锁式差速器可以根据路面情况的变化，自动地改变驱动轮间转矩的分配。（　　）
8. 当采用半浮式半轴支承时，半轴与桥壳没有联系。（　　）
9. 半浮式支承的半轴易于拆装，无需拆卸车轮就可将半轴抽下。（　　）

三、选择题

1. 汽车后桥主减速器的作用是（　　）
   A. 增大功率　　B. 增大扭矩　　C. 增大转速　　D. 增大附着力
2. 为了实现等速传动，传动轴两端的万向节叉安装时应（　　）
   A. 相差45°　　B. 相差90°　　C. 相差180°　　D. 在同一平面内
3. 轿车差速器中的行星齿轮一般有（　　）
   A. 一个　　B. 三个　　C. 两个　　D. 四个

第二部分

行驶系统

汽车行驶系统的功用：接受传动系统传来的发动机转矩，并产生驱动力；承受汽车的总重量，传递并承受路面作用于车轮上的各个方向的反力及转矩；缓冲减震，保证汽车行驶的平顺性；与转向系统协调配合工作，控制汽车的行驶方向。

行驶系统一般由车架、车桥、悬架和车轮组成。

悬架是连接车桥和车架、吸收和缓和车轮跳动而传给车架的冲击、振动，传递路面作用于车轮的支持力、驱动力、制动力、侧向力及其产生的力矩。下面我们主要来学习一下悬架的知识。

情境一：悬架

一、悬架的组成

悬架系统就是指由车身与轮胎间的弹簧和避震器组成整个支持系统。悬架是汽车的车架与车桥或车轮之间的一切传力连接装置的总称。其作用是传递作用在车轮和车架之间的力和力扭，并且缓冲由不平路面传给车架或车身的冲击力，并衰减由此引起的振动，以保证汽车能平顺地行驶。悬架位置分布如图2-1所示。

悬架由弹性元件、减震器和导向机构以及防倾杆等组成。

图2-1 悬架位置

1. 弹性元件

汽车悬架系统所用的弹簧主要有钢板弹簧、螺旋弹簧、扭杆弹簧和油气弹簧等。

（1）钢板弹簧

由单片或若干片长度不同、宽度相等、厚度可以相等也可以不相等的弹簧钢板叠成。如图2-2所示。

情境教学 — 汽车底盘构造与维修

（2）螺旋弹簧

是前后悬架中最常见的弹簧。如图2-3所示。在螺旋弹簧上施加载荷时，随弹簧的收缩，存储外力能量，缓冲振动；当载荷减轻时，螺旋弹簧伸开，恢复原状。螺旋弹簧有线性和非线性两种。线性螺旋弹簧的螺距相等，簧圈形状和直径相同，有恒定的弹性系数。非线性螺旋弹簧圈的粗细和形状不同，大部分非线性螺旋弹簧圈的直径相同，但间隔不等。

图2-2 钢板弹簧

图2-3 螺旋弹簧

（3）扭杆弹簧

具有扭转弹性的弹簧钢制成的杆，如图2-4所示。

（4）油气弹簧

以惰性气体（一般为氮气）作为弹性介质，以油液作为传力介质的气体弹簧，利用气体的可压缩性来执行弹簧缓冲的作用。油气弹簧的结构有单气室油气弹簧、双气室油气弹簧，如图2-5所示。

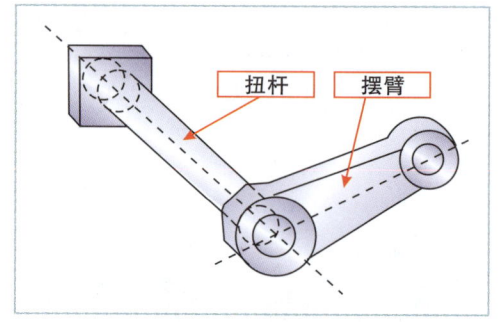

图2-4 扭杆弹簧

（5）空气弹簧

一般用于电子悬架系统中，如图2-6所示。

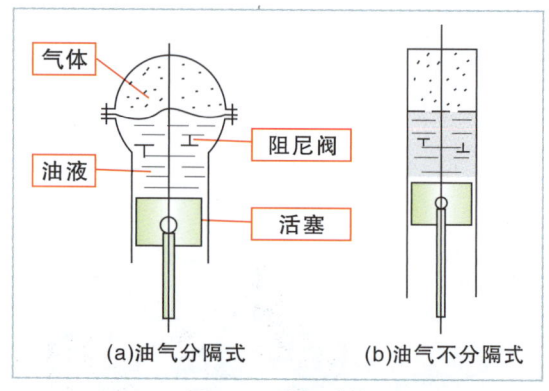

图2-5 油气弹簧

图2-6 空气弹簧

2. 减震器

减震器用来衰减由于弹性系统引起的振动，减震器在车上与弹性元件并联安装。如图2-7所示。

减震器可分为双向作用式减震器、单向作用式减震器、充气式减震器和阻力可调式减震器。

图2-7 减震器剖面与安装位置

第二部分　行驶系统

（1）双向作用式减震器

伸张和压缩行程都能起到减震作用的减震器，如图2-8所示。

双向作用式减震器的工作有压缩和伸张两个行程；工作原理见表2-1。

表2-1　双向作用式减震器的工作原理

过程	柱塞运动	工作缸上、下腔容积变化	上、下腔油压变化	油液流向	效果
压缩过程	减震器受压缩，活塞向下移动	上腔容积增大，下腔容积减小	下腔油压高于上腔	油液压开柱塞阀进入上腔，还有一部分从底阀进入外侧气缸	产生阻尼力
伸张过程	减震器被拉伸，活塞向上移动	上腔容积减小，下腔容积增大	上腔油压高于下腔	油液推开柱塞阀流入下腔，同时外侧气缸内的油液被吸入下腔	产生阻尼力

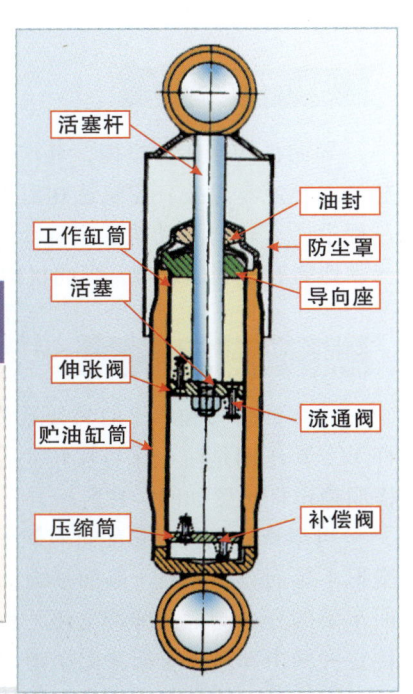

图2-8　双向作用式减震器

（2）单向作用式减震器

只在伸张行程起到减震作用的减震器。

（3）充气式减震器

充气式减震器的结构特点是：在缸筒的下部装有一个浮动活塞，在浮动活塞与缸筒形成的密闭气室中充有高压氮气。浮动活塞之上是减震器油液。浮动活塞上装有大断面的O形密封圈，将油和气完全分开，此活塞亦称封气活塞。充气式减震器如图2-9所示。

由于活塞杆进出而引起缸筒容积的变化由浮动活塞的上下运动来补偿，因此这种减震器无需储液缸筒，所以亦称单筒式减震器。

（4）阻力可调式减震器

阻力可调式减震器的工作过程是：当汽车的载荷增加时，空气囊中的气压升高，则气室内的气压也随之升高，使膜片向下移动与弹簧产生的压力相平衡。与此同时，膜片带动与它相连的柱塞杆和柱塞下移，使得柱塞相对空心连杆上的节流孔的位置发生变化，结果减小了节流孔的通道截面积，即减少了油液流经节流孔的流量，从而增加了油液流动阻力。阻力可调式减震器结构如图2-10所示。

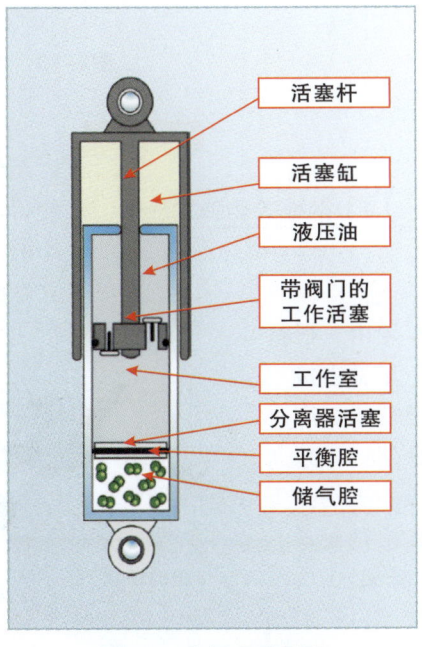

图2-9　充气式减震器

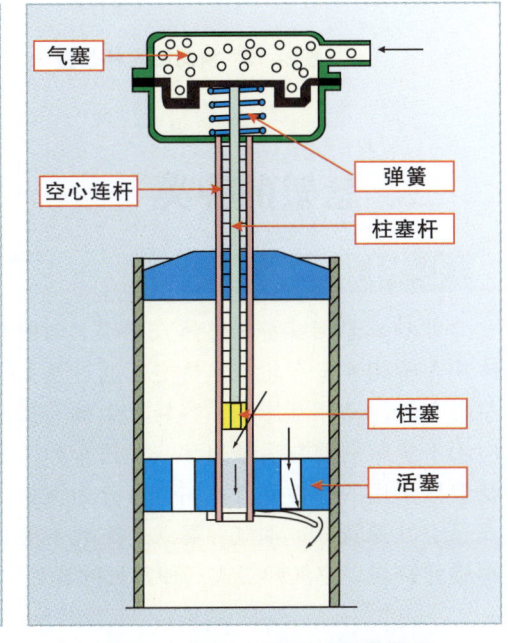

图2-10　阻力可调式减震器结构

3. 导向机构

导向机构是传力机构，其作用：一是传递各个方向的力和力矩，二是使车轮按一定轨迹相对于车架和车身跳动。汽车在行驶过程中，车轮的运动轨迹应符合一定的要求，否则对汽车的某些行驶性能有不利的影响。导向机构位置如图2-11所示。

4. 防倾杆

大多数轿车和客车的悬架系统中设有防倾杆（又称横向稳定杆）。其作用是防止车身在转向等情况下发生过大的横向倾斜。横向稳定杆位置如图2-12所示。

图2-11 导向机构位置

当车身只做垂直移动而两侧悬架变形相等时，横向稳定杆在套筒内自由转动，不起任何作用。当两侧悬架变形不等而车身相对于路面横向倾斜时，车架的一侧移近弹簧支座，稳定杆的该侧末端就相对于车架向上移；而车架的另一侧远离弹簧支座，相应的稳定杆的末端则相对于车架向下移，然而，在车身和车架倾斜时，横向稳定杆的中部对于车架并无运动。这样在车身倾斜时，稳定杆两边的纵向部分向不同方向偏转，于是稳定杆便被扭转。弹性稳定杆所产生扭转的内力矩就妨碍了悬架弹簧的变形，起到了阻止车身倾斜的作用，因而减小了车身的横向倾斜和横向角振动。如图2-13所示。

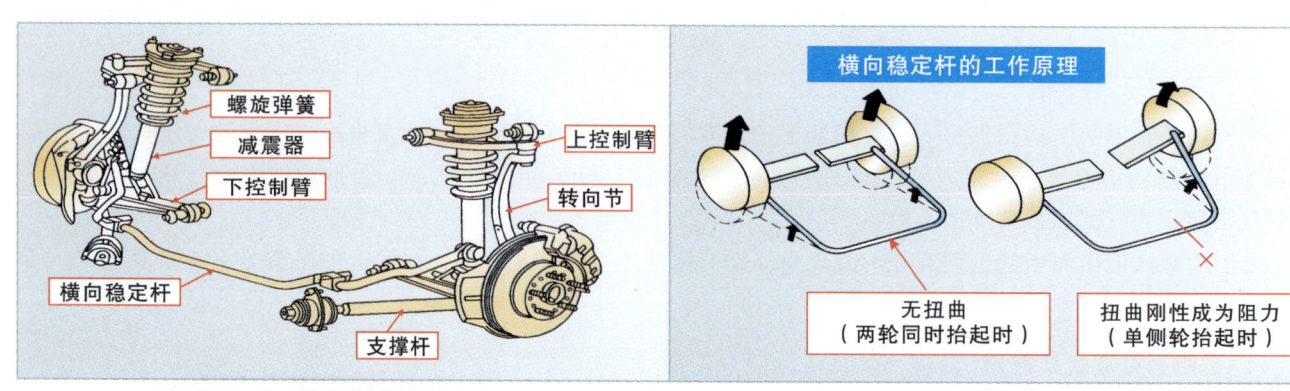

图2-12 横向稳定杆位置　　　图2-13 横向稳定杆工作原理

二、悬架的种类

1. 非独立悬架

非独立悬架又称为整体式悬架。两侧车轮由一根整体式车桥相连，车轮与车桥一起通过悬架与车架连接，左右车轮运动相互影响，容易产生颤动摇摆现象。广泛应用于货车的前、后悬架和一些轿车的后悬架。非独立悬架按采用的弹性元件不同，可分为钢板式、螺旋弹簧式、空气弹簧式、油气弹簧式。在此主要介绍钢板式、螺旋弹簧式、空气弹簧式三种常见的非独立悬架。

（1）钢板式非独立悬架　钢板弹簧被用做非独立悬架的弹性元件，由于它起导向机构的作用，使得悬架系统大为简化。广泛用于货车的前、后悬架中。钢板弹簧式非独立悬架如图2-14所示。

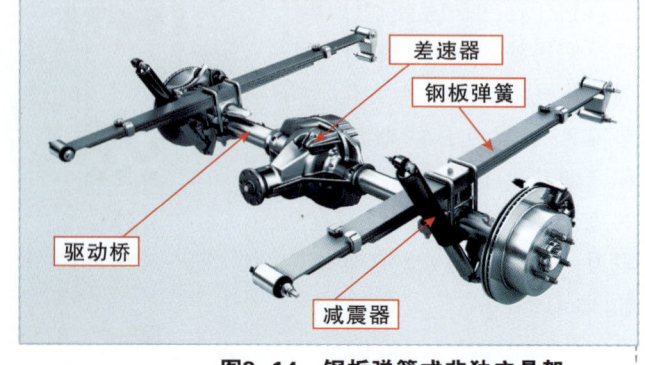

图2-14 钢板弹簧式非独立悬架

第二部分　行驶系统

（2）螺旋弹簧非独立悬架

螺旋弹簧非独立悬架一般只作为乘用车的后悬架。螺旋弹簧作为弹性元件只能承受垂直载荷，所以其悬架系统要加设导向机构和减震器。螺旋弹簧非独立悬架结构与实物如图2-15所示。

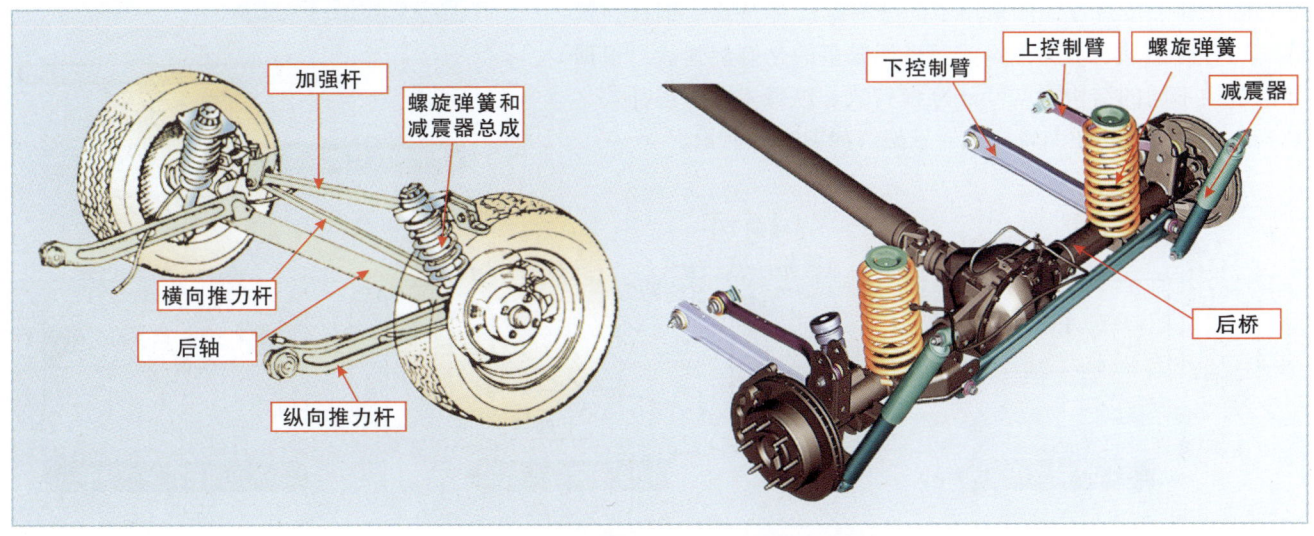

图2-15　螺旋弹簧非独立悬架结构与实物

（3）空气弹簧非独立悬架

汽车在行驶时，由于载荷和路面的变化，要求悬架刚度随之变化。空车时车身被抬高，满载时车身则被压低，会出现撞击缓冲块的情况。因而对于不同类型的汽车提出不同的要求，比如追求舒适性为主的大客车，其空车与满载时的车身载重变化较大，而且要求在好路上降低车身高度，提高车速行驶；在坏路上提高车身，可以增大通过能力。因而要求车身高度随使用要求可以调节，空气弹簧非独立主动悬架可以满足这一要求。空气弹簧非独立悬架示意图及实物如图2-16所示。

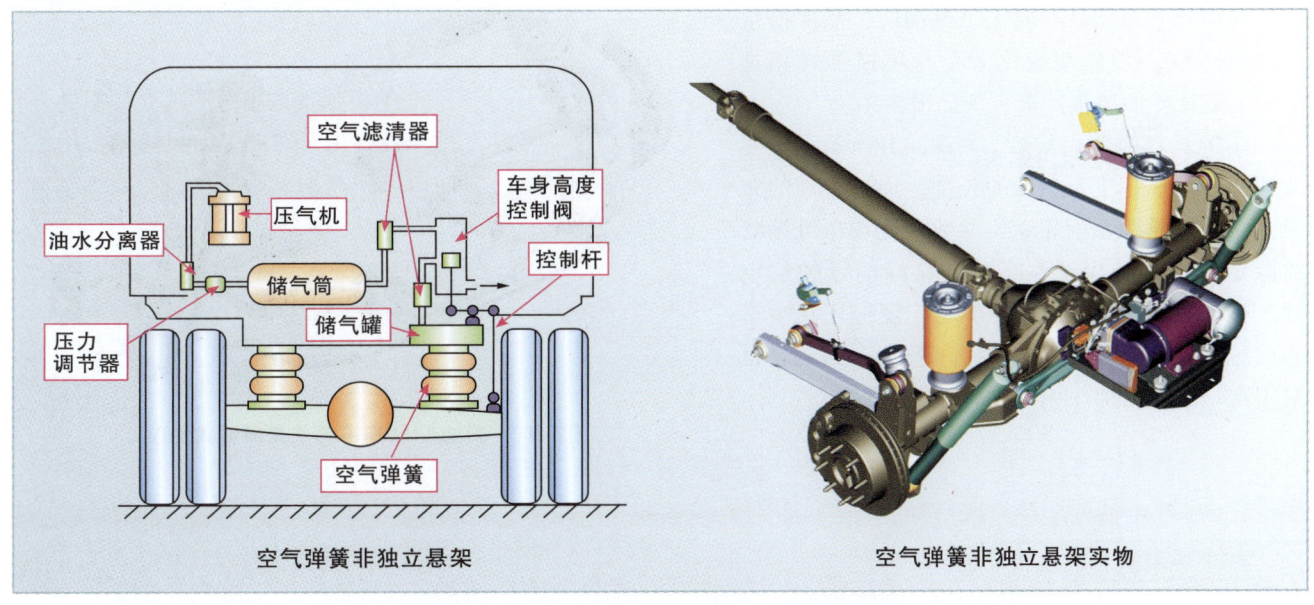

图2-16　空气弹簧非独立悬架示意图及实物

2. 独立悬架

独立式悬架采用的车桥是断开式的。两侧车轮分别独立地与车架或车身弹性连接，当一侧车轮受到冲击时，其运动不会影响另一侧车轮。

独立悬架按弹性元件采用不同分为螺旋弹簧式、钢板弹簧式、扭杆弹簧式、气体弹簧式。采用较多的是螺旋弹簧；根据导向机构不同的结构特点可分为横臂式、纵臂式、多连杆式、烛式、麦弗逊式、单斜臂式独立悬架。如图2-17所示。

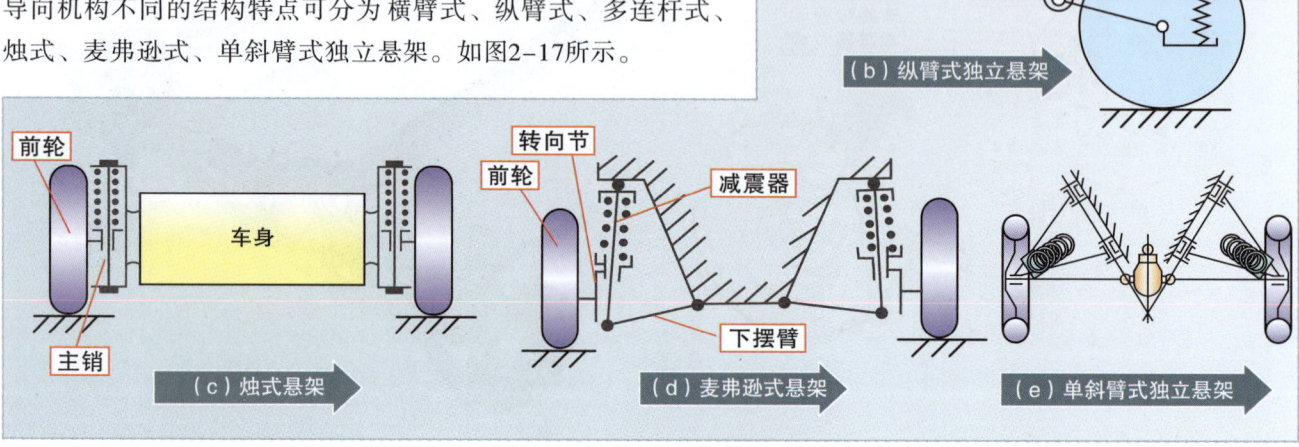

图2-17 独立悬架的分类

（1）横臂式独立悬架

横臂式独立悬架是指车轮在汽车横向平面内摆动的独立悬架，按横臂的数量分为单横臂式和双横臂式悬架。单横臂式独立悬架多应用在后悬架上，但由于不能适应高速行驶的要求，目前应用不多。

双横臂式独立悬架按上下横臂是否等长，又分为等长双横臂式和不等长双横臂式两种悬架。等长双横臂式悬架在车轮上下跳动时，能保持主销倾角不变，但轮距变化大（与单横臂式相类似），造成轮胎磨损严重，现已很少用。

不等长双横臂式悬架，如图2-18所示。只要适当选择，优化上下横臂的长度，通过合理的布置，可以使轮距及前轮定位参数变化均在可接受的限定范围内，保证汽车具有良好的行驶稳定性。目前不等长双横臂式悬架已广泛应用在轿车的前后悬架上，部分运动型轿车及赛车的后轮也采用这一悬架结构。

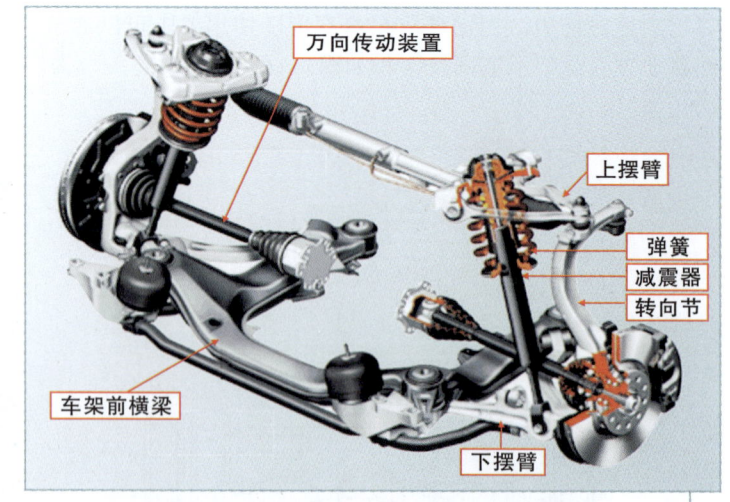

图2-18 奥迪A4轿车不等长双横臂式悬架

（2）纵臂式独立悬架

纵臂式独立悬架是指车轮在汽车纵向平面内摆动的悬架结构，又分为单纵臂式和双纵臂式两种形式。单纵臂式悬架当车轮上下跳动时会使主销后倾角产生较大的变化，因此不用于转向轮上，如图2-19所示。双纵臂式悬架的两个摆臂一般做成等长的，形成一个平行四杆结构，如图2-20所示。这样，当车轮上下跳动时主销的后倾角保持不变。双纵臂式悬架多应用在转向轮上。

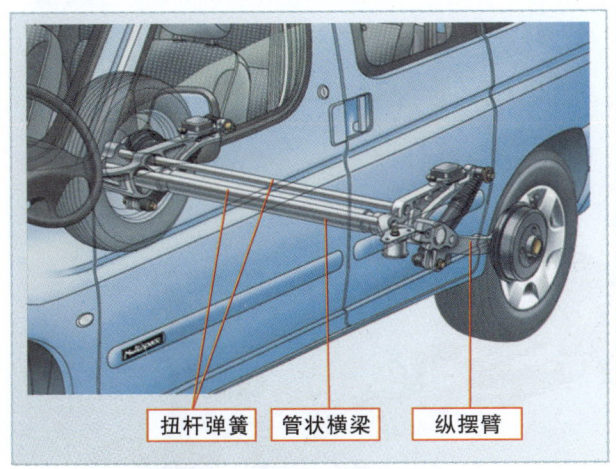

图2-19 单纵臂式独立悬架

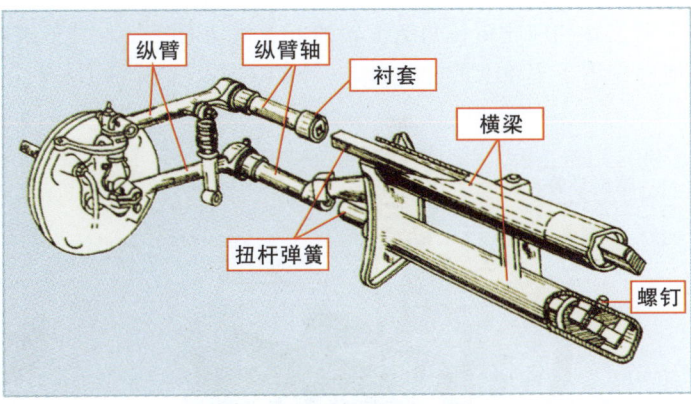

图2-20 双纵臂式独立悬架

（3）多连杆独立悬架

多连杆独立悬架是由3~5根杆件组合起来控制车轮位置变化的悬架，如图2-21所示。多连杆独立悬架能使车轮绕着与汽车纵轴线成一定角度的轴线内摆动，是横臂式和纵臂式的综合方案，适当地选择摆臂轴线与汽车纵轴线所成的夹角，可不同程度地获得横臂式与纵臂式悬架的优点，能满足不同的使用性能要求。

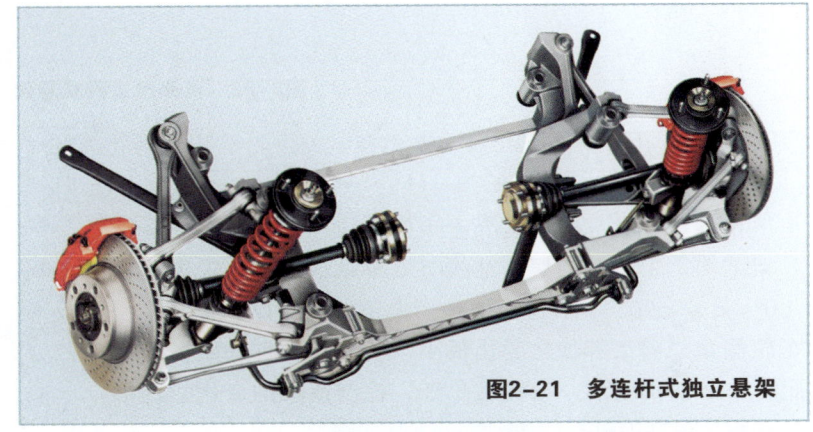

图2-21 多连杆式独立悬架

多连杆独立悬架的主要优点：

车轮跳动时轮距和前束的变化很小，不管汽车是在驱动、还是在制动状态，都可以按驾驶意图进行平稳转向。其不足之处是汽车高速行驶时有轴摆动现象。

（4）烛式悬架

烛式悬架的结构特点是车轮沿主销轴线上下移动，如图2-22所示。

烛式悬架的优点：

当悬架变形时，主销位置和定位角不会发生变化，仅是轮距、轴距稍有变化，有利于汽车的操纵性和稳定性。烛式悬架的缺点：汽车行驶时的侧向力会全部由套在主销套筒的主销承受，致使套筒与主销间的摩擦阻力加大，磨损也较严重。烛式悬架现已应用不多。

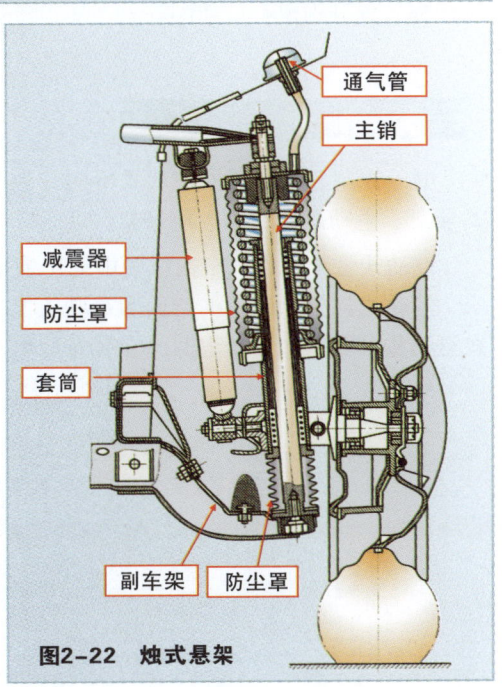

图2-22 烛式悬架

（5）麦弗逊式悬架

麦弗逊式悬架也称滑柱连杆式悬架，减震器可兼做转向主销，转向节可以绕着它转动。如图2-23所示。主销位置和前轮定位角随车轮的上下跳动而变化。由于减震器—弹簧组充当了主销的角色，使它同时也承受了地面作用于车轮上的横向力。

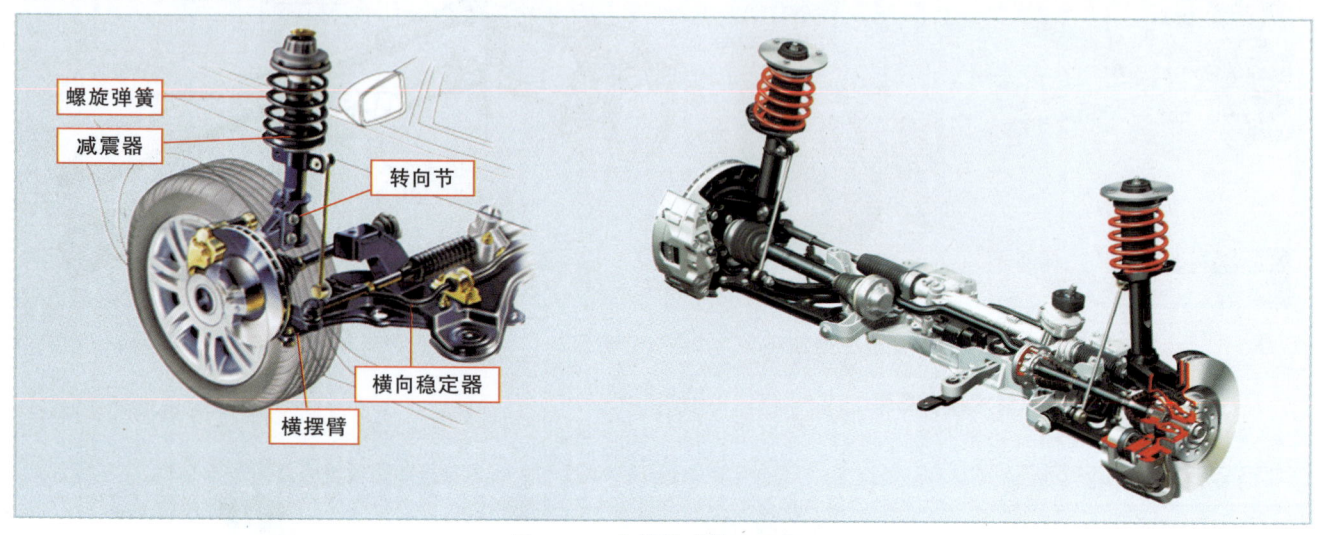

图2-23 麦弗逊式独立悬架

（6）单斜臂式悬架

单斜臂式独立悬架是介于单横臂与单纵臂之间的一种悬架结构。单斜臂的摆动轴线与汽车纵轴线成一定夹角θ（$0° < \theta < 90°$）。适当地选择夹角θ，可以调整轮距、车轮倾角、前束等使之变化最小，从而获得良好的操纵稳定性。有的加装了一根辅助拉杆，控制前束的变化。这根拉杆称为控制前束杆。如图2-24所示。

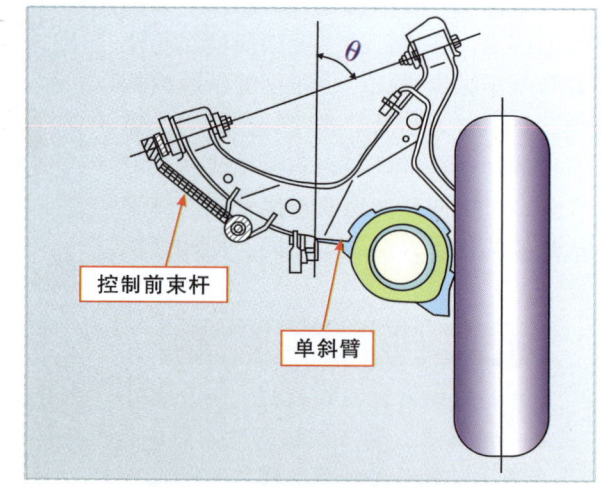

图2-24 单斜臂式独立悬架

3. 电子控制悬架

电子控制悬架根据控制形式不同分为被动式悬架、主动式悬架。主动悬架又称电控悬架。

被动式悬架是指汽车在行驶中无法依据路面状况随时调节汽车悬架的刚度和阻尼，以获得最佳性能。

主动式悬架可以根据路面和行驶工况动态地调节悬架的刚度和阻尼，使悬架系统始终保持最佳状态。主动式悬架按其是否包含动力源，又分有源主动悬架（即全主动悬架）、无源主动悬架（即半主动悬架）。

（1）全主动悬架

主动悬架系统由电子控制装置和可调式悬架组成，电子控制装置又包括信号输入装置（传感器）、电子控制单元（控制器）、执行机构三部分，如图2-25所示。电子控制主动空气悬架系统配置如图2-26所示，全主动悬架系统如图2-27所示。

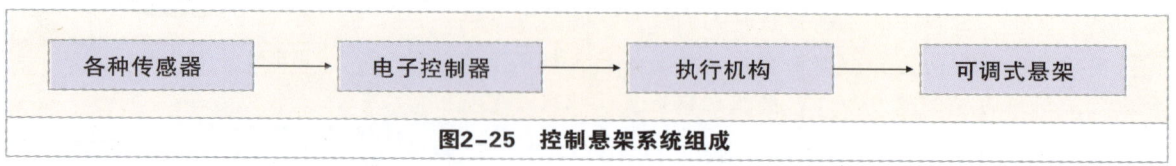

图2-25 控制悬架系统组成

第二部分　行驶系统

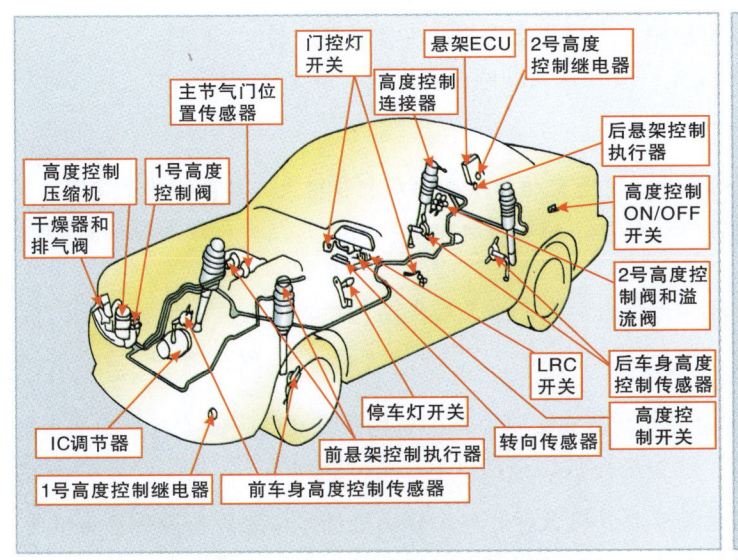

图2-26　电子控制主动空气悬架系统配置

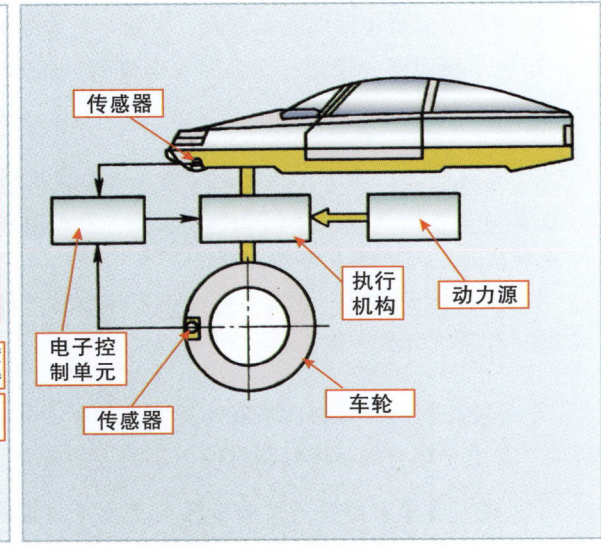

图2-27　全主动悬架系统

传感器：电子控制悬架系统所用的传感器见表2-2。

表2-2　用于电子控制悬架系统的传感器

名　称	用　途
车身加速度传感器	检测车身的振动，可间接反映汽车行驶的路面情况
车身位移传感器	检测车身相对车桥的位移，可反映车身的平顺性和车身的高度
车速传感器	检测车轮的转速，反映车速和用于计算车身侧倾程度
方向盘转角传感器	检测方向盘的转角，用于计算车身侧倾程度
制动压力开关	检测制动管路的制动液压力，提供汽车制动信号
制动灯开关	检测制动灯电路的通断，提供汽车制动信号
节气门位置传感器	检测节气门的开度，提供汽车加速信号
加速踏板传感器	检测加速踏板的动作，提供汽车加速信号
模式选择开关	手动选择"软"或"硬"两种模式

控制器及执行机构：控制器又称悬架微机，由微处理机、传感器电源电路、执行器的驱动电路及监控电路等组成。电子控制悬架系统的控制器将传感器送入的电信号进行综合处理，输出对悬架的刚度、阻尼及车身高度进行调节的控制信号。

电子控制悬架系统的执行机构按电子控制器的控制信号准确动作，及时地调节悬架的刚度、阻尼系数及车身的高度。通常所用的执行元件是电磁阀、步进电机及气泵电动机等。

可调式悬架：可在控制器输出指令的控制下，实现悬架刚度、阻尼及车身高度的调节。

可调式悬架有空气式悬架、油气式悬架和液压式主动悬架三种。目前，我国进口汽车中使用较多的为空气式悬架。图2-28所示的是一种空气式悬架。

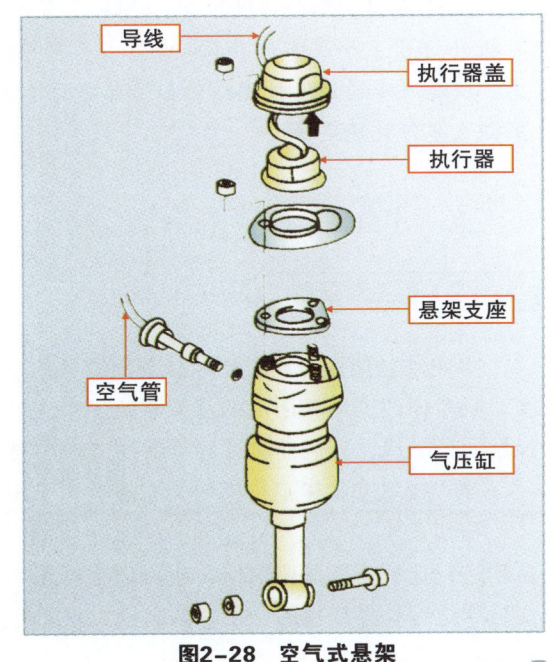

图2-28　空气式悬架

主动悬架控制包括以下三方面：车速与路面感应控制、车身姿态控制、车身高度控制。

车速与路面感应控制：是指随着车速和路面的变化，改变悬架的刚度与阻尼，使之处于低、中、高三种状态。

①高速感应：高速行驶时，控制模块输出控制信号，使悬架的刚度和阻尼相应增大，提高操纵稳定性。

②前后车轮关联感应：汽车遇到路面引起前轮的凸起时，控制模块输出控制信号，相应减小后轮悬架的刚度和阻尼，减小车身振动与冲击。

③不良路面感应：当汽车进入不良路面行驶时，为抑制车身产生大的振动，控制模块输出控制信号，相应增大悬架的刚度和阻尼。

车身姿态控制：是指汽车在车速突然改变及转向时，会造成车身姿态的急剧改变。既降低了汽车的乘坐舒适性，又由于车身的过度倾斜，使汽车失去稳定性。车身姿态控制包括以下三个方面：

①转向时车身的倾斜控制：汽车急转弯，驾驶员急打方向盘时，转向传感器将方向盘的转角和转速信号输入悬架ECU，悬架ECU经过计算分析向悬架执行元件输出控制信号，增大或减小相应悬架的刚度和阻尼，抑制车身的倾斜。

②制动车身点头控制：汽车紧急制动时，车速传感器将车速信号和制动开关信号输入悬架ECU，悬架ECU经过计算分析后输出控制信号，增大悬架的刚度和阻尼，抑制车身的点头。

③起步车身抬头控制：汽车突然起步或加速时，车速传感器的车速信号和节气门开度传感器的信号输入悬架ECU，悬架ECU经过计算分析后输出增加悬架刚度和阻尼的控制信号，抑制车身的抬头。

车身高度控制：是指在汽车行驶车速和路面变化时，悬架ECU对执行元件输出控制信号，调节车身高度，以保证汽车行驶稳定性。

车身高度有两种控制模式，即"NORM"和"HIGH"，每种模式又有低、中、高三种状态。在"NORM"模式时，车身常处于"低"状态；在"HIGH"模式时，车身常处于"高"状态。

①高速感应控制：当车速在90~120km/h时，为提高汽车的行驶稳定性和减少空气阻力，控制器输出控制信号，降低车身高度；当车速低于60km/h时，汽车恢复原有高度。

②连续不良路面行驶控制：汽车在连续颠簸不平的路面行驶，车身高度传感器连续2.5s以上输出大幅度的振动信号，如果车速在40~90km/h，悬架ECU就会输出控制信号，提高车身，减弱来自路面的突然起伏感，提高汽车的通过性能；但如果此时的车速在90km/h以上时，悬架ECU会输出控制信号，降低车身高度，保证汽车行驶稳定性。

（2）半主动悬架

半主动悬架用可调阻尼的减震器取代执行器，可调阻尼减震器结构如图2-29所示。无需考虑改变悬架的刚度，只考虑改变悬架阻尼的悬架系统。半主动悬架由无动力源且可控的阻尼元件（减震器）和支持悬架质量的弹性元件组成。减震器通过调节阻尼力来控制所耗掉的能量。半主动悬架系统如图2-30所示。

半主动悬架按阻尼级别分为有级式和无级式两种。

有级式半主动悬架：是将悬架系统中的阻尼分成两级、三级或更多级，可由驾驶员选择或根据传感器信号自动进行选择需要的阻尼级，也可以根据路面状况好坏和汽车行驶状态（转弯或制动）等调节悬架的阻尼级，使悬架适应外界环境的变化，从而较大限度地提高汽车的行驶平顺性和操纵稳定性。

第二部分　行驶系统

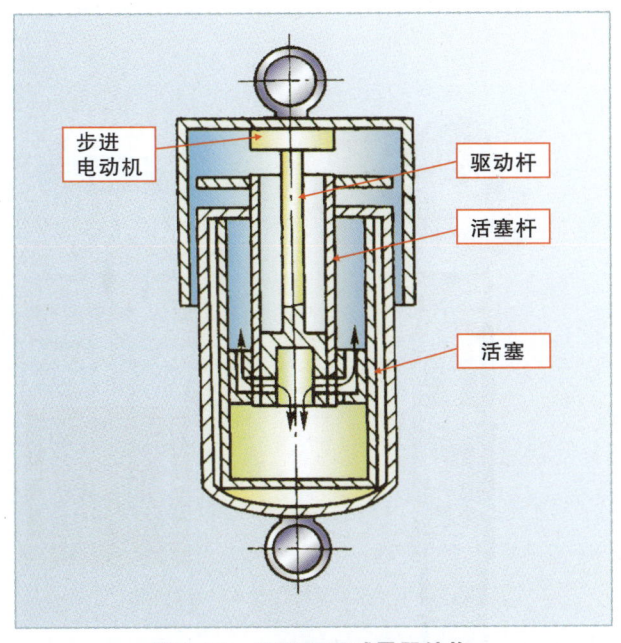

图2-29　可调阻尼减震器结构

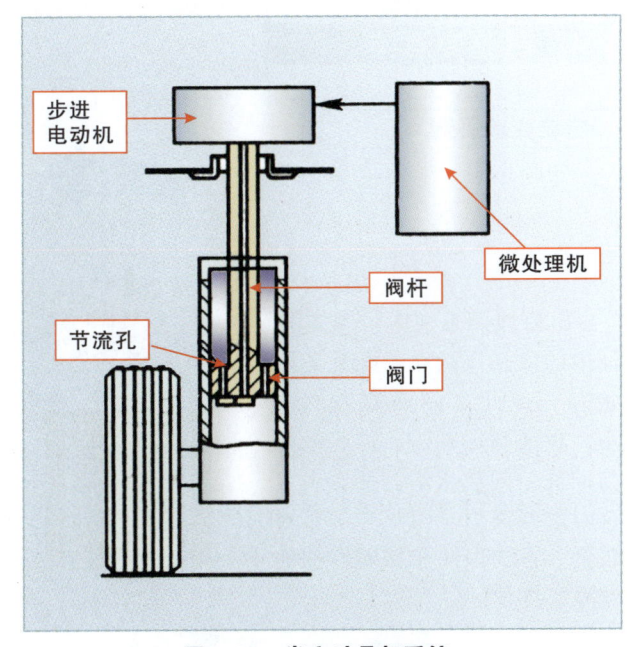

图2-30　半主动悬架系统

无级式半主动悬架：是根据汽车行驶路面状况和行驶状态，对悬架系统的阻尼在瞬间由最小变到最大进行无级调节。阻尼的改变一般是通过控制步进电动机驱动可调阻尼减震器中的有关部件，改变阻尼孔的大小实现的。当步进电动机带动驱动杆转动时，就改变了驱动杆与空心活塞的相对角度，从而改变减震器阻尼孔截面积，使减震器的阻尼发生变化。

半主动悬架系统控制原理：

半主动悬架控制模型如图2-31所示。半主动悬架系统通常以车身振动加速度的均方根值作为控制目标参数，以悬架减震器的阻尼为控制对象。半主动悬架的控制模型是在悬架微机中事先设定了一个目标控制参数 σ，它是以汽车行驶平顺性最优控制为目的设计的。汽车行驶时，安装在车身上的加速传感器产生的车身振动加速信号经整形放大后输入电脑，电脑立刻计算出当前车身振动加速度的均方根值 σ_i，并与设定的目标参数 σ 比较，根据比较结果输出控制信号。

如果是 $\sigma = \sigma_i$，控制器不输出调整悬架阻尼控制信号。

如果是 $\sigma < \sigma_i$，控制器输出增大悬架阻尼控制信号。

如果是 $\sigma > \sigma_i$，控制器输出减小悬架阻尼控制信号。

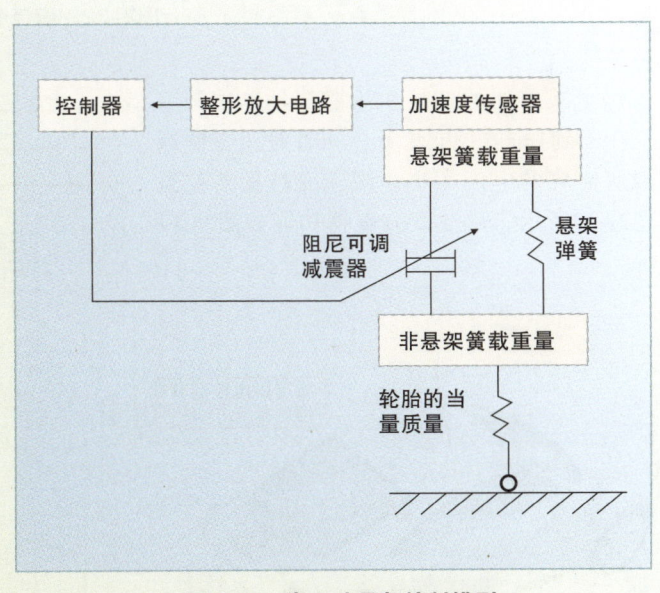

图2-31　半主动悬架控制模型

4. 磁流变悬架

磁流变减震器

电磁线圈未通电：减震器油内的磁悬浮微粒呈杂乱无序状态，彼此之间没有力的作用。在活塞运动时，这些微粒与油液一同被从活塞孔压出。这时的减震力（阻尼力）相对较低，该力取决于减震器油的基本黏度值。

电控电磁线圈已通电：微粒会按照磁场的磁力线方向排列，特别是活塞孔内聚集了一长串微粒。这就提高了油液与孔壁的摩擦力，因而也就提高了流变压力和减震力（阻尼力）。如图2-32所示。

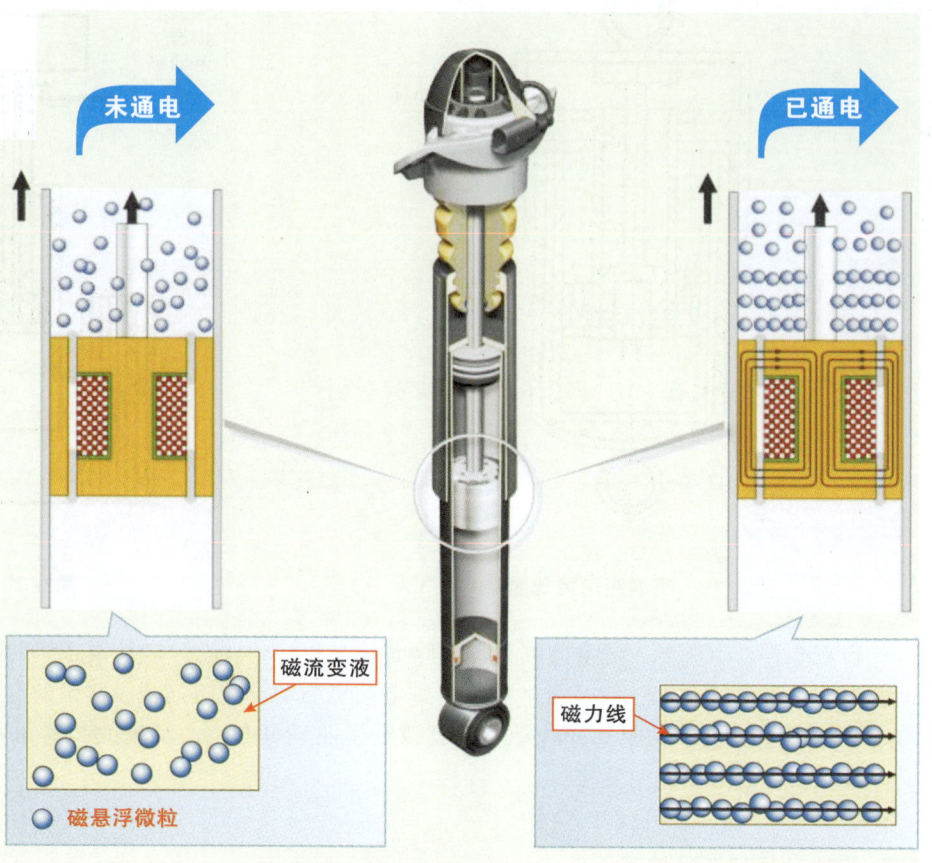

图2-32 磁流变减震器工作原理

每个减震器的伸长和压缩都是单独调节的。在不到1ms内控制单元就可计算出控制减震器所需要的电流大小。磁流变减振器位置如图2-33所示，磁流变减震器功能如图2-34所示。

图2-33 磁流变减震器位置

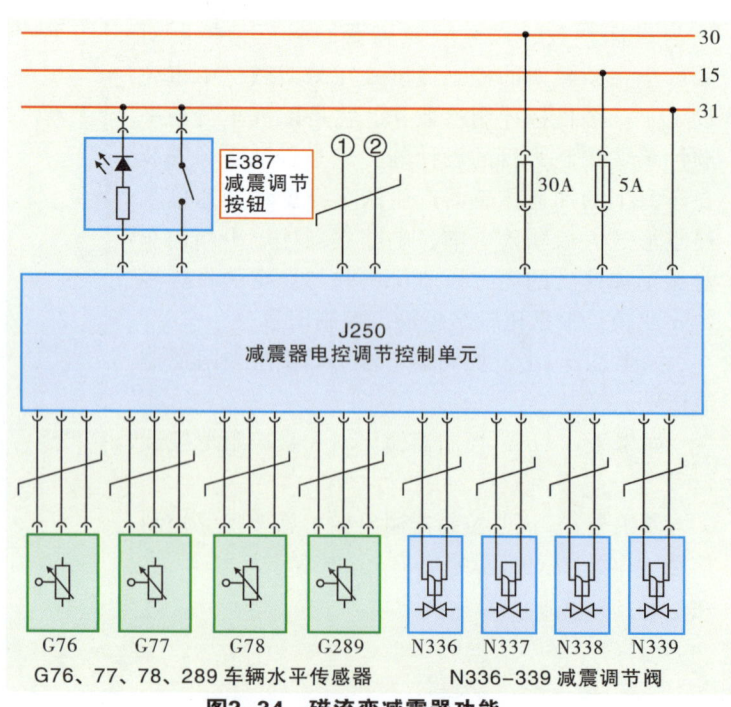

图2-34 磁流变减震器功能

磁流变减震器特性曲线与传统减震器特性曲线的对比如图2-35所示。

系统出现故障时的表现：如果某个减震器的电控功能出现故障，那么只将这个减震器关闭，警报灯就接通并会存储该故障。

如果多个减震器的电控功能出现故障，那么所有减震器都被关闭，警报灯就接通并会存储该故障。

如果识别出控制单元处理器出现故障，那么就用恒定电流来控制减震器，警报灯就接通并会存储该故障。

如果传感器信号以及CAN-总线信息不可靠，那么会根据故障的具体情况启动各种应急程序，以便还能尽可能好地进行减震器调节。这时警报灯就接通并会存储这些故障。

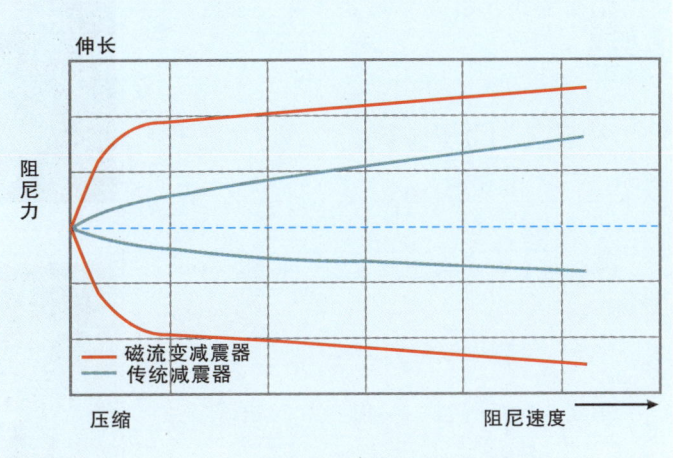

图2-35　奥迪磁流变减震器特性曲线与传统减震器特性曲线的对比

5. 自适应空气悬挂（AAS）

四轮电控无极可调式空气悬挂可自动调整车身高度和减震；自动、舒适、运动、坏路四种模式通过MMI可选，包括车身高度调节，空气悬架上的剩余压力保持阀用于保证空气悬架内的最小压力。自适应空气悬架位置图如图2-36所示。

图2-36　自适应空气悬架位置

三、悬架的拆装

👉 提示：前悬架在装复前应先检查螺旋弹簧有无裂纹、刮伤或变形；缓冲块与防尘套有无破损；减震器有无漏油，若有应更换。

下面以捷达轿车为例，讲讲悬架的拆装过程。

情境教学

1. 前悬架的安装

①用专用工具压紧螺旋弹簧,如图2-37所示。

②装上缓冲块与防护套,如图2-38所示。

③将螺旋弹簧装上减震器,如图2-39所示。

④装入弹簧座圈,如图2-40所示。

⑤装入隔震块,并拧紧减震器顶部的自锁螺母,如图2-41所示。

⑥将螺旋弹簧的压紧工具拆下,如图2-42所示。

⑦将车轮轴承套安装复位,并拧紧紧固螺栓,如图2-43所示。

⑧将减震器安装复位,如图2-44所示。

⑨装上减震器挡块,拧紧减震器顶部的自锁螺母,并盖紧罩盖,如图2-45所示。

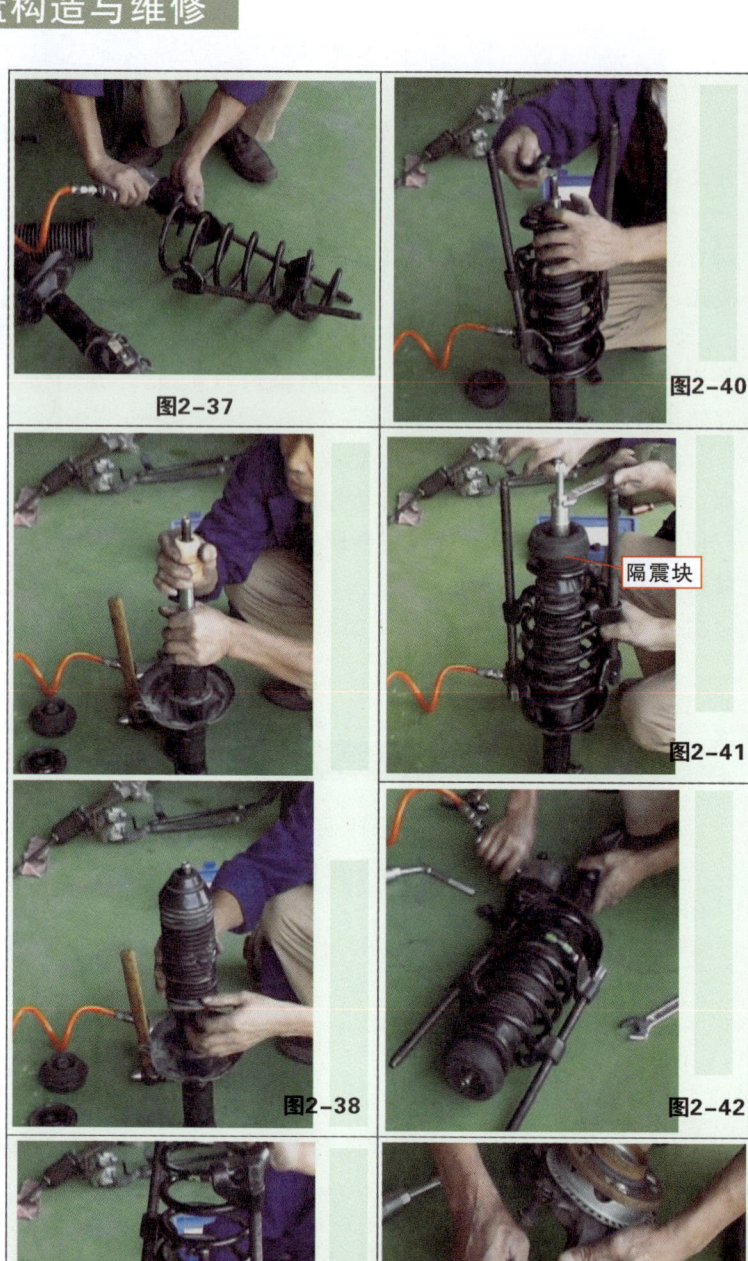

图2-37

图2-40

图2-38

图2-41

图2-42

图2-39

图2-43

图2-44

图2-45

2. 前悬架的拆卸

①取出罩盖，并用前减震器拆装工具拆卸减震器和车身固定螺母，如图2-46所示。

图2-46

②取出挡块，同时取出减震器，如图2-47所示。

③用专用工具压紧螺旋弹簧，如图2-48所示。

图2-47

④用前减震器拆装工具拆卸减震器顶部的自锁螺母，并取出隔震块，如图2-49所示。

⑤取出弹簧座圈，如图2-50所示。

⑥取出螺旋弹簧，如图2-51所示。

⑦取出防护套和缓冲块，如图2-52所示。

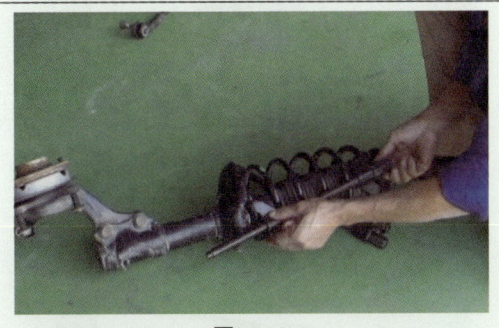
图2-48

⑧用工具拆卸车轮轴承套的紧固螺栓，并将其取下，如图2-53所示。

图2-49

图2-50

图2-51

图2-52

图2-53

3. 后悬架的拆卸与安装

后悬架的安装与拆卸参考前悬架。前悬架、后悬架分解如图2-54所示。

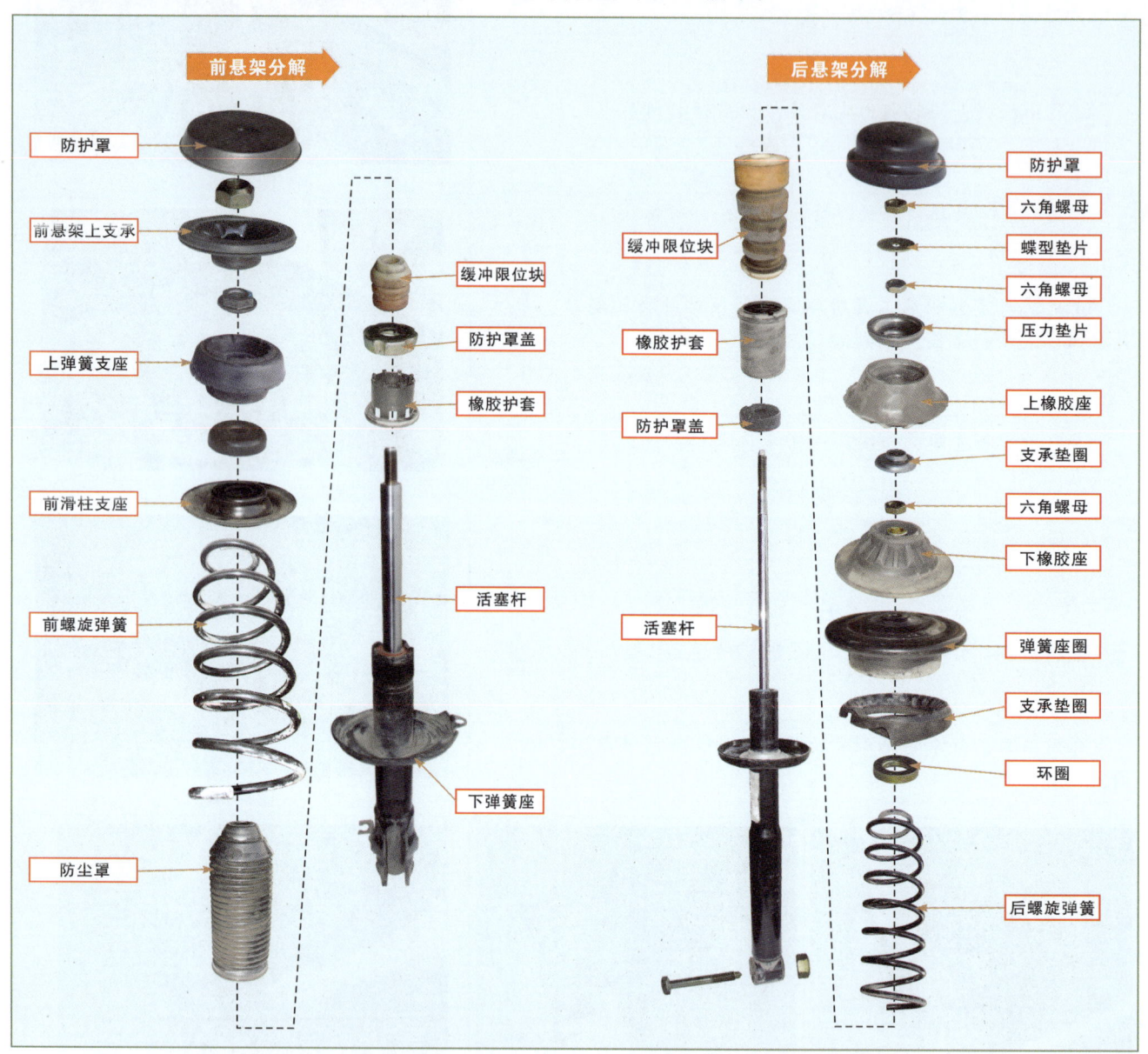

图2-54 前、后悬架分解

四、悬架系统的检测与维修

1. 钢板弹簧的检修

用钢板弹簧试验器、样板、新旧件对比、直观检视等方法检验。钢板弹簧出现裂纹、拆断或弧高、曲率半径发生明显变化时，更换新件。

- 更换钢板弹簧时,其长度、宽度、厚度及弧高应符合原厂要求。
- 钢板弹簧夹箍及固定支架出现裂纹,应更换。弹簧夹箍铆接松动时应重新铆紧。
- 钢板弹簧销衬套磨损超过1.0mm应更换衬套。
- 钢板弹簧U形螺栓及中心螺栓螺纹损伤超过两牙或产生裂纹时,应更换。

2. 减震器的检修

- 用手推拉减震器活塞杆应有较大的运动阻力,全行程阻力大小均匀,不得有空行程及卡滞现象,且伸张行程的阻力大于压缩行程的阻力,否则应更换减震器。
- 减震器有轻微漏油可继续使用,严重漏油时应更换新件。不允许添加减震器油后继续使用。

五、悬架系统的维修实际操作

1. 钢板弹簧异响

故障现象:

汽车行驶中,钢板弹簧发出撞击异响,且振动增大。

故障原因:

①钢板弹簧销、衬套、吊环磨损过量,各零件间的间隙过大。
②钢板弹簧疲劳变形,弧高减小。
③行驶时的振动使钢板弹簧与其他零件或车架发出撞击而产生异响。
④个别钢板疲劳折断。

故障诊断与排除:

①将汽车架起,使钢板弹簧处于自由状态,在钢板弹簧支架端用撬棒上下撬动钢板弹簧。若能撬动,应检查钢板弹簧销、衬套、吊环支架间的间隙是否过大。若间隙过大,应更换钢板弹簧销或衬套。

②汽车在正常装载条件下行驶,车架与钢板弹簧产生撞击;行驶在不平路面时异响更大,应测量钢板弹簧弧高,如图2-55所示。若钢板弹簧疲劳失效,应更换钢板弹簧。

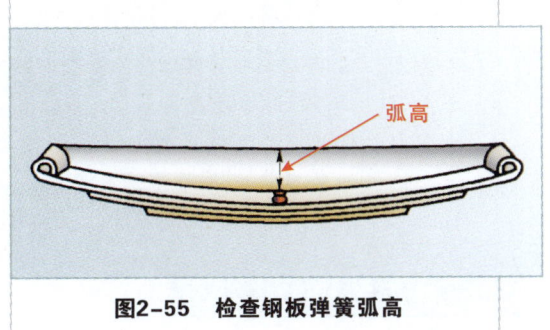

图2-55 检查钢板弹簧弧高

2. 钢板弹簧折断

故障现象:

汽车行驶时方向定向跑偏;停车检查时车身向一侧倾斜。

情境教学　汽车底盘构造与维修

故障原因：

①汽车超载、超速行驶，转弯车速过快，负荷突然增大。
②装载不均匀。
③钢板弹簧U形螺栓松动。
④更换的钢板弹簧片曲率与原片曲率不同。
⑤紧急制动过多，尤其满载下坡时使用紧急制动。
⑥钢板弹簧销、衬套和吊环之间磨损过量。

故障诊断与排除：

①将空载、轮胎气压正常的汽车停放在平坦场地上，若汽车向一边倾斜，则倾斜一侧的钢板弹簧有故障。
②清除钢板弹簧表面的污物，仔细检查有无裂纹或断裂情况（可采用不解体探伤仪）。若有裂纹或断裂，应更换。
③检查钢板弹簧销、衬套及吊环支架是否松旷，并予以修复。
④检查曾更换的钢板弹簧的曲率是否符合规定。若不符合规定，应更换。
⑤检查钢板弹簧U形螺栓是否松动。若松动，应按规定力矩拧紧。

3. 钢板弹簧移位

故障现象：

汽车行驶中有斜扭的感觉，转动方向盘左、右轻重不一，有时跑偏。

故障原因：

①钢板弹簧U形螺栓松动、脱扣。
②钢板弹簧中心螺栓折断。
③钢板弹簧与车轴间的定位失准。

故障诊断与排除：

①测量左、右两侧轴距是否符合规定。若不符合规定，则表示钢板弹簧发生移位。
②检查钢板弹簧U形螺栓是否松动、脱扣。若松动，按规定拧紧或更换脱扣的螺栓、螺母。
③检查中心螺栓是否折断。若折断，应更换。
④检查钢板弹簧定位失准原因，并予以修复。

4. 减震器失效

故障现象：

汽车在不平路面上行驶时，车身强烈振动并连续跳动。

故障原因：

①减震器连接销（杆）脱落，橡胶衬套（软垫）磨损破裂。
②减震器油量不足或有空气。

③减震器阀门密封不良。
④减震器活塞与缸筒磨损过量、松旷。

故障诊断与排除：

①检查减震器连接销（杆）、橡胶衬垫、连接孔是否有损坏、脱落、破裂，如图2-56所示。若有损坏，应予以更换。

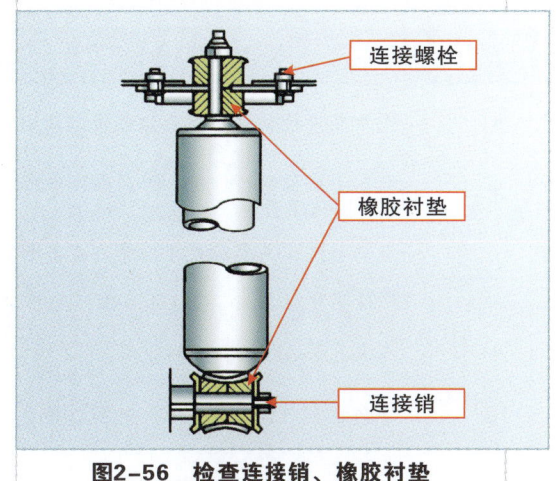

图2-56 检查连接销、橡胶衬垫

②查看减震器外部有无渗漏油迹。若有漏油，应予以检修。

③用一根圆钢穿入减震器连接孔中，脚踩住圆钢柄端，用手拉住减震器另一侧连接孔进行垂直拉伸和推压，如图2-57所示。若无阻力或者发卡，应对减震器进行维修或更换。

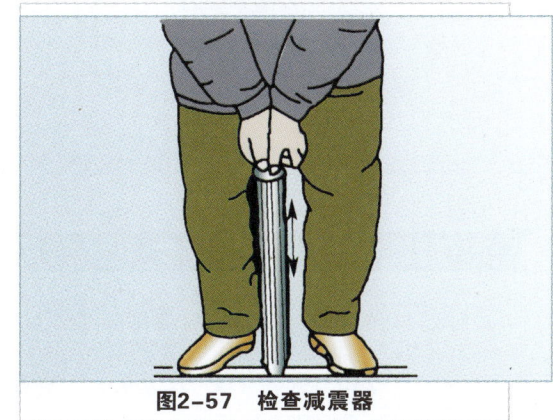

图2-57 检查减震器

5. 汽车车高控制失灵的故障排除步骤

汽车车高控制失灵的故障排除步骤见表2-3。

表2-3 汽车车高控制失灵的故障排除步骤

序号	故障现象	检查部位
1	高度控制指示灯的亮灯位置不随高度控制开关的动作变化	车速传感器电路 发电机电路 汽车车高控制电源电路 悬架控制电路
2	汽车高度控制功能不起作用	发电机电路 汽车车高控制电源电路 车速传感器电路 高度控制总ON/OFF开关 高度控制传感器电路 悬架控制电路
3	只有在高车速时不起作用	车速传感器电路 悬架控制电路
4	汽车高度出现不规则变动	空气泄漏 高度控制传感器电路 悬架控制电路

(续表)

序号	故障现象	检查部位
5	汽车高度控制起作用，但高度不均匀	高度控制传感器连接杆 高度控制阀排气阀电路
6	汽车高度控制起作用，但高度高或低（汽车高度在NCIRM状态时，高度与标准值不符）	高度控制传感器连接杆
7	当调整汽车高度时处于非常高或非常低的位置	高度控制传感器电路
8	即使高度控制ON/OFF开关在"OFF"位置，汽车高度控制仍起作用	高度控制总ON/OFF开关
9	点火开关OFF控制不起作用	检查可能部位
10	即使在车门打开时，点火开关OFF控制仍有作用	门控灯开关 悬架控制电路
11	汽车驻车时汽车高度非常低	空气泄漏 气压缸、减震器
12	压缩机电动机运转不停	空气泄露 1号高度控制继电器电路 压缩机电动机电路 悬架控制电路

6. 减震器与弹簧控制失灵的故障排除步骤

减震器与弹簧控制失灵的故障排除步骤见表2-4。

表2-4　减震器与弹簧控制失灵的故障排除步骤

序号	故障部位	检查部位
1	不管怎样操作，悬架控制开关、指示灯的状态不变	悬架控制开关电路 悬架控制电路
2	减震力和弹簧刚度控制几乎不起作用	悬架控制执行器电源电路 检查连接器与电脑之间的电路 诊断盒与电脑之间的电路 悬架控制开关电路 气压缸、减震器 悬架控制执行器电源电路 悬架控制电路
3	只有侧倾控制不起作用	转向传感器电路 悬架控制电路
4	只有防后仰控制不起作用	节气门位置信号电路 悬架控制电路
5	只有防点头控制不起作用	制动灯开关电路 车速传感器电路 悬架控制电路
6	只有高车速控制不起作用	车速传感器电路 悬架控制电路

注：如果相关电路没有任何不正常现象，故障依然出现，应更换悬架控制ECU。

第二部分　行驶系统

思考与练习

一、填空题

1. 悬架一般由_____、_____和_____三部分组成。
2. 独立悬架一般与_____式车桥配用，非独立悬架与_____式车桥配用。
3. 液力减震器的工作原理是利用液体_____来消耗振动的能量，使振动迅速衰减。
4. 汽车悬架可分为_____和_____两大类。
5. 钢板弹簧的第一片（最长的一片）称为_____；第二片两端弯成半卷耳，包在第一片卷耳的外面，称为_____。
6. 独立悬架按车轮的运动形式分成_____、_____和_____三类。
7. 横向稳定器的作用是_____。
8. 减震器安装在_____与_____之间。

二、判断题（正确的打"√"，错误的打"×"）

1. 为节约材料，可将长钢板弹簧截短使用。　　　　　　　　　　　　　　　　　　（　　）
2. 采用独立悬架时，车桥都做成断开式。　　　　　　　　　　　　　　　　　　（　　）
3. 一般载货汽车的悬架未设导向装置。　　　　　　　　　　　　　　　　　　（　　）
4. 当悬架刚度一定时，簧载质量越大，则悬架的垂直变形越大，固有频率越高。（　　）
5. 在悬架所受的垂直载荷一定时，悬架刚度越小，则悬架的垂直变形越小，汽车的固有频率越低。
　　　　　　　　　　　　　　　　　　　　　　　　　　　　　　　　　　　（　　）
6. 扭杆弹簧本身的扭转刚度是可变的，所以采用扭杆弹簧的悬架刚度也是可变的。（　　）
7. 减震器与弹性元件是串联安装的。　　　　　　　　　　　　　　　　　　（　　）
8. 减震器在汽车行驶中变热是不正常的。　　　　　　　　　　　　　　　　（　　）
9. 减震器在伸张行程时，阻力应尽可能小，以充分发挥弹性元件的缓冲作用。（　　）

三、选择题（有一项或多项正确）

1. 下面（　　）本身的刚度是可变的
   A. 钢板弹簧　　　B. 油气弹簧　　　C. 扭杆弹簧　　　D. 气体弹簧
2. 安装（　　）可使悬架刚度成为可变的
   A. 渐变刚度的钢板弹簧　　　　　　B. 等螺距的螺旋弹簧
   C. 变螺距的螺旋弹簧　　　　　　　D. 刚度不变的螺旋弹簧
3. 下列（　　）悬架是车轮沿主销移动的悬架
   A. 双横臂式　　　B. 双纵臂式　　　C. 烛式　　　D. 麦弗逊式
4. （　　）悬架是车轮沿摆动的主销轴线上下移动的悬架
   A. 双横臂式　　　B. 双纵臂式　　　C. 烛式　　　D. 麦弗逊式
5. 轿车通常采用（　　）悬架
   A. 独立　　　　　B. 非独立　　　　C. 平衡　　　　D. 非平衡
6. 独立悬架与（　　）车桥配合
   A. 断开式　　　　B. 整体式　　　　C. A，B均可　　　D. A，B均不可

73

情境教学 — 汽车底盘构造与维修

这一情境我们主要来了解车架的作用、类型、结构和检修方法，掌握车桥的结构和转向轮定位内容。

情境二：车架与车桥

一、车架的种类

车架就是支承车身的基础构件，一般称为底盘大梁架。发动机、变速器、转向器及车身部分都固定其上，它除了承受静载荷外，还要承受汽车行驶时产生的动载荷，因此车架必须要有足够的强度和刚度，以保证汽车在正常使用时受到各种应力下不会破坏和变形。

汽车按其结构形式可分为边梁式、中梁式、综合式和无梁式车架。

1. 边梁式车架

边梁式车架由两根位于两边的纵梁和若干根横梁组成，用铆接法或焊接法将纵梁与横梁连接，如图2-58所示。

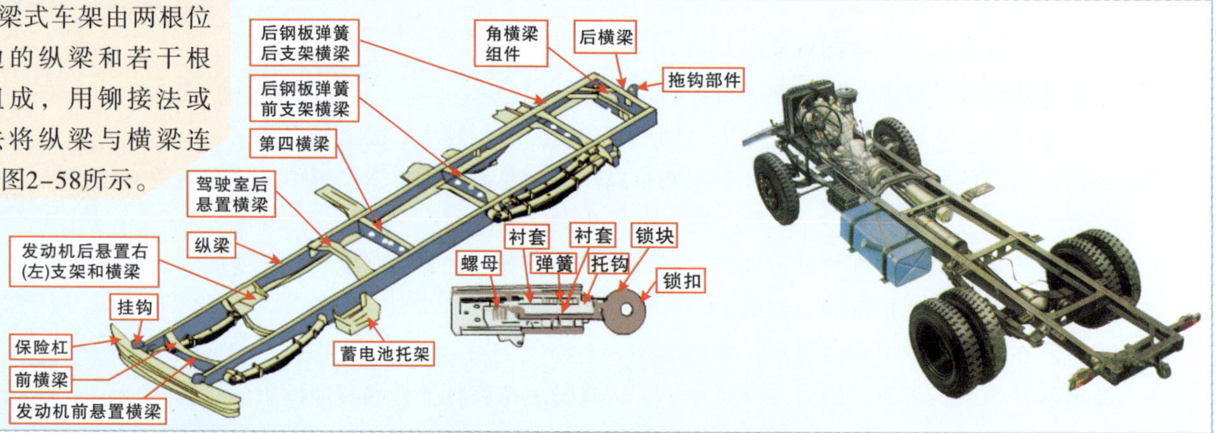

图2-58 边梁式车架

2. 中梁式车架

中梁式车架只有一根位于中央的纵梁，如图2-59所示。

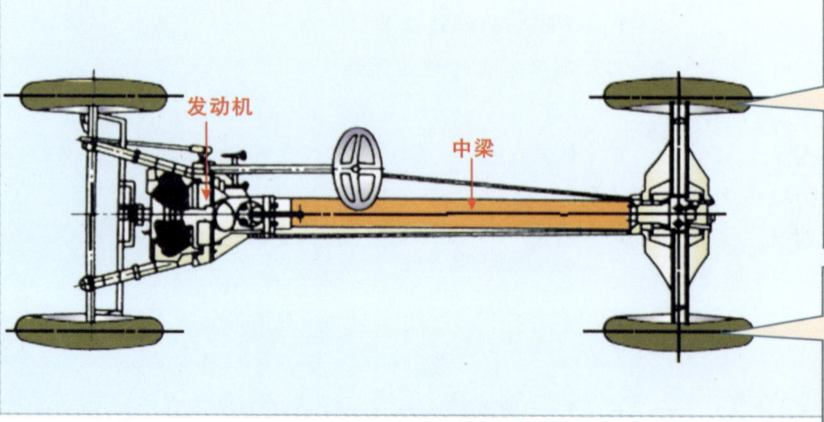

优点：
有较好的抗扭转刚度和较大的前轮转向角；与同吨位的载货汽车相比，其车架轻，整车重量小，同时重心也较低，故行驶稳定性好；脊梁还能起封闭传动轴的防尘罩作用。

缺点：
制造工艺复杂，精度要求高，总成安装困难，维护修理不方便，故目前应用较少。

图2-59 中梁式车架

3. 综合式车架

综合式车架前部是边梁式，后部是中梁式，如图2-60所示。

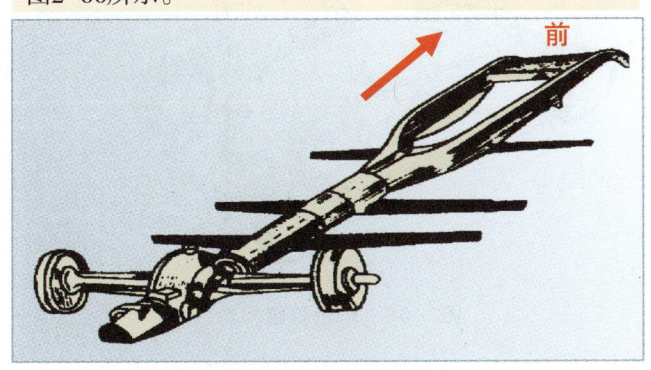

图2-60　综合式车架

4. 无梁式车架

无梁式车架是以车身兼代车架，所有的总成和零部件都安装在车身上，作用于车身的各种力矩均由车身承受。这种车身也叫承载式车身，如图2-61所示。

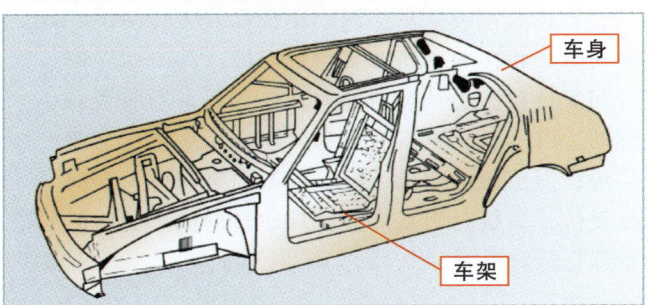

图2-61　无梁式车架

二、车架的修理

（1）车架变形的修理

车架弯曲、扭曲或歪斜变形超过允许值时，应进行矫正。若变形不大，可用专用液压机具（车体矫正机）进行整体冷压矫正。变形严重时，可将车架拆散，对纵、横梁分别进行矫正，然后重新铆合，必要时可采用中性氧化焰或木炭火将变形部位局部加热至暗红色进行热矫正（加热温度不得超过700℃，以免影响车架的性能）。

（2）车架裂纹的修理

车架出现裂纹应采取手工电弧焊进行焊修，其操纵步骤如下：

步骤一：焊前准备用砂布或钢丝刷等将裂纹附近清洗干净；在裂纹端头前方10mm处钻一直径为3～6mm的止裂孔，以防裂纹继续扩展；用手砂轮在裂纹处开V形坡口，如图2-62所示（图中虚线指用砂纸打磨的范围）。

步骤二：施焊用反极直流焊接法焊接：焊接电流为0～140A，焊接电弧应尽量短些，采用直径为4mm的J526焊条，焊条与其运动方向成20°～30°倾角，堆焊高度不大于基体平面1～2mm，焊后要锉平焊缝，修磨光滑。

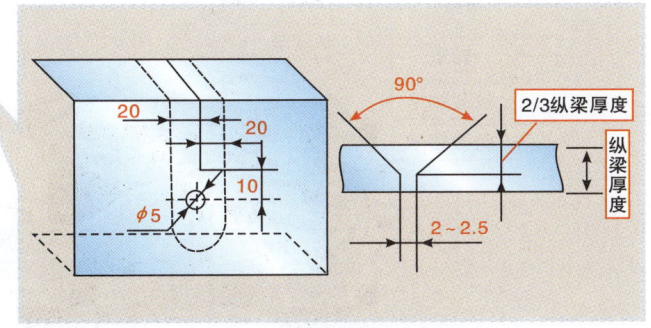

图2-62　焊前裂纹处理

步骤三：用腹板加强：裂纹较长或在受力较大部位时，焊后应用腹板进行加强。腹板可用焊接或铆接结合的方法固定到车架上。采用焊铆结合的方法时，应先焊后铆，铆钉排列如图2-63所示。焊接腹板时，阴影区禁止施焊，如图2-64所示。长焊缝应断续焊接，如图2-65所示。冷天施焊时，焊接部位应适当预热（100～150℃），焊后应将焊渣清除干净，焊缝应光滑、平整，无焊瘤、弧坑、气孔、夹渣等缺陷，咬边深度应不大于0.5mm，咬边长度不大于焊缝长度的15%。

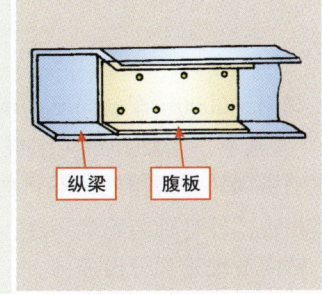

图2-63　腹板的铆接

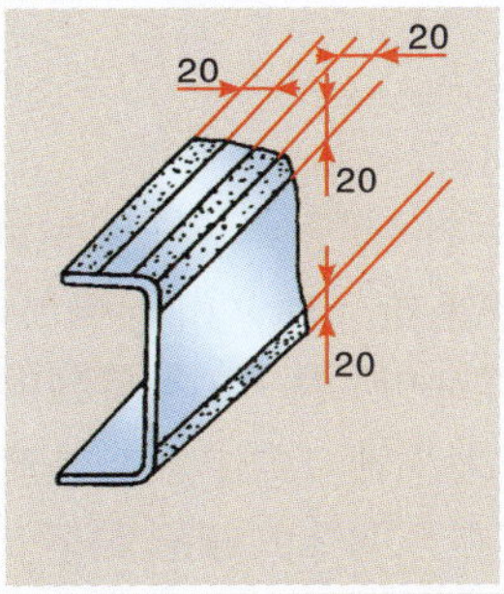

图2-64　车架纵梁禁焊区

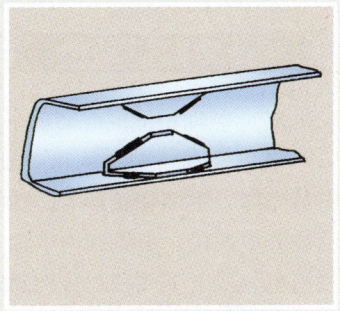

图2-65　长焊缝焊接

三、车桥的组成

车桥通过悬架与车架相连,两端安装车轮。其功能是传递车架与车轮之间各方向作用力,按位置可分前桥、后桥,如图2-66所示。

根据驱动方式的不同,车桥也分为转向桥、驱动桥、转向驱动桥和支持桥四种。其中,转向桥和支持桥属于从动桥。大多数汽车采用前置后驱动(FR),因此前桥作为转向桥,后桥作为驱动桥;而前置前驱动(FF)汽车则是前桥为转向驱动桥,后桥充当支持桥。四轮转向汽车的前后桥都是转向桥。

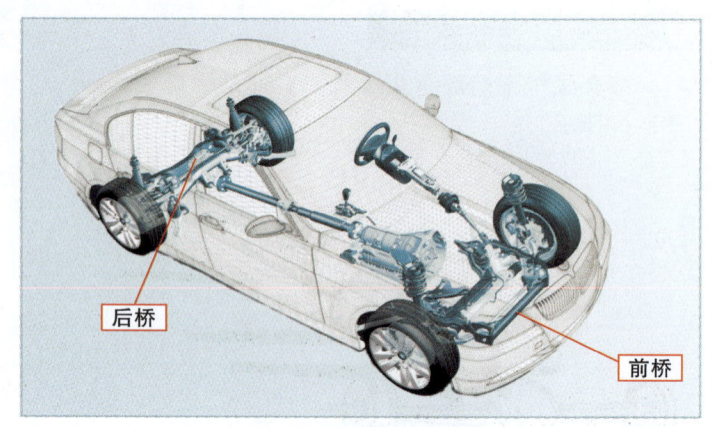

图2-66 车桥位置

1. 转向桥

转向桥利用车桥中的转向节使车轮偏转一定角度实现汽车的转向。除承受垂直载荷外,还承受纵向力、侧向力,以及这些力造成的力矩。

各种车型的转向桥,其结构基本相同,都是由前轴、转向节、主销和轮毂等四部分组成。转向桥采用非独立悬架的是整体桥,采用独立悬架的是断开桥。整体式转向桥如图2-67所示。

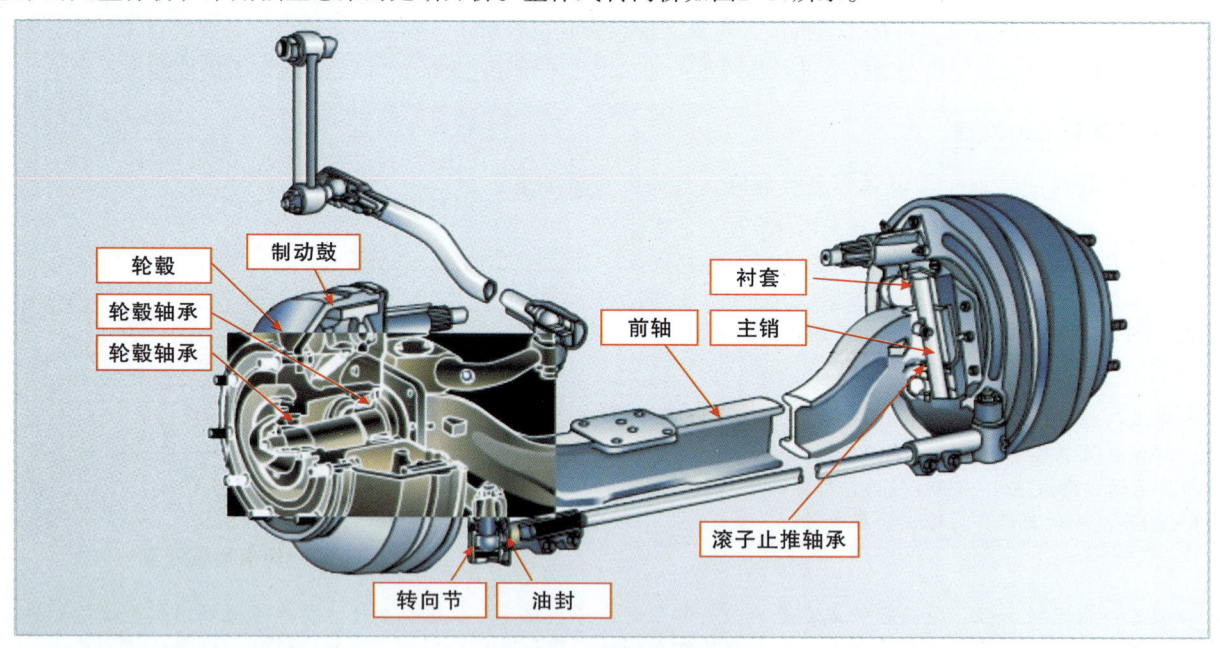

图2-67 整体式转向桥

2. 转向驱动桥

转向驱动桥能同时实现车轮转向和驱动功能的车桥。桑塔纳2000轿车转向驱动桥如图2-68所示。

转向驱动桥的结构和一般驱动桥一样,由主减速器、差速器、半轴和桥壳组成,也有一般转向桥所具有的转向节壳体、主销和轮毂等,如图2-69所示。它与单独的驱动桥和转向桥相比,不同之处在于,由于转向的需要,半轴被分成两段,分别叫内半轴和外半轴。内半轴与差速器相连,外半轴与轮毂相连,两者用等速万向节连在一起。主销也分成上下两段,分别固定在万向节的球形支座上。转向节轴颈部分做成中空,以便外半轴穿过。这样既能满足转向的需要,又可以给转向节传递转矩功能。转向驱动桥广泛应用于全轴驱动的越野汽车和部分轿车上。

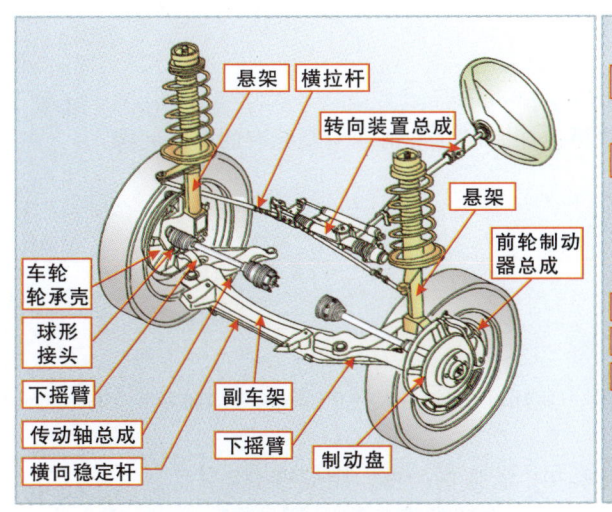
图2-68 桑塔纳2000轿车转向驱动桥

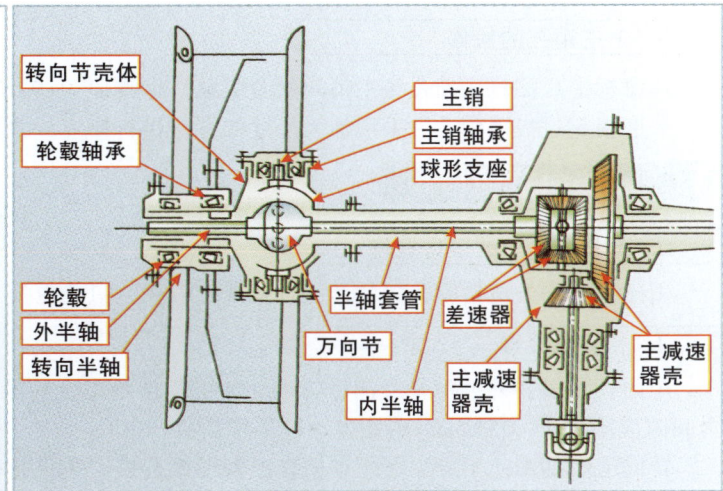
图2-69 转向驱动桥

四、车桥的检测与维修

1. 前轴的检修

（1）前轴裂纹的检修

将前轴清洗干净后，用磁力探伤法或浸油敲击法进行检测，出现裂纹时，应更换前轴。

（2）钢板弹簧座的检修

用直尺、塞尺检测钢板弹簧座平面，如图2-70所示。误差应不大于0.40mm，否则应进行修磨或刨削、铣削等加工，但钢板弹簧座的厚度减少量应不大于2mm，否则应进行堆焊修复或换用新件。

钢板弹簧座上U形螺栓孔及定位孔的磨损量应不大于1mm，否则应进行堆焊修复。

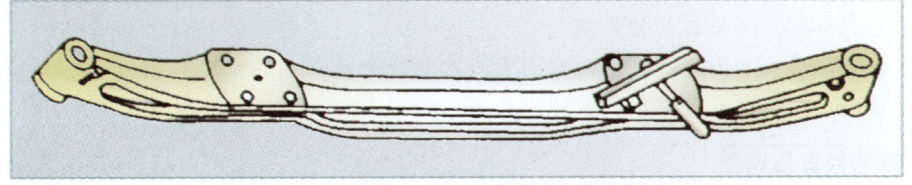

图2-70 用直尺、塞尺检测钢板弹簧座平面

（3）主销孔之间变形的检验

用试棒和角尺检验，如图2-71所示。如果试棒与角尺之间存在间隙，表明前轴存在垂直方向的弯曲变形。

也可以用拉线检验，如图2-72所示。在前轴主销孔上端中间拉一细线，然后用直尺测量两钢板弹簧座到拉线的尺寸，左右尺寸应一致，若不一致，说明前轴存在弯曲变形。若拉线偏离钢板弹簧座中心，允许偏离尺寸为不大于4mm；若偏离超差较多，说明前轴两端在水平方向存在弯曲或扭曲变形。

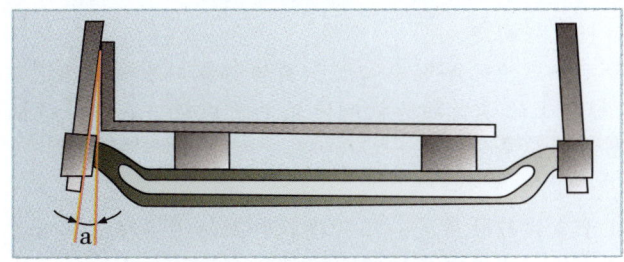

图2-71 用试棒和角尺检验

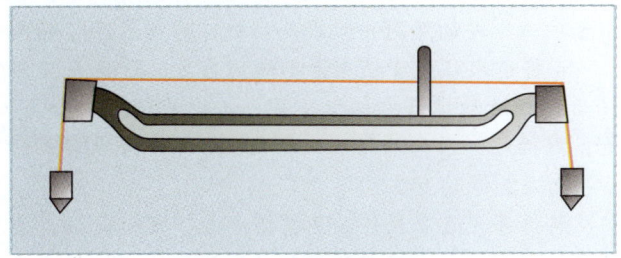

图2-72 用拉线检验

（4）主销孔的检修

用游标卡尺测量主销孔与主销的配合间隙，标准值为+0.01～+0.08mm。

若磨损超过极限值，应采用加大尺寸的方法进行修复，并更换加大尺寸主销，恢复原有的配合间隙。

2. 转向节的检修

（1）前转向节的磁力探伤

用磁力探伤方法检验转向节，一旦发现有裂纹，只能更换。

（2）磨损检修

用内径量表和外径千分尺测量轮毂外轴承与轴颈配合间隙，其标准值应不大于0.04mm，内轴承与轴颈的配合间隙应不大于0.055mm。若超差，应更换新件。

转向节端部螺纹不应存在严重损伤。若轻微损伤，应重新套扣；若损伤严重，则应更换新件。

转向节主销孔的修复：主销衬套内孔磨损超过0.07mm或衬套与主销的配合间隙超过0.2mm时，应更换衬套。主销外径磨损超过0.1mm时，应更换主销。

3. 车桥的检查与调整

（1）前轮最大转向角的检查和调整

将前轮转向角调到最大的目的是为了获得最小转弯半径，以保证汽车具有良好的通过性能。

检查方法：

①将前桥顶起，使前轮处于直线位置。

②在左、右轮胎下面垫一块木板和白纸（固定在板上），将木尺紧靠轮胎外边缘，用铅笔在纸上画出车轮平行的直线，再把方向盘向右转到底画出第二条线，然后用量角器测量出右转向角。

③用同样的方法检查左轮的左转向角。

调整方法：

①经测量转向角不符合规定时，可旋出或旋入转向节上的转向角限位螺栓，或转动转向节壳上的一个调整螺栓进行调整，调整完毕后，必须旋紧锁紧螺母。

②转向角的简易检查调整方法是：将方向盘向左或向右打到底，前轮胎不与翼子板、钢板弹簧、直拉杆等机件碰擦，并有8～10mm的距离为宜。各种车辆规定不同的转向角。

（2）前轮前束的检查与调整

前轮前束不仅对汽车行驶的稳定性及轮胎磨损有较大的影响，而且对汽车的油耗也有很大影响。

前束的测量方法：

①将被测汽车停放在平坦场地上，并使左、右转向轮呈直线行驶位置。

②用千斤顶支起转向桥，在胎冠表面以粉笔涂敷，转动车轮用金属划针画出胎冠中心线。放松千斤顶，使转向车轮着地（此时，左、右转向车轮仍应保持直线行驶位置）。

③将前束尺置于被测汽车车轮的前方，尺杆与车桥平行。调整两指针，使尖端距离地面垂直高度等于被测车轮的半径值，旋转游标尺，使之与标尺对准零位，松开活动尺杆的固定螺钉，调整尺杆长度，使两指针分别指至被测车轮的胎冠中心线处。但有的车是测量胎侧，然后将尺杆固定。

④将前束尺置于被测量车轮的后方，使前束尺固定指针至一车轮的胎冠中心线，旋转游标尺带动活动指针移动。当活动指针尖端指至另一车轮的胎冠中心线上时，标尺上的读数即为被测车轮的前束值。应当注意的是，游标尺如果向外移动，前束值为正；若游标尺向内移动，则前束值为负。

前束的调整方法：

调整时，汽车应停在平整场地上，顶起前轴，使车轮处于直线行驶位置，松开横拉杆上的卡箍螺栓，用管钳转动横拉杆，用改变横拉杆长度的方法即可调出所需的前束值。调整好后，将卡箍螺栓拧紧。

第二部分　行驶系统

 思考与练习

一、填空题

1. 按车架的结构形式不同，可分为_____、_____、_____和_____四种。
2. 转向桥由_____、_____、_____和_____等组成。
3. 以车轮直接与地面接触的行驶系统，称为_____行驶系统，这样的汽车称为_____汽车。
4. 轮式汽车行驶系统一般由_____、_____、_____和_____组成。
5. 车架是整个汽车的_____，汽车的绝大多数部件和总成都是通过_____来固定其位置的。
6. 车架的结构形式首先应满足_____的要求。
7. 边梁式车架由两根位于两边的_____和若干根_____组成。
8. 车桥通过_____和车架相连，两端安装_____。
9. 车桥的功用是_____。
10. 根据悬架结构的不同，车桥分为_____和_____两种，根据车轮作用的不同又分为_____、_____、_____和支持桥等四种。
11. 转向桥是利用_____使车轮可以偏转一定的角度，以实现_____。
12. 转向桥主要由_____、_____、_____和_____等构成。

二、判断题（正确的打"√"，错误的打"×"）

车架的功用是安装汽车总成或部件。　　　　　　　　　　　　　　　　　　　（　　）

三、选择题

1. 现代轿车一般采用　　　　　　　　　　　　　　　　　　　　　　　　　　（　　）

    A. 中梁式车架　　　B. 承载式车身　　　C. 边梁式车架　　　D. 综合式车架

2. 转向轮定位中，使用转向轮自动回正且转向轻便是靠　　　　　　　　　　　（　　）

    A. 主销后倾　　　B. 主销内倾　　　C. 前轮外倾　　　D. 前轮前束

3. 转向轮围绕（　　）摆动

    A. 转向节　　　B. 转向节轴　　　C. 主销　　　D. 前轴

79

情境教学　汽车底盘构造与维修

下面我们来学习车轮和轮胎，了解车轮与轮胎的作用、结构及检修，理解轮胎规格的表示方法。

车轮和轮胎是汽车行驶系统中的重要部件。其作用是支承全车的重量，吸收、缓和路面传来的冲击力；通常所说的汽车车轮实际上应称为车轮总成，它包括车轮和轮胎两部分。

情境三：车轮与轮胎

一、车轮

（一）车轮的类型

车轮用于安装轮胎，承受轮胎与车轮之间的各种作用力和力矩。车轮由轮毂、轮辋和轮辐组成。按照轮辐结构的不同，可分为辐板式和辐条式车轮。

1. 辐板式车轮

应用广泛，其轮毂和轮辋由冲压而成的钢质圆盘连接起来。如图2-73所示。

2. 辐条式车轮

采用几根可锻铸的空心轮辐将轮毂和轮辋连在一起。如图2-74所示。

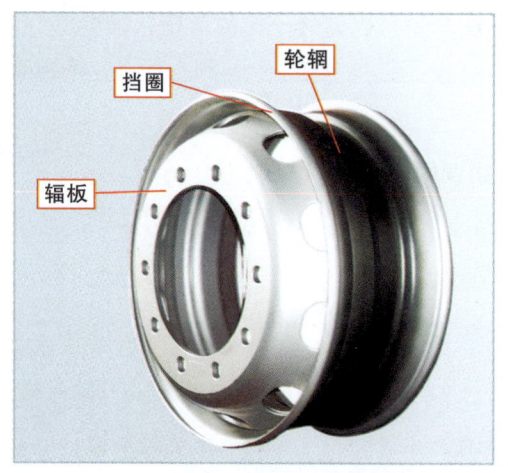

图2-73　辐板式车轮

图2-74　辐条式车轮

（二）轮辋的类型

轮辋的常见形式有深槽轮辋、平底轮辋和对开式轮辋。

1. 深槽轮辋

深槽轮辋是一种整体轮辋，其断面中部为一深凹槽，可使轮胎拆装方便，如图2-75所示。主要用于轿车及轻型越野汽车。它有带肩的凸缘，用以安放外胎的胎圈，其肩部通常略向中间倾斜，其倾斜角一般是5°±1°。倾斜部分的最大直径即称为轮胎胎圈与轮辋的折合直径。深槽轮辋的结构简单、刚度大、质量较小，对于小尺寸、弹性较大的轮胎最适宜。但是尺寸较大又较硬的轮胎，则很难装进这样的整体轮辋内。

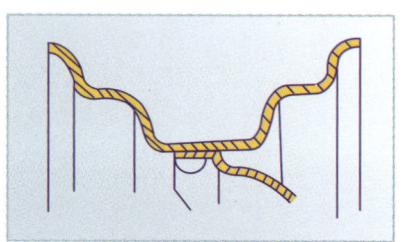

图2-75　深槽轮辋

第二部分　行驶系统

2. 平底轮辋

平底轮辋的结构形式很多，如图2-76所示的轮辋断面中部是平直的。挡圈是整体的，用一个开口弹性锁圈来将挡圈固定在轮辋上。在安装轮胎时，先将轮胎套在轮辋上，然后套上挡圈，并将它向内推，直至越过轮辋上的环形槽，再将开口的弹性锁圈嵌入环形槽中。这种轮辋适用于尺寸较大而弹性较小的轮胎。

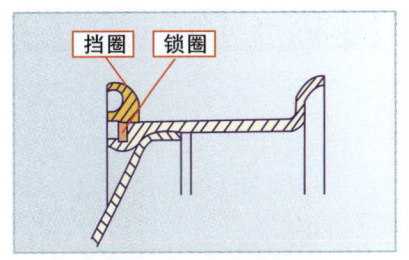

图2-76　平底轮辋

3. 对开式轮辋

对开式轮辋由内外两部分组成，其内外轮辋的宽度可以相等，也可以不等，两者用螺栓连成一体。拆装轮胎时，拆卸螺母即可。如图2-77所示。

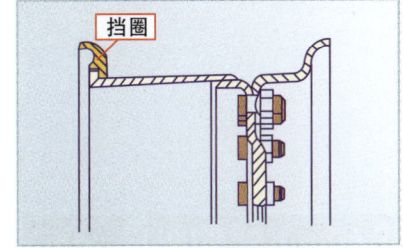

图2-77　对开式轮辋

由于轮辋是轮胎的装配和固定基础，当轮胎装入不同的轮辋时，其变形位置与大小也发生了变化。因此，每一种规格的轮胎，最好配用规定的标准轮辋，必要时也可配用规格与标准轮胎相近的轮辋（容许轮辋）。如果轮辋选用不当，会造成轮胎早期损坏，特别是使用在过窄的轮辋上时。

二、轮胎

（一）轮胎分类

汽车轮胎按胎体结构不同可分为充气轮胎和实心轮胎。实心轮胎用于低速汽车或重型挂车上，现在已经很少使用。下面我们主要讲解充气轮胎的分类。

1. 按组成结构分

内胎轮胎：如图2-78所示；无内胎轮胎：如图2-79所示。

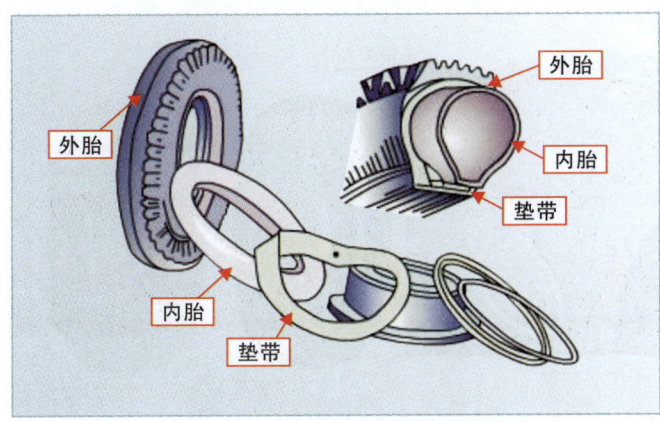

图2-78　有内胎的充气轮胎

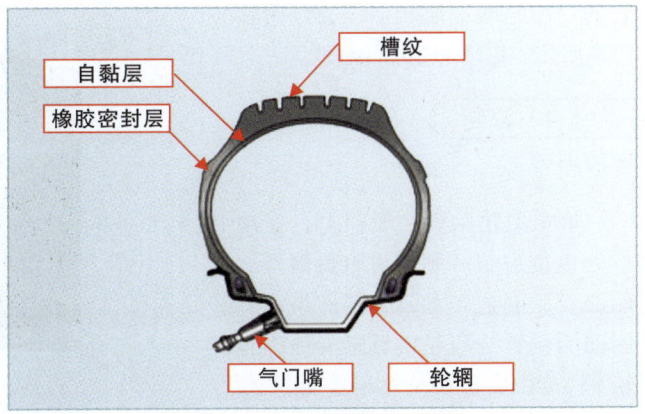

图2-79　无内胎的充气轮胎

2. 按其胎体内帘线排列方向分

普通斜交帘布层轮胎：如图2-80所示。

子午线轮胎：如图2-81所示。

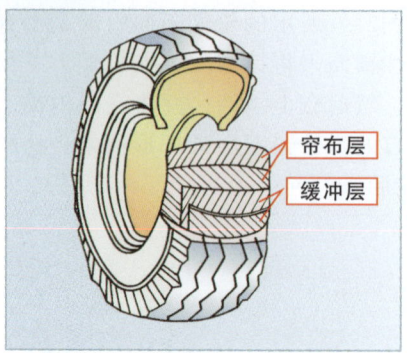

图2-80 普通斜交帘布层轮胎

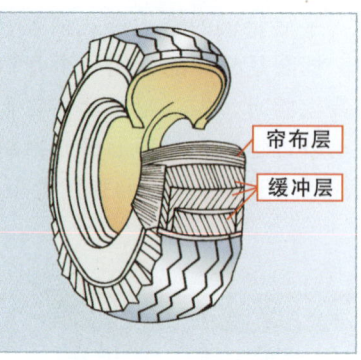

图2-81 子午线轮胎

（二）轮胎组成

轮胎按结构可分为斜交胎和子午胎。两者结构基本一致，只是由于胎体结构帘布层排列上的差异而存在一些差别。子午线轮胎结构与组成如图2-82所示。

（1）胎面

胎面直接和路面接触的部分是外胎的外表层，包括胎冠、胎肩、胎侧三部分。

（2）胎体

作为轮胎最重要的结构，整个内层帘布被称为胎体。胎体的主要作用是维持气压，垂直负荷同时吸收振动。

（3）带束层

它是子午线轮胎或带束斜交轮胎的胎面与胎体之间的一个强化层。它的功能与缓冲层相似，通过紧紧包裹胎体，以增加胎面的刚性。

（4）胎圈（直接和轮辋接触的部分）

胎圈把轮胎附在轮辋上，在接口处包覆帘布。胎圈由胎圈钢丝、胎圈、胎圈包布和其他零件组成。胎圈的设计一般是能够紧凑地绕着轮辋，并保证万一气压突然膨胀时，轮胎也不会脱离轮辋。

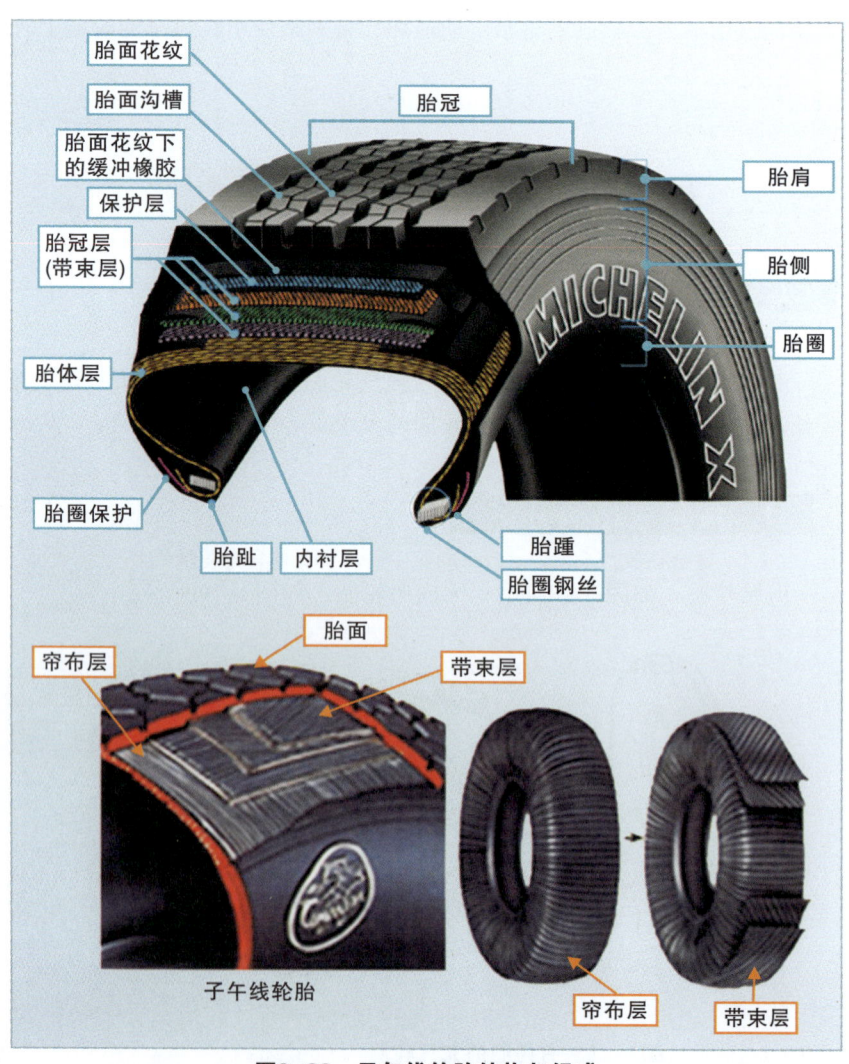

图2-82 子午线轮胎结构与组成

（三）轮胎花纹

轮胎胎面和地面接触，除了要保护轮胎滚动中胎体免受地面的损伤，还希望有很好的附着力，为轮胎提供足够的牵引力、制动力、转弯力，以便汽车在各种路面上可靠行驶。轮胎具有的附着力除了与胎面材料性质有关外，很大程度上还依靠轮胎的花纹来保证。由于路面情况复杂，单一的胎面花纹适应性有限，为了保证汽车在不同路面上有良好的行驶能力，胎面上的花纹有多种形状，归纳起来可以分成如下几大类。如图2-83所示。

（1）条形花纹

花纹沟方向与圆周方向一致。

优点：滚动阻力低，不易发生侧滑，具有良好的操纵稳定性，噪声低，行驶过程中产生的热量低，在轮胎各种花纹中的高速性能最为出色，同时能提供良好的驾乘舒适感。

缺点：制动性能和湿地稳定性能较差，而且在高负荷下容易出现开裂现象。

（2）横向花纹

花纹沟方向与圆周方向垂直。

优点：具有良好的制动、操纵和牵引性能。

缺点：高速行驶时的噪声较大，而且由于滚动阻力大，不适于进行高速行驶。

（3）块状花纹

花纹呈块状规则排列。

优点：优越的制动及操纵性能，在雪地及湿路上能提供良好的操控及稳定性能，雨天时具有出色的排水性能。

缺点：由于是独立的块状花纹结构，耐磨性能较差。

（4）复合花纹

综合条形及横向花纹的特点。

优点：胎面中央的条形花纹提供了良好的操纵性能，并防止侧滑；胎面肩部的横向花纹提供了优秀的牵引性能和制动性能。

（5）单导向花纹

花纹沟之间都相互连接，呈独立的花纹块结构。

优点：相对于其他轮胎花纹，它拥有卓越的制动性能和极佳的排水性能，以及雨天优良的稳定性能，适合于高速行驶。

（6）不对称花纹

胎面左右两侧花纹形状不同。

优点：由于其增大了转弯时外侧花纹的着地压力，极大地提高了车辆高速转弯性能，并强化了外侧花纹的耐磨性能。

图2-83 轮胎花纹

（四）轮胎规格

轮胎的规格是根据使用要求和尺寸大小确定的。轮胎尺寸必须标在轮胎的侧面。轮胎规格大体由下面几部分组成：

情境教学 —— 汽车底盘构造与维修

1. 轿车轮胎规格表示法

轮胎规格标记如图2-84所示。

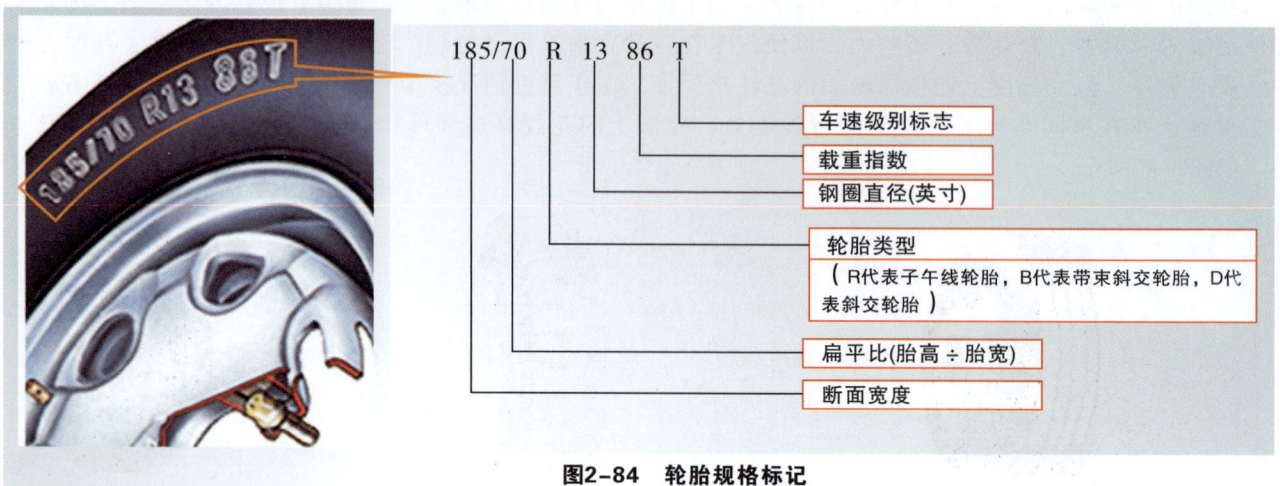

图2-84 轮胎规格标记

2. 轮胎的扁平率计算

轮胎断面高度 H 与宽度 B 之比以百分比表示，称为轮胎的扁平率，如图2-85所示。扁平率对轮胎的性能有很大影响，扁平率较大的轮胎在颠簸的路面上有较好的舒适性；而扁平率较小的轮胎与路面有较大的接触面积，具有较大的胎壁刚度，因此在硬质路面上有更好的附着力和敏锐的反应，但舒适性较低。扁平率计算公式如下表示：

扁平率 = $H/B \times 100\%$

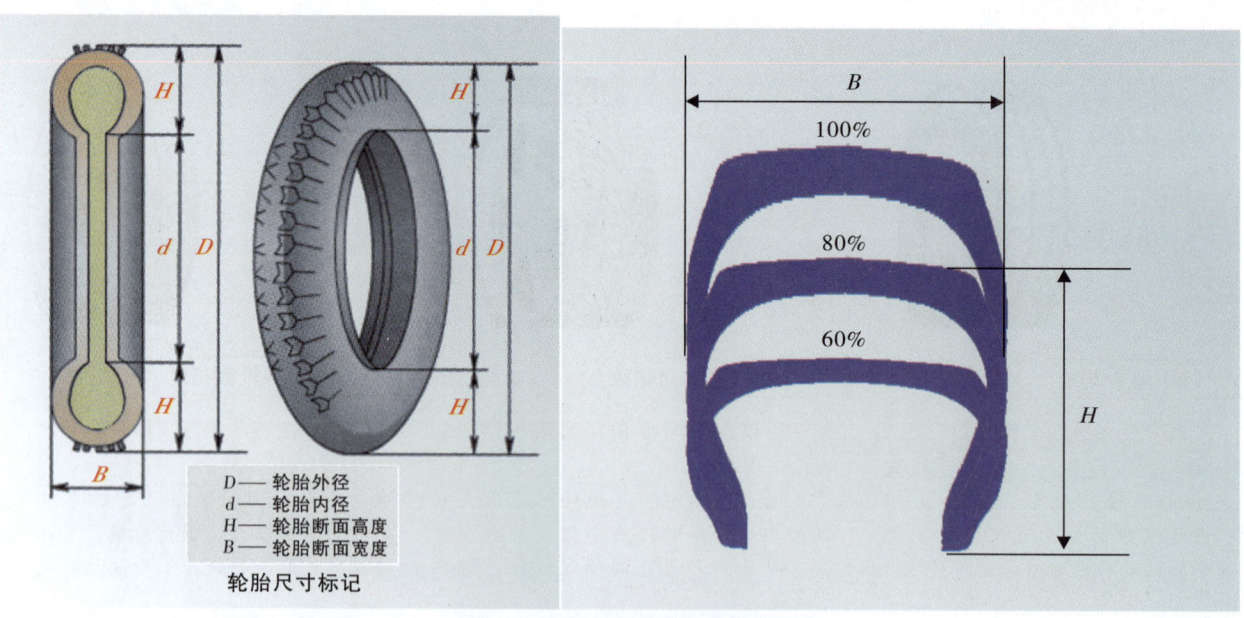

图2-85 轮胎的扁平率表示法

（五）轮胎换位

轮胎换位可使胎面磨损均匀，能充分合理地使用轮胎，并延长轮胎的使用寿命。轮胎换位根据轮胎的不同特点采用不同的换位方法，如图2-86所示。为了使轮胎磨损尽可能达到均衡，安装在汽车上的所有轮胎应进行轮胎换位。如果所有轮胎的磨损均匀，就没必要轮胎换位。但是，一旦发现轮胎有不规则磨损的情况，应马上换位。

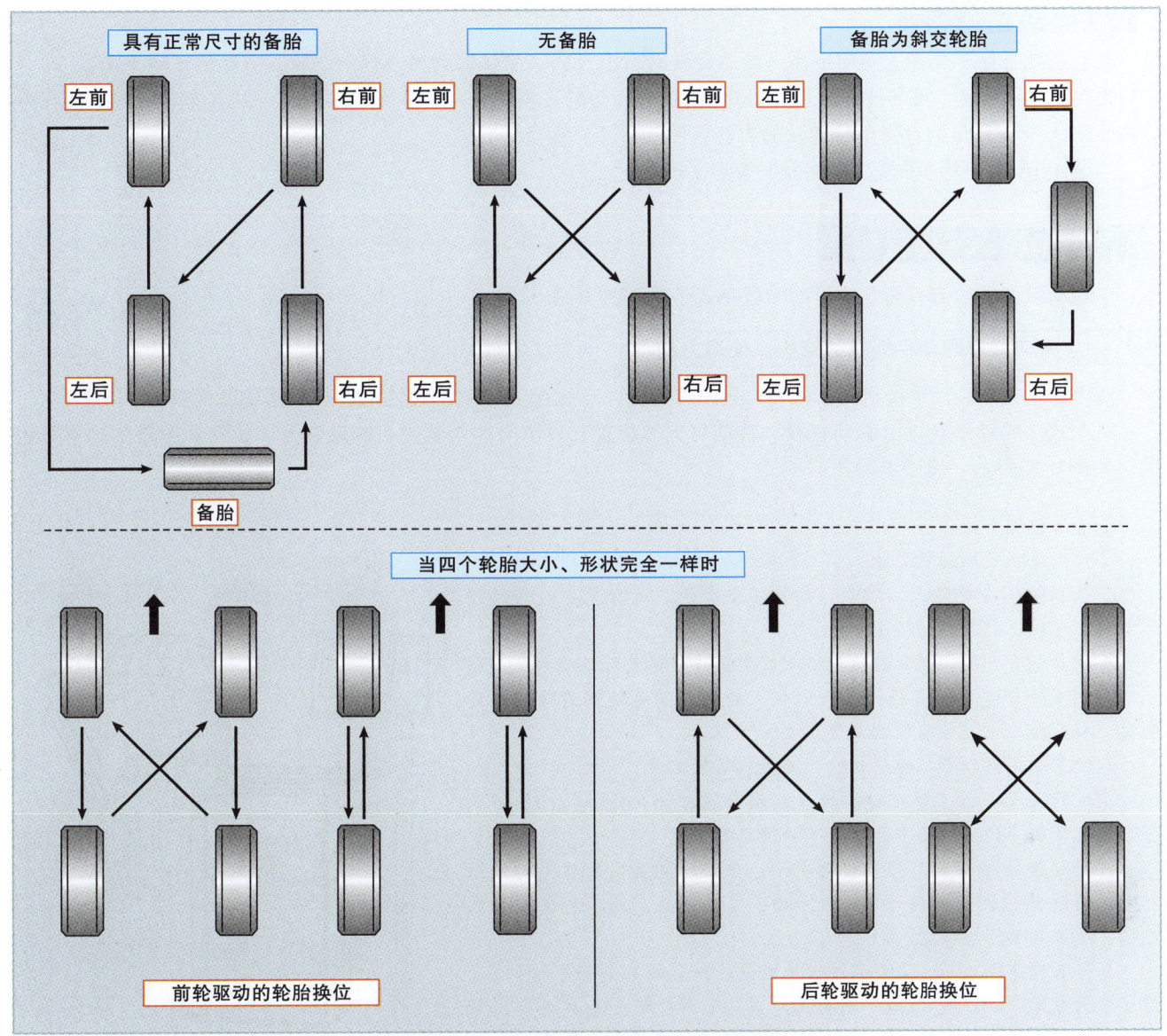

图2-86 使轮胎磨损均匀的几种轮胎换位方法

（六）轮胎的静、动平衡

车轮与轮胎是高速旋转的组件，如果不平衡，会使其在超过某一速度行驶时产生共振，造成轮胎爆破。不平衡也会引起底盘总成零部件损伤，使转向节上的磨损增加，减震器和其他悬架元件的变形。就车轮本身而言，由于装有气门嘴，同时还与轮胎、传动轴等传动装置旋转部件组装在一起，产生不平衡在所难免，必须进行平衡的检测与调整。

轮胎有两种类型的平衡：静平衡和动平衡。

1. 静平衡

静平衡是重量围绕车轮等量分配，简单地说就是静止时平衡。不管车轮在其轴上处于何位置都能保持不动，就达到了静平衡。

2. 动平衡

动平衡就是使车轮在运动中平衡。轮胎旋转时，没有从一侧移动到另一侧的现象，就达到了动平衡。

为纠正动不平衡，在不平衡处互成180°处放置相等的平衡块，一块在车轮内侧，一块在车轮外侧。这样可以纠正因不平衡质量而致使车轮摆动的力偶作用。

注意：既要达到动平衡，又使静平衡不受影响。

3. 车轮动平衡检测

车轮动平衡的检测有离车式检测和就车式检测两种方法。

（1）离车式车轮动平衡机的结构及使用方法

使用离车式车轮动平衡机时，需将车轮从车上拆下，安装到检测机转轴上进行平衡状况检测。

离车式车轮动平衡机由驱动装置、转轴与支承装置、显示与控制装置、制动装置、机箱和车轮防护罩等组成。如图2-87所示。使用步骤如下：

①清洁被测车轮。
②检查轮胎气压到规定值。
③根据轮辋去掉泥土、砂石，拆掉旧平衡块。选择大小适合的锥体，装上车轮，锁紧在转轴上。
④打开电源开关，检查显示与控制装置面板显示是否正确。
⑤测量轮辋宽度、直径，用平衡机上的标尺测量轮辋边缘到机箱距离，将数值输入显示与控制装置中去。
⑥放下车轮防护罩，按启动键，自动采集数据。
⑦运行完毕，按下停止键，操纵制动装置，使车轮停转，然后从显示装置读取车轮内外不平衡量和不平衡位置信息。
⑧抬起车轮防护罩，用手转动车轮，当显示装置发出显示时停止转动。在轮辋内侧或外侧的顶部正中央加装平衡块。内、外侧要分别进行，平衡块装卡要牢固。
⑨安装新平衡块后，应重新进行平衡试验，直到不平衡量小于5g，显示装置显示"00"或"OK"时为止。当不平衡量相差10g左右时，如能沿轮辋边缘前后移动平衡块一定角度，可获得满意的平衡效果。
⑩测试结束，关闭电源开关。

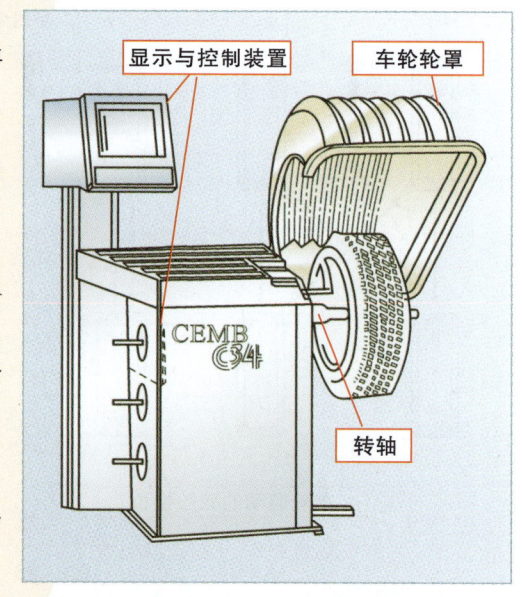

图2-87　离车式车轮动平衡机

（2）就车式车轮动平衡机的使用方法

使用就车式车轮动平衡机时，可以直接就车测量车轮平衡状况。就车式车轮平衡机如图2-88所示。

使用就车式车轮平衡机对车轮进行动平衡检测时，方法如下：

①首先应对车轮进行清洗，去掉泥土、砂石，拆掉旧平衡块，将轮胎充气至规定气压值，轮毂轴承预紧度适合，支起前桥，使两侧车轮离地间隙相等，然后用粉笔在轮胎任意位置做出标记。
②将传感器头吸附在制动底板边缘，并使车轮在规定转速下旋转。观察轮胎标记位置，在显示装置上读取不平衡量，停转车轮，加装平衡块，然后重复检测一次，直至合格，测量结束。

测从动轮时，利用动平衡机驱动车轮转动；测驱动车轮时，可直接用汽车发动机、传动系来驱动车轮转动。

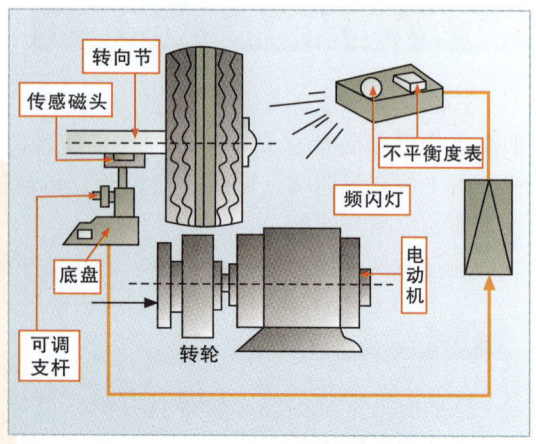

图2-88　就车式车轮动平衡机

（七）车轮定位

车轮定位包括转向轮定位（也称前轮定位）和四轮定位。这里主要讲转向轮定位。

转向轮定位

为了保证汽车直线行驶稳定，转向后能自动回正和减少轮胎的磨损，转向轮、转向节和前轴三者之间应保持一定的安装位置，称为转向轮定位。它包括主销后倾、主销内倾、前轮外倾和前轮前束四方面内容。

①主销后倾：主销安装在前轴上，上端略向后倾斜，称为主销后倾。主销后倾如图2-89所示。在纵向平面内，主销轴线与垂线之间的夹角γ叫主销后倾。主销后倾的结果会使得主销轴线在地面上的交点移向前方，造成它与轮胎的接地中心产生一段距离α，它的名称叫主销拖距。拖距也可在接地中心的后方，此时主销为负后倾。对于主销轴线交于前方的正拖距，车轮容易维持直线方向。当车轮受外界干扰发生偏转而引起车辆转向时，由于拖距的存在，在地面侧向力、纵向力作用下形成回正力矩，使车轮重新回到直行位置。

主销后倾的作用是增加汽车直线行驶时的稳定性和在转向后使前轮自动回正。

主销后倾角越大，车速越高，转向轮的稳定效应越强，自动回正作用也越强。但转向越沉重，所以主销后倾角一般不超过3°。主销后倾角是由前轴、悬架和车架装配在一起时，使前轴向后倾斜或依靠钢板弹簧座间加装楔形垫块而形成的。

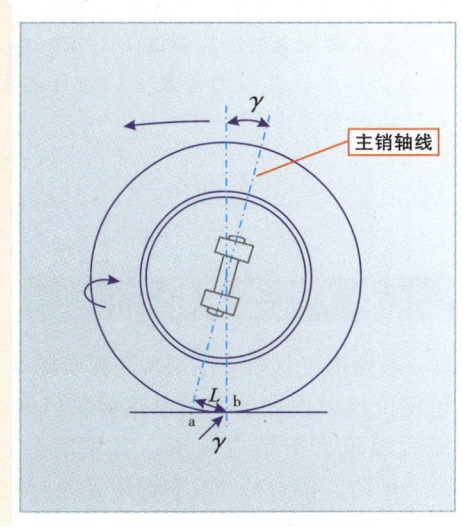

图2-89 主销后倾

②主销内倾：在汽车的前后方向，主销上部向内倾斜一个角度，这个主销轴线与地面垂线之间的夹角称为主销内倾角，用β表示，如图2-90所示。

车辆向左或向右转向时，车轮会围绕主销转动，主销轴线称为转向轴线。对于没有真正主销实体的汽车来说，其减震器上支撑轴承与下悬架臂球头销之间的连线，就是转向轴线。

由于主销内倾，转向轮在转向时绕主销转动，必须使车轮陷入地面以下。当然这是不可能的，实际转向时，是强迫汽车的前部稍稍抬高。这样，汽车的重力将会使转向轮自动回正。确定主销内倾角时，还可调整主销（即转向轴线）与地面的交点到轮胎接地中心的距离，即调整主销偏距。减少主销偏距，可以减轻转向时的摩擦阻力。主销内倾不能过大，否则转向过于沉重。

主销内倾角一般为8°～13°。主销后倾和主销内倾都有使转向轮自动回正的作用，但主销后倾的回正作用与车速有关，而主销内倾的回正作用与车速无关。因此，高速时主要靠主销后倾的作用，而低速时主要靠主销内倾的作用。

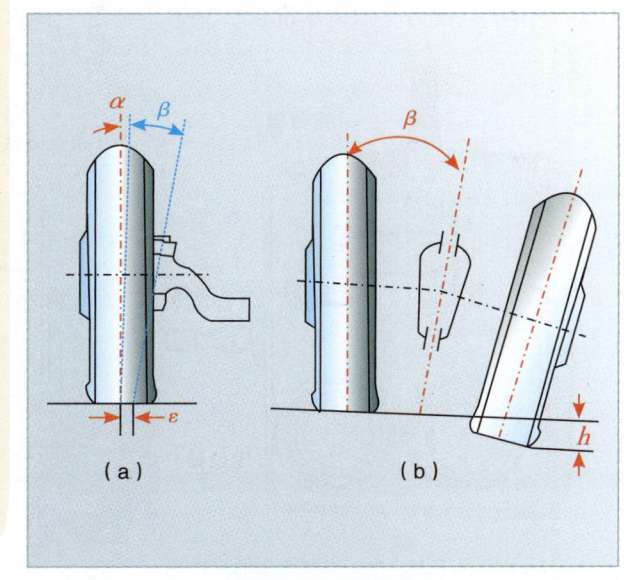

图2-90 主销内倾

情境教学 汽车底盘构造与维修

③前轮外倾：从车辆前方看车轮相对于垂线的夹角。当车轮顶部向车外侧偏移时车轮外倾为正值，车轮顶部向车内侧偏移时车轮外倾为负值。如图2-91所示。

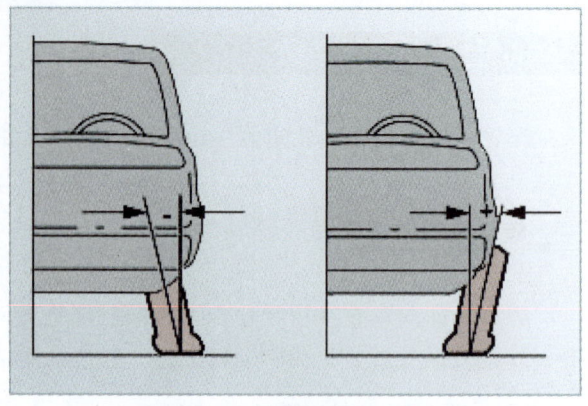

图2-91 前轮外倾角

④前轮前束：前轮安装后，两前轮的的旋转平面不平行，前端略向内束，这种现象叫前轮前束。两轮前端距离B小于后端距离A，其差值（A-B）称为前轮前束值。正值时为正前束，其值为负数时称为负前束。

前轮前束如图2-92所示。

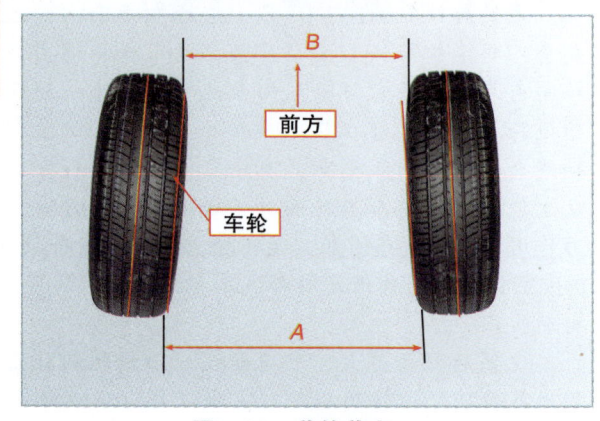

图2-92 前轮前束

（八）汽车四轮定位仪

四轮定位仪是专门用来测量车轮定位参数的设备。四轮定位仪可检测的项目包括前轮前束、前轮外倾角、主销后倾角、主销内倾角、后轮前束、后轮外倾角、轮距、轴距、推力角和左右轴距差等。

车轮定位仪检测设备有气泡水准式、光学式、激光式、电子式和微机式等。气泡水准式定位仪由于具有结构简单、价格低廉、便于携带等优点，在国内广泛应用。

（1）气泡水准定位仪

气泡水准定位仪按适用车型范围分为两种：一种适用于大、中、小型汽车，另一种仅适用于小型汽车。如图2-93所示。前者一般由水准仪、支架、转盘（转角仪）等组成，后者一般由水准仪和转盘组成。

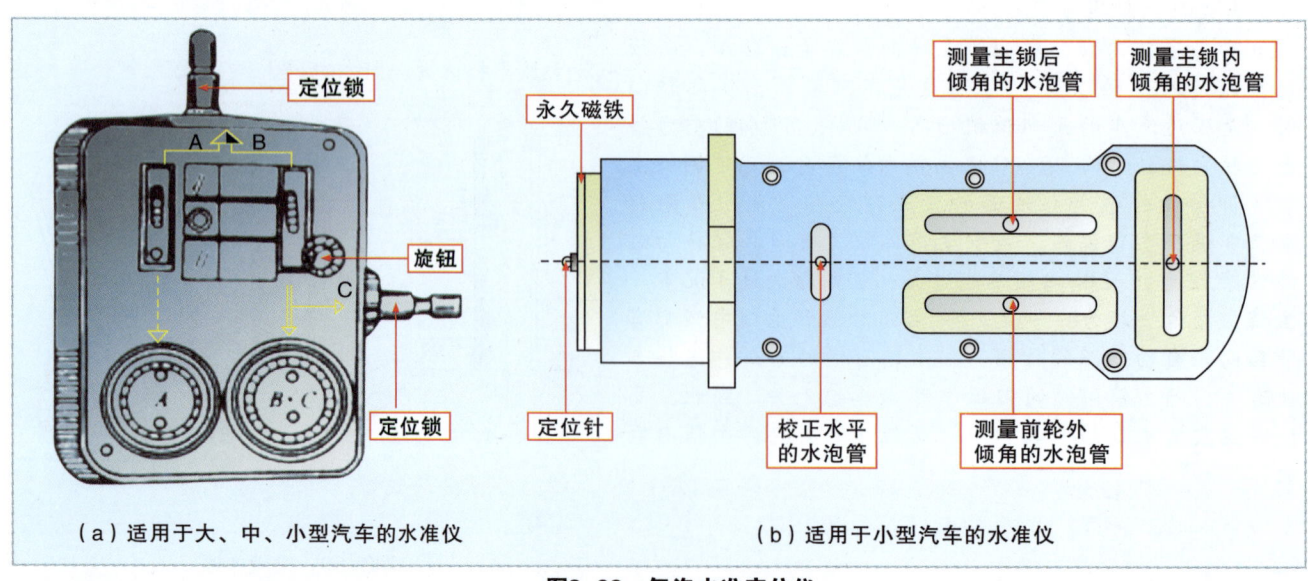

（a）适用于大、中、小型汽车的水准仪　　（b）适用于小型汽车的水准仪

图2-93 气泡水准定位仪

第二部分　行驶系统

气泡水准式定位仪使用方法

常见气泡水准定位仪的使用方法大同小异，下面以国产GCD-1型光束水准仪为例介绍使用方法。

GCD-1型水准仪除由一个水准仪、两个支架和两个转盘组成外，还配备有两个聚光器、两个标尺、两根标杆和一个踏板抵压器。聚光器在标杆配合下可测得车轮前束值，在标尺配合下可测得后轴与前轴间的平行度、后轴与车架间的垂直度及后轴与车架在水平平面的弯曲变形等。踏板抵压器可将制动踏板压住，省去人力。

① 检测前的准备：确保汽车轮胎及气压符合规定，车轮轮辋轴承、转向节衬套与主销的配合符合要求，汽车制动可靠。

检测场地水平且平整。检测时，应保证前后车轮接触地面处于同一水平面上。

将汽车两前轮处于直驶位置，分别放置在各自的转盘上，并使主销中心线的延长线通过转盘中心。确定前轮直驶位置后，将转盘扇形刻度尺调整到零位，对准游动指针，然后固定。当再转动转向盘时，前轮的转角可从转盘刻度尺上读取。

先将固定支架的两个固定脚卡在轮辋适当部位，再移动活动支架，使其固定脚也卡在轮辋上，然后用活动支架的偏心卡紧机构将三个固定脚卡紧在轮辋上。此时，三个固定脚的定位端面贴紧在轮辋的边缘上。松开调整支座弹性固定板上的固定螺栓，使调整支座沿导轨滑动，通过特制芯棒使调整支座安装聚光器或水准仪的孔中心与前轮中心重合，然后拧紧螺栓，将调整支座固定于导轨上。经验表明，当支架中心与车轮中心偏离2~3mm时，对测量结果影响甚微，故也可以目视对中，而不使用芯棒。

将聚光器定位销轴插入支座孔中，使销轴定位端面与支座定位端面贴合，然后拧紧弹簧卡固定螺钉，使聚光器不会从支座上滑落。顶起被测车轮，使其离开转盘，当在其圆周上施力时能自由转动。将标杆以轮辋半径7倍的距离放在所测车桥之前或之后的地面上，一般而言，测前轮轮辋变形量时，可把标杆放于前桥之前；测后轮轮辋时，可把标杆放在后桥之后。将聚光器通以电源，聚光器发出强光束指针，转动聚光器的调节盘，使光束指针的扇形缺口朝上，调整聚光器伸缩套筒，使光束指针清晰地指在标杆上带有刻度的标牌上，用手把持聚光器，松开弹簧卡固定螺钉，缓慢转动车轮一周，读出光束指针指示的最大值与最小值，最大值与最小值之差即为轮辋端面的摆差。当摆差大于3mm时，一般认为轮辋是不合格的，应予更换。对于有摆差的车轮轮辋，为了消除对检测车轮定位角度值的影响，可转动调整支座上的滚花调节螺钉，直至光束指针指示的最大值与最小值之差在3mm之内为止。轮辋的变形补偿后，将车轮放回转盘上。

② 检测前束值：汽车前轮前束与后轮前束的检测方法相同，这里以前轮前束为例，讲述前束的检测方法。

汽车两前轮放于转盘上，找正直驶位置后，在检测前束的过程中不得再转动转向盘。如图2-94所示。

调节标杆长度，使同一标杆两标牌之间的距离略大于被测轮距，并能使聚光器光束指针大致投射到标牌的中间位置。两套标杆一定要调整到等长，特别是标牌之间的距离要相等，否则将影响检测结果。

将已调好的两套标杆放置在被测车桥的前后两侧，并平行于该车桥。每一标杆距车轮中心的距离为车轮规定前束测点处半径的7倍。车轮上规定前束测点依车型而定，有的测点在胎面中心处，有的测点在胎侧突出处，而有的测点在轮辋边缘处。检测前束应注意查阅汽车使用说明书。

先将车轮一侧聚光器的光束投向前标杆的标牌上，使光束指针指于某一整数位置上；再将该聚光器的光束向后投射到后标杆的标牌上，并平行移动后标杆，使光束指针落在与前标牌同一数值上；然后将另一侧聚光器分别向前标杆、后标杆投射光束，读出光束指针指示值，计算前束。若前标杆指示值为25mm，后标杆指示值为28mm，则前束值为28-25=3（mm）；若前标杆指示值为28mm，后标杆指示值为25mm，则前束值为-3mm，即为负前束。

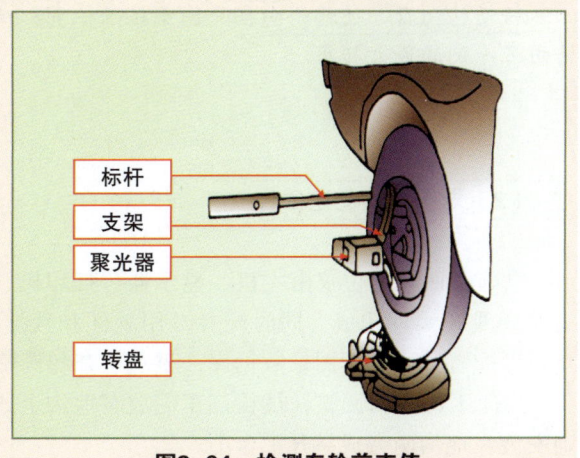

图2-94　检测车轮前束值

③检测车轮外倾角：在车轮保持直驶位置不动的情况下，将水准仪黑箭头指示的定位销插入车轮上支架的中心孔内，并使水准仪在左右方向上大致处于水平状态。轻轻拧紧弹簧卡锁紧螺钉，固定水准仪，如图2-95所示。

转动水准仪上的A调节盘，直到对应气泡管内的气泡处于中间位置为止，然后在黑刻度盘上读出A盘红线所指角度值，该角度值即为前轮外倾角。用同样的方法可检测其他车轮的外倾角。

④检测主销后倾角：前轮外倾角测定后，可不动水准仪，接着进行主销后倾角的检测。

将前轮向内转20°（左前轮向左转，右前轮向右转，下同），松开弹簧卡锁紧螺钉，使水准仪左右方向处于水平状态，然后拧紧锁紧螺钉。

转动水准仪上的BC调节盘，使其上红线与蓝、红、黄刻度盘零线重合。调整对应气泡管的旋钮，使气泡居中。

将前轮向相反方向转40°，转动BC调节盘使气泡管居中，在蓝盘上读出BC调节盘红线所示之值即为主销后倾角。

⑤检测主销内倾角：检测前应使前轮处于制动状态，以防止转动转向盘时前轮滚动。

将红黄箭头所指的定位销插入支架中心孔内，轻轻拧紧锁紧螺钉，如图2-96所示。将被测前轮向内转20°，松开锁紧螺钉，使水准仪在左右方向上处于水平状态，然后拧紧锁紧螺钉。

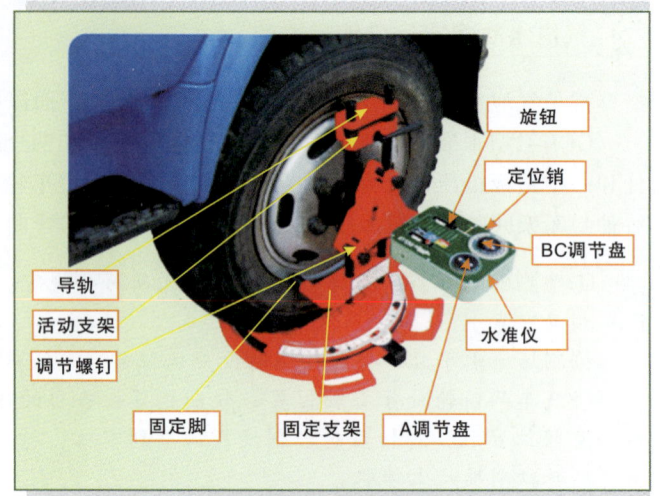

图2-95　检测车轮外倾角和主销后倾角

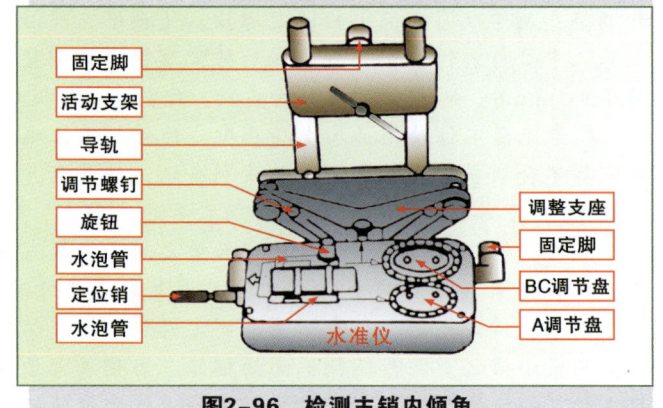

图2-96　检测主销内倾角

转动BC调节盘，使其红色刻线与蓝、红、黄刻度盘零线重合。调节对应气泡管旋钮，使气泡居中。将前轮向外转40°，BC调节盘使水泡管气泡居中。此时，BC调节盘红线在红刻度盘或黄刻度盘所示之值即为主销内倾角。检测左前轮时，在黄刻度盘上读数；检测右前轮时，在红刻度盘上读数。

⑥前轮最大转角的检测：前轮最大转角是指前轮处于直线行驶位置时，分别向左、右转至极限位置的角度。

前轮处于直驶位置，置转盘扇形刻度尺于零位，并加以固定。

转动转向盘，使前轮向任一侧至极限位置，从扇形刻度尺上读出的数值，即为该侧最大转角。同理可测出转向另一侧的最大转角。

（2）电脑式四轮定位仪

电脑式四轮定位仪由主机、显示器、打印机、前后车轮检测传感器、传感器支架、转盘、刹车锁、转向盘锁及导线等零件构成。同时配有专用软件和数据光盘，可读取近10年来世界各地汽车四轮定位参数，且可更新。还配有数码视频图像数据库，显示检查和调整位置等。

为便于检测和调整，被检汽车需放在地沟上或举升平台上，地沟或举升平台应处于水平状态，四轮定位仪则安装在地沟两旁或举升平台上。

电脑式四轮定位仪使用方法

①检测前的准备：把汽车开上举升平台，托住车轮，将汽车举升0.5m（第一次举升）。

托住车身，将汽车举升至车轮能自由转动（第二次举升）。

拆下各车轮，检查轮胎磨损情况，要求各轮胎磨损基本一致。

检查轮胎气压，使其符合标准值。

做车轮动平衡试验，动平衡完成后，将车轮装回车上。

检查车身高度、车身四个角的高度和减震器技术状况，如车身不平，应先调平。同时检查转向系统和悬架是否松旷，如松旷则应先紧固或更换零件。

②检测步骤：把传感器支架安装在轮辋上，再把传感器（定位校正头）安装到支架上，并按使用说明书的规定调整。如图2-97所示。

图2-97　传感器支架安装在轮辋上

开电脑主机进入测试程序，输入被测汽车的车型和生产年份。

进行轮辋变形补偿，转向盘位于直驶位置，使每个车轮旋转一周，即可把轮辋变形误差输入电脑。

降下第二次举升量，使车轮落到平台上，把汽车前部和后部向下压动4~5次，使各部位落到实处。

用刹车锁压下制动踏板，使汽车处于制动状态。

将转向盘左转至电脑显示"OK"，输入左转角度数；然后将转向盘右转至电脑显示"OK"，输入右转角度数。

将转向盘回正，电脑显示出后轮的前束及外倾角数值。

调下转向盘，并用转向盘锁锁止转向盘，使之不能转动。

将安装在四个车轮上的定位校正头的水平仪调到水平线上，此时电脑显示出转向轮的主销后倾角、主销内倾角、转向轮外倾角和前束数值。电脑将比较各测量数值，得出"无偏差"、"在允许范围内"或"超出允许范围"的结论。

若"超出允许范围"，按电脑提示的调整方法进行针对性调整。调整后仍不能解决问题，则应更换有关零部件。

再次压试汽车，将转向轮左右转动，观察屏幕上数值有无变化，若有变化应重新调整。

拆下定位校正头和支架后，进行路试，检查四轮定位调整的效果。

三、车轮、轮胎的检测与维修

1. 车轮的检测

拆检轮辋及挡圈应无锈蚀、变形、裂纹和脱焊，螺孔处磨损不超过1.5mm。

检查轮胎的胎面、胎肩、胎侧、胎里均不应有气鼓、裂伤、腔空、破洞、扎钉、跳线和胶质老化等，趾口应无磨损。

检查轮胎气压，在常温下不能低于规定气压的10%。

2. 轮胎的定期换位

要按规定周期进行轮胎换位，以使其磨损平衡。若全车轮胎为统一的规格、花纹、层级和结构，且行驶里程一致，则可使用循环换位或交叉换位。若装用不同成色的轮胎，可酌情搭配换位。

注意：前轮严禁装用翻新修补轮胎，不允许子午线轮胎和斜交轮胎混装。

3. 轮辋的检修

用百分表测量轮辋径向和轴向跳动量。钢制车轮：径向跳动量为0.6mm，轴向跳动量为1.0mm；铝合金车轮：径向跳动量0.3mm，轴向跳动量0.3mm。如图2-98所示。如超标应更换轮辋，更换后按图2-99所示顺序拧紧车轮螺母，拧紧力矩为90～110N·m。

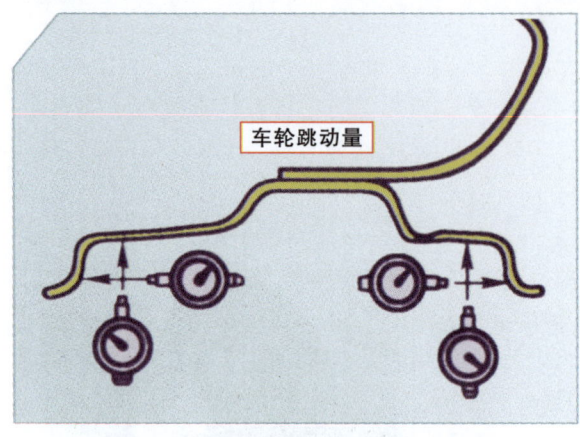

图2-98 测量轮辋径向和轴向跳动量

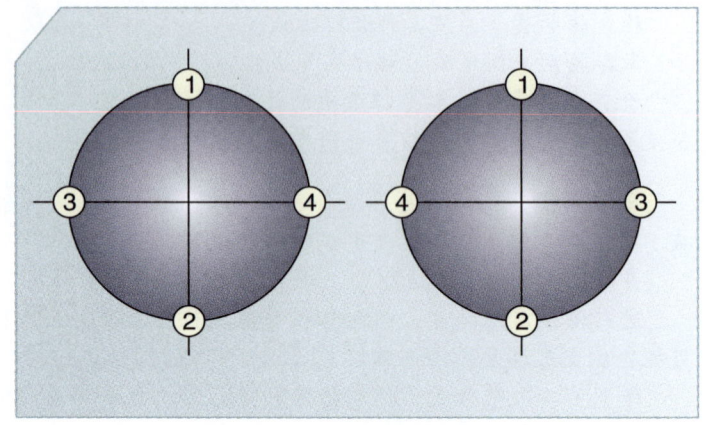

图2-99 车轮螺栓拧紧顺序

四、车轮的维修实际操作

一辆桑塔纳GLi乘用车，行驶中底盘出现异响，且速度越高，响声越大。静态检查了前后悬架装置、减震器及弹簧等部件，均正常。拆检四只轮胎，重新换位装车，未发现问题。再路试，起步和低速行驶正常，中速开始出现异响。

故障原因：

敲击前轮轮胎，感觉气压过高，测量轮胎气压为0.56MPa。检查两只已换下来的后轮轮胎，气压也是0.56MPa，该车轮胎均为低压胎，一般充气压力为前轮0.18MPa、后轮0.19MPa。

故障检查与排除：

轮胎气压过高引起底盘的异响。

第二部分　行驶系统

 思考与练习

一、填空题

1. 车轮由_____、_____及它们间连接部分_____组成。
2. 按照连接部分，即轮辐的结构不同，车轮分为_____车轮和_____车轮两种。
3. 4.50E×16(dc)型轮辋，表明该轮辋的名义直径是_____，宽度为_____，轮辋的轮廓代号为_____的_____式_____轮辋。
4. 轮胎的固定基础是_____。
5. 轮胎必须具有适宜的_____和_____能力，同时在其直接与地面接触的胎面部分应具有以增强附着作用的_____。
6. 汽车轮胎按胎体结构的不同分为_____和实心轮胎，现代绝大多数汽车采用_____。
7. 汽车轮胎按胎内压力的大小，分为_____、_____和_____等三种，目前轿车、货车几乎全部采用_____。
8. 充气轮胎按胎体中帘线排列方式的不同，分为_____、_____两种。
9. 普通斜交胎的外胎由_____、_____、_____及_____组成，_____是外胎的骨架，用以保持外胎的形状和尺寸。
10. 胎面是外胎最外的一层，可分为_____、_____和_____三部分。

二、判断题（正确的打"√"，错误的打"×"）

1. 子午线轮胎的帘布层和缓冲层形成三向交叉，所以提高了胎面的强度和刚度。　　（　　）
2. 静平衡的车轮一定动平衡。　　（　　）
3. 轮胎上标"8.25R20"的意义是：胎断面宽8.25英寸，R表示为子车线胎，20为轮辋直径英寸。（　　）

三、选择题

1. 外胎结构中，承受负荷并保持轮胎外缘尺寸和形状的是　　（　　）
   A. 胎面　　　B. 缓冲层　　　C. 帘布层　　　D. 胎圈
2. 充气轮胎分为有内胎式和无内胎式两种，气压在（　　）属于高压胎
   A. 0.5~0.7MPa　　B. 0.2~0.5MPa　　C. 0.2MPa以下　　D. 0.3MPa以上
3. 离车式硬支承电测式平衡机是把车轮不平衡作用在平衡机轴承支承装置上的（　　）转变成电信号检测出来
   A. 离心力或因此而产生的振动　　　B. 动反力或因此而产生的振动
   C. 向心力或因此而产生的振动　　　D. 轴向力或因此而产生的振动
4. 采用非独立悬架的汽车，其车桥一般是　　（　　）
   A. 断开式　　B. 整体式　　C. A，B均可　　D. 与A，B无关
5. 6.5-20（WFB）型轮辋是属于（　　）轮辋
   A. 一件式　　B. 多件式　　C. A，B均有可能　　D. 无法确定
6. 7.0-20（WFB）型轮辋的名义直径是　　（　　）
   A. 7.0mm　　B. 20mm　　C. 7.0英寸　　D. 20英寸

第三部分

转向系统

汽车转向系统零部件的损坏，会引起转向沉重、转向不灵敏或操纵不稳定等故障。下面我们就来学习机械式转向系统，要对机械式转向系统的组成与部件的拆装有一定的了解。

情境一：机械式转向系统

机械式转向系以驾驶员的体力作为转向能源，其中所有传动件都是机械的。它主要由转向操纵机构、转向器和转向传动机构三大部分组成。转向时，驾驶员对方向盘施加一个转向力矩。该力矩通过转向轴传递给转向器，再经转向直拉杆和左转向节上的转向臂使左轮偏转，又通过横拉杆带动右轮偏转，如图3-1所示。

图3-1 机械式转向系统

一、转向操纵机构组成

汽车转向操纵机构包括转向盘、转向轴、万向传动机构（万向节）等，它的作用是将驾驶员的操纵力传给转向器。

1. 转向盘

转向盘主要由轮圈、轮辐和轮毂组成。轮辐一般有三或四根辐条（图3-2），极少用两根辐条的。轮毂孔具有细牙内花键，以此与转向轴相联。转向盘内部由成形的金属骨架构成，骨架外面一般包有柔软的合成橡胶、树脂或皮革，这样可有良好的手感，并防止手心出汗时握转向盘打滑。转向盘上还安装有汽车喇叭开关按钮及控制转向灯等开关，以方便驾驶员操作。

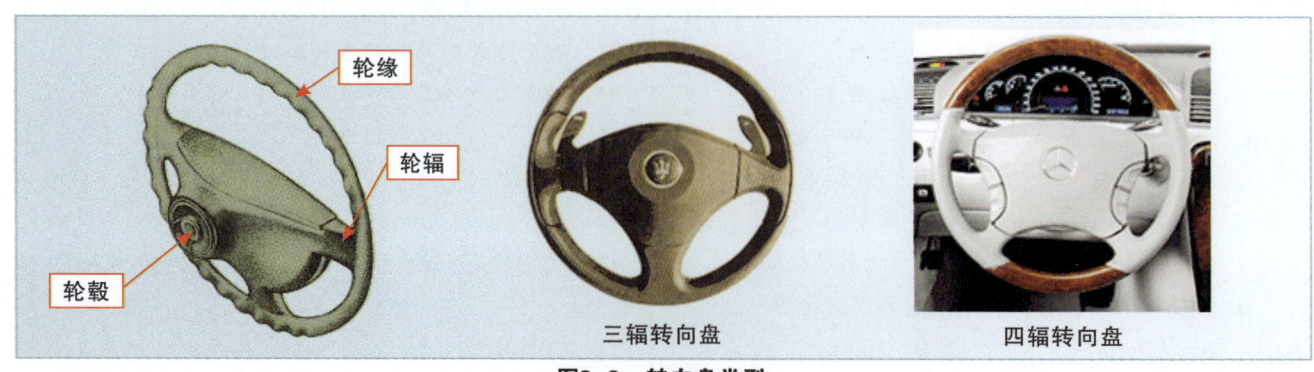

图3-2 转向盘类型

第三部分　转向系统

2. 转向盘柱

转向盘柱包括转向轴和转向柱管。转向轴将驾驶员作用于转向盘的转向操纵力传给转向器的传力轴。转向轴通过轴承支撑于转向柱管，转向柱管固定在车身上。转向轴上部与转向盘固定连接，下部装有转向器。转向轴与转向器连接的方式有两种：一种是与转向器的输入轴直接连接，另一种是通过十字轴万向节或柔性万向节间接与转向器的输入轴相连接。

现代汽车的转向轴除装有挠性万向节外，有的还装有能改变转向盘工作角度和转向盘高度的机构，以方便不同体形驾驶员的操纵。图3-3为一种转向倾斜角度调整机构。转向柱管上、下端分别通过倾斜调整支架、下托架与车身相连。锁紧螺栓穿过调整支架上的长孔和转向柱管上的圆孔将后两者相连。调整时，向下扳下手柄，锁紧螺栓被缓松，可在调整支架上的长孔中移动，转向柱管以下托架上的枢轴为中心上下移动。确定了合适位置后，向上扳起调整手柄，将转向盘定位。

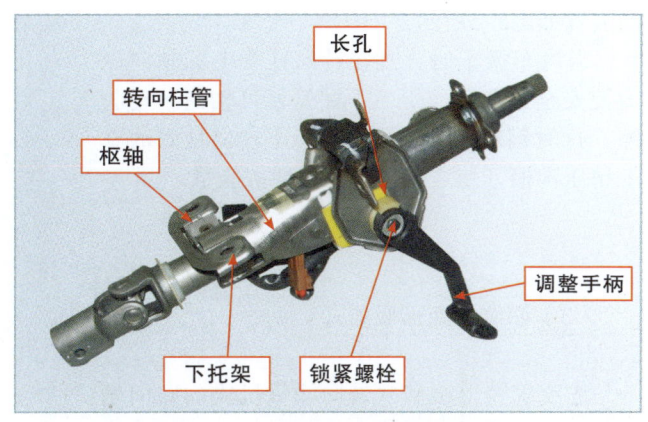

图3-3　转向倾斜角度调整机构

3. 缓冲吸能式转向操纵机构

缓冲吸能式转向操纵机构从结构上能使转向轴和转向柱管受到冲击后，轴向收缩并吸收冲击能量，从而有效地缓和转向盘对驾驶员的冲击，减轻其所受伤害的程度。

汽车撞车时，首先车身被撞坏（第一次碰撞），转向操纵机构被后推，从而挤压驾驶员，使其受到伤害。接着，随着汽车速度的降低，驾驶员在惯性力的作用下前冲，再次与转向操纵机构接触（第二次碰撞）而受到伤害。缓冲吸能式转向操纵机构对这两次冲击都具有吸收能量、减轻驾驶员受伤程度的作用。下面介绍该机构的几种主要结构形式：网状柱管吸能式、钢球滚压吸能式、波纹管变形吸能式。

（1）网状柱管吸能式

网状柱管吸能式转向操纵机构的转向轴分为上、下两段，下转向轴装在上转向轴的内孔中，二者通过塑料销连接在一起，并传递转向力矩。塑料销的传力能力受到严格限制，它既能可靠地传递转向力矩，又能在受到冲击时被剪断。因此，它起到安全销的作用。网状柱管吸能式转向操纵机构如图3-4所示。

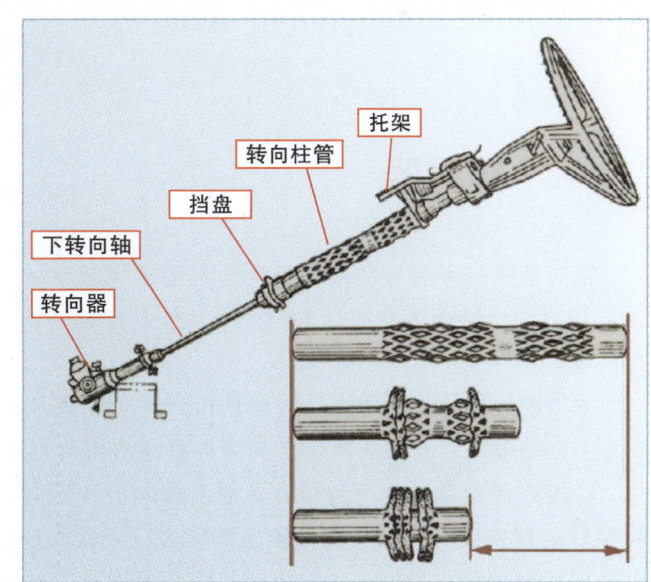

图3-4　网状柱管吸能式转向操纵机构

（2）钢球滚压吸能式

钢珠滚压吸能式转向操纵结构的转向柱管分为上、下两段，上转向柱管套在下转向柱管的内孔中，二者之间压入带塑料隔套的钢球。隔套起钢球保持架的作用。钢球与上、下转向柱管压紧，并使之结合在一起。这种转向操纵机构的转向轴也分为两段，上转向轴和下转向轴通过安全销相连。钢球滚压变形吸能装置如图3-5所示。

当汽车撞车时，加在转向柱管上的轴向压力使安全销剪断，上、下柱管便可轴向移动收缩，这时钢球连滚动边在上、下转向柱管的壁上挤压沟槽，使之变形变消耗冲击能量。

（3）波纹管变形吸能式

波纹管变形吸能式转向操纵机构的转向轴和转向柱管都分成两段，上转向轴和下转向柱管之间通过细齿花键结合，并传递向力矩，同时它们二者之间可以做轴向伸缩滑动。下转向柱管的上端套在上转向柱管中，但二者不直接连接，而是通过柱管压圈对它们进行定位。

波纹管变形吸能式转向操纵机构如图3-6所示。

当发生撞车时，压圈首先被剪断并消耗部分能量。与此同时，转向柱管和转向轴都做轴向收缩，使得转向轴下端的波纹管产生收缩变形而进一步消耗冲击能量。

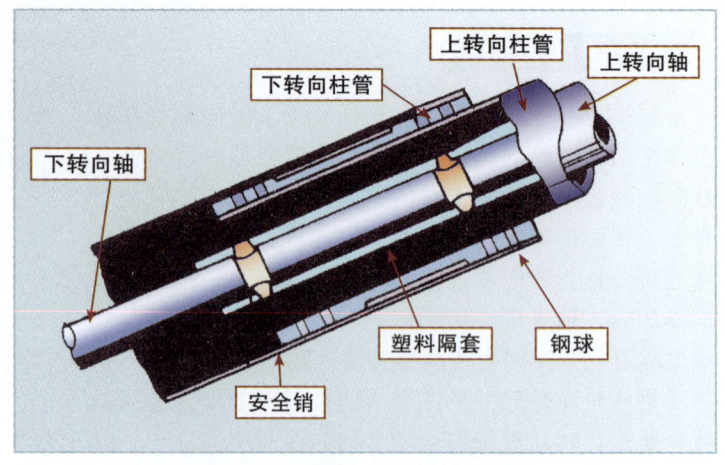

图3-5　钢球滚压变形吸能装置

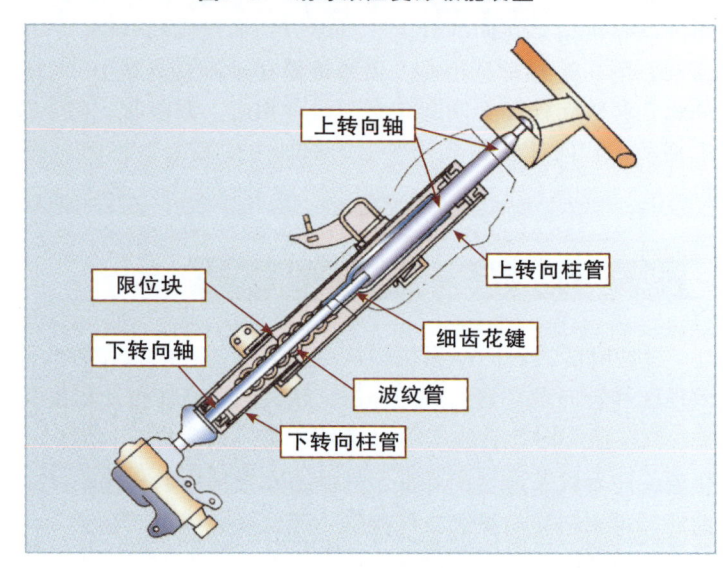

图3-6　波纹管变形吸能式转向操纵机构

二、转向器

转向器是一种特殊的减速机构，其传动比较大，且要求具有一定的可逆性。放大驾驶员的操舵力及改变其传动方向是转向器必须具备的两个功能。反映转向器基本性能有三个参数，分别是传动比、传动效率和啮合间隙。

正传动效率：当作用力从转向盘传到转向摇臂时，称为正向传动。

逆传动效率：转向摇臂所受到的道路冲击力传到转向盘，称为逆向传动。

可逆式转向器：作用力很容易地由转向盘经转向器传到转向摇臂，而转向摇臂所受的路面冲击也比较容易经转向器传到转向盘，这种转向器称为可逆式转向器，其正、逆传动效率都很高。可逆式转向器有利于汽车转向后转向轮自动回正，但也容易将坏路对车轮的冲击力传到转向盘，出现"打手"现象。

转向盘自由行程：不论哪一类型的转向器，转向系各连接零件之间和传动副之间总存在装配间隙。当汽车直线行驶时转动转向盘，消除这些间隙和克服机件的弹性变形，使车轮开始偏转，这时转向盘转过的角度称为转向盘自由行程。转向盘自由行程对于缓和路面冲击及避免驾驶员过度紧张是有利的。一般规定转向轮处于直线行驶，转向盘向左、向右的自由行程不超过15°。

转向器按其结构形式可分为齿轮齿条式、循环球式和蜗杆指销式三种。

第三部分　转向系统

1. 齿轮齿条式转向器

齿轮齿条式转向器分为两端输出式和中间（或单端）输出式两种。

捷达、桑塔纳、红旗、夏利等轿车，天津TJ1010微型货车以及南京依维柯轻型货车等均采用了齿轮齿条式转向器。

（1）两端输出式齿轮齿条式转向器

两端输出式齿轮齿条式转向器结构如图3-7所示。作为传动副主动件的转向齿轮轴，通过向心球轴承和滚针轴承安装在转向器壳体中，其上端通过花键与万向节叉和转向轴连接。与转向齿轮啮合的转向齿条水平布置，两端通过球头座与转向横拉杆相连。弹簧通过压块将齿条压靠在齿轮上，保证无间隙啮合。

弹簧的预紧力可以通过螺塞调整。当转动转向盘时，转向器齿轮转动，使与之啮合的齿条沿轴向移动，从而使左右横拉杆带动转向节左右转动，使转向车轮偏转，从而实现汽车转向。

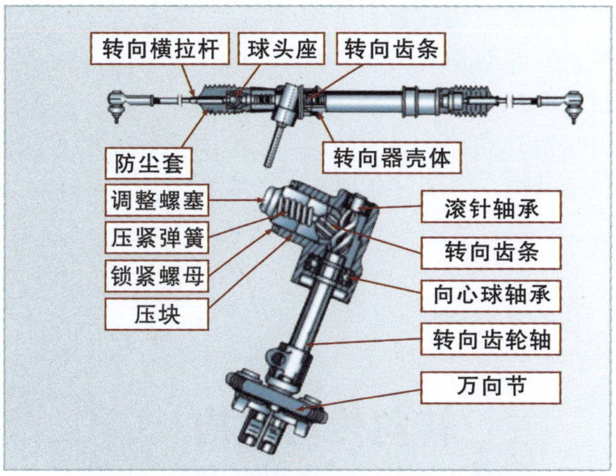

图3-7　两端输出式齿轮齿条式转向器结构

（2）中间输出式齿轮齿条式转向器

中间输出式齿轮齿条式转向器结构如图3-8所示。其结构及工作原理与两端输出式齿轮齿条式转向器基本相同，不同之处在于它在转向齿条的中部用螺栓与左右转向横拉杆相连。在单端输出的齿轮齿条式转向器上，齿条的一端通过内外托架与转向横拉杆相连。

采用齿轮齿条式转向器可以使转向传动机构简化（无需转向摇臂和转向直拉杆等），齿轮齿条无间隙啮合无需调整，而且逆传动效率很高。故多用于前轮为独立悬架的轻型、微型轿车和货车上。

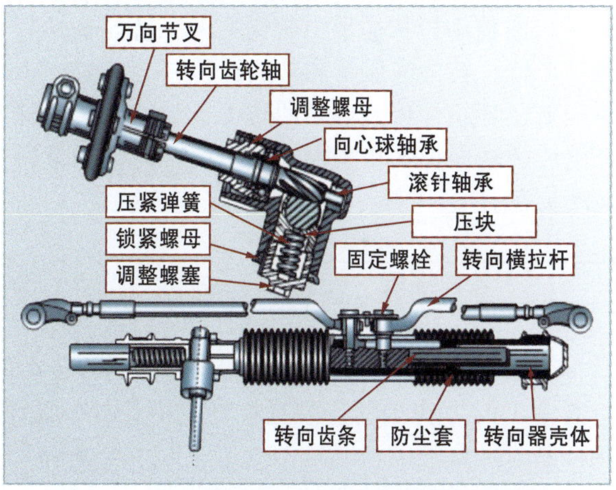

图3-8　中间输出式齿轮齿条式转向器结构

2. 循环球式转向器

循环球式转向器一般有两级传动副：第一级是螺杆螺母传动副，第二级是齿条齿扇传动副，如图3-9所示。

工作原理：

转向螺杆转动时，通过钢球将力传给转向螺母，使螺母沿轴向移动。同时，在螺杆、螺母和钢球间的摩擦力矩作用下，所有钢球便在螺旋管状通道内滚动，形成"球流"。钢球在管状通道内绕行两周后，流出螺母而进入导管的一端，再由导管另一端流回螺旋管状通道。故在转向器工作时，两列钢球只是在各自的封闭流道内循环而不致脱出。

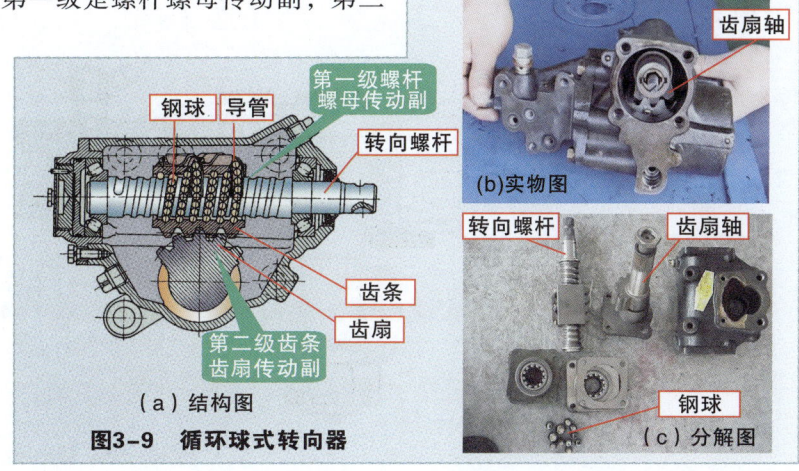

图3-9　循环球式转向器
（a）结构图　（b）实物图　（c）分解图

情境教学 — 汽车底盘构造与维修

3. 蜗杆曲柄指销式转向器

蜗杆曲柄指销式转向器中的传动副是蜗杆和指销，如图3-10所示。按其传动副中指销的数目分为单销式和双销式两种。指销在曲柄中的支承形式可以是滑动结构，也可以是滚动结构。

工作原理：

蜗杆曲柄指销式转向器的传动副以转向蜗杆为主动件，其从动件是装在摇臂轴曲柄端部的指销。转向蜗杆转动时，与之啮合的指销即绕摇臂轴轴线沿圆弧运动，并带动摇臂轴转动。

图3-10 蜗杆曲柄指销式转向器

三、转向传动机构

1. 转向传动机构的组成

转向传动机构主要由转向摇臂、转向直拉杆、转向节臂、转向梯形臂、转向减震器和转向横拉杆等组成。由转向器输出的力矩经上述各组件传到两轮的转向节，并由转向梯形臂和转向横拉杆组成的转向梯形机构保证左右两转向轮的偏转角接近满足转向运动关系。

（1）转向摇臂

转向摇臂是转向器传动副和直拉杆间的传动件，作用是把转向器输出的力和运动传给直拉杆或横拉杆，进而推动转向轮偏转，如图3-11所示。

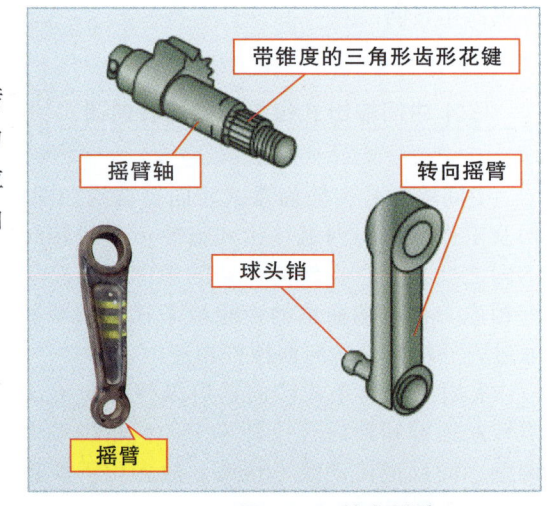

图3-11 转向摇臂

（2）转向直拉杆

转向直拉杆的作用是将转向摇臂传来的力和运动传给转向梯形臂。转向直拉杆结构如图3-12所示。

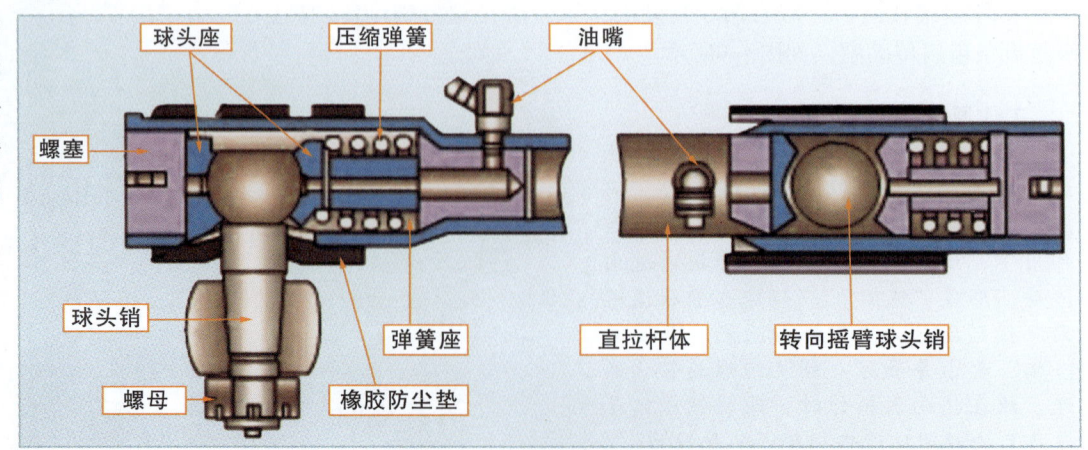

图3-12 转向直拉杆结构

第三部分　转向系统

（3）转向横拉杆

转向横拉杆分成左、右两根，其内端为与杆身一体的不可调的圆孔接头，孔内压装有橡胶金属缓冲环，与转向齿条支架用螺栓铰接。横拉杆外端为带球头的可调式接头，球头销与转向臂相连。通过调节横拉杆长度可调整前轮前束值。球头销的球碗由弹簧顶紧球头，以消除间隙。转向横拉杆结构如图3-13所示。

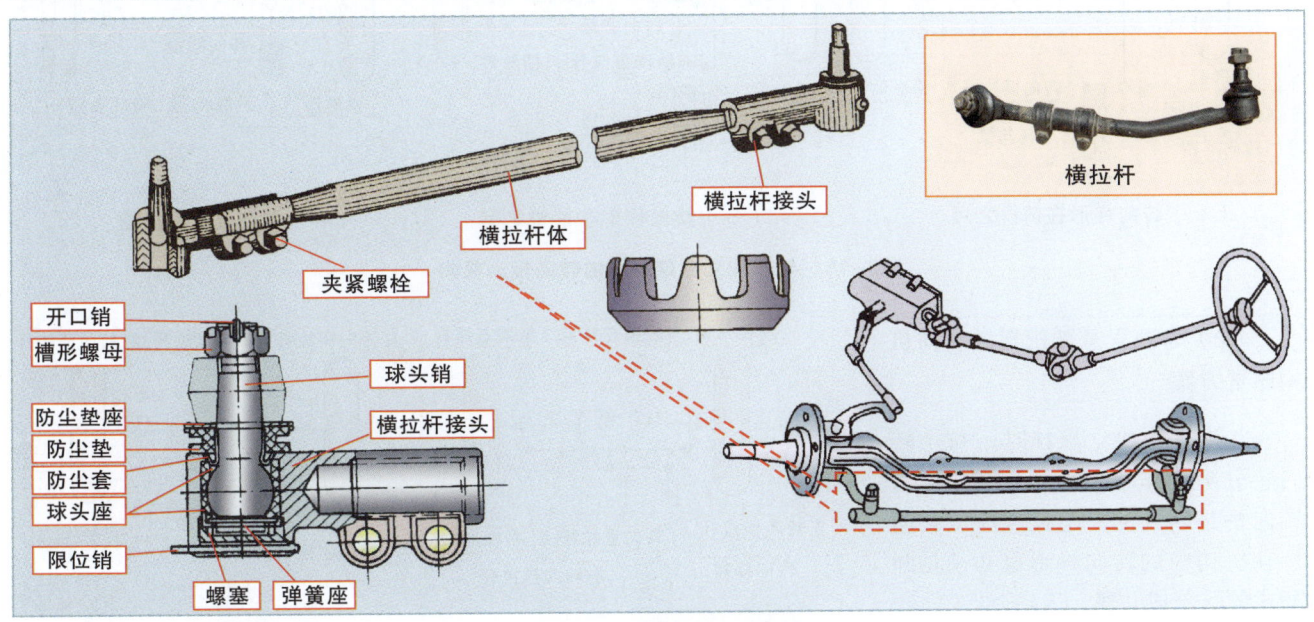

图3-13　转向横拉杆结构

（4）转向减震器

随着车速的提高，转向轮有时会产生摆振（转向轮绕主销轴线往复摆动，甚至引起整车车身的振动），影响汽车的稳定性、舒适性，加剧前轮轮胎的磨损。为了克服转向轮摆振，在转向传动机构中设置转向减震器。转向减震器的一端与车身（或前桥）铰接，另一端与转向直拉杆（或转向器）铰接。转向减震器如图3-14所示。

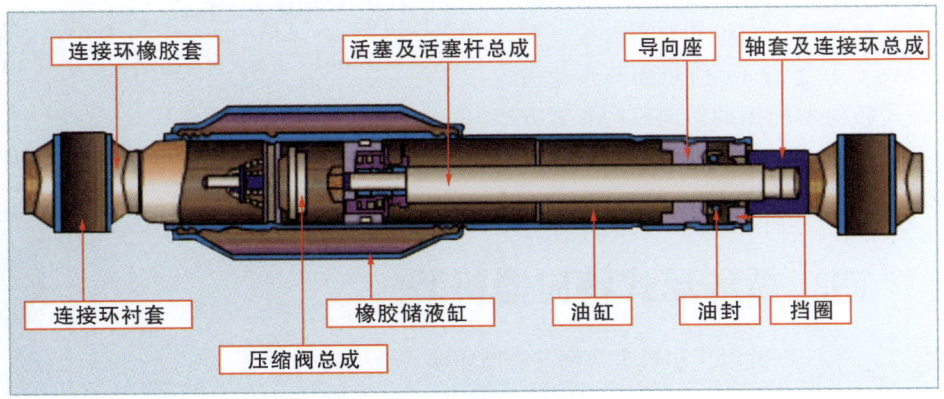

图3-14　转向减震器结构

2. 转向传动机构的布置方式

转向传动机构的组成和布置因转向器位置和转向桥悬架类型不同而异。

（1）与非独立悬架配用的转向机构布置方案

当前桥仅为转向桥时，转向梯形布置在前桥之后，如图3-15（a）所示。当汽车直线行驶时，梯形臂和横拉杆在与道路平行的平面内交角 θ 大于90°。

在前桥同时又为转向驱动桥或发动机位置较低的情况下，为避免运动干涉，往往将转向梯形布置在前桥之前，如图3-15（b）所示，此时，上述交面角 θ 小于90°。

若转向摇臂不是在汽车纵向平面内前后摆动，而是在与道路平行的平面内左右摆动，则转向直拉杆横置，如图3-15（c）所示。

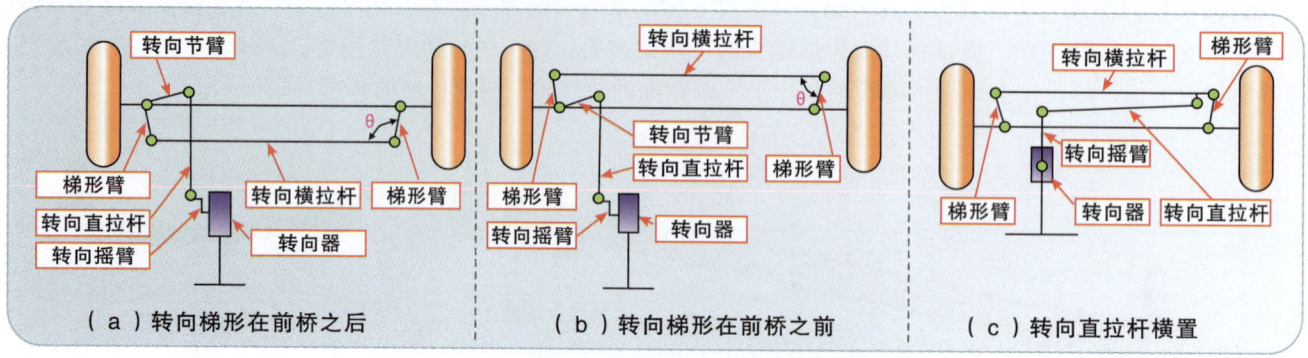

图3-15 与非独立悬架配用的转向传动机构

（2）与独立悬架配用的转向机构布置方案

当转向轮独立悬挂时，每个转向轮分别于车架做独立运动，因而转向桥是断开的。与此相应，转向传动机构中的转向梯形也必须是断开式的，分成几段。

图3-16为几种与独立悬架配用的转向传动机构示意图。其中，图3-16（a）、（b）为与循环球式转向器配用的转向机构布置方案，图3-16（c）、（d）所示为与齿轮齿条式转向器配用的转向机构布置方案。

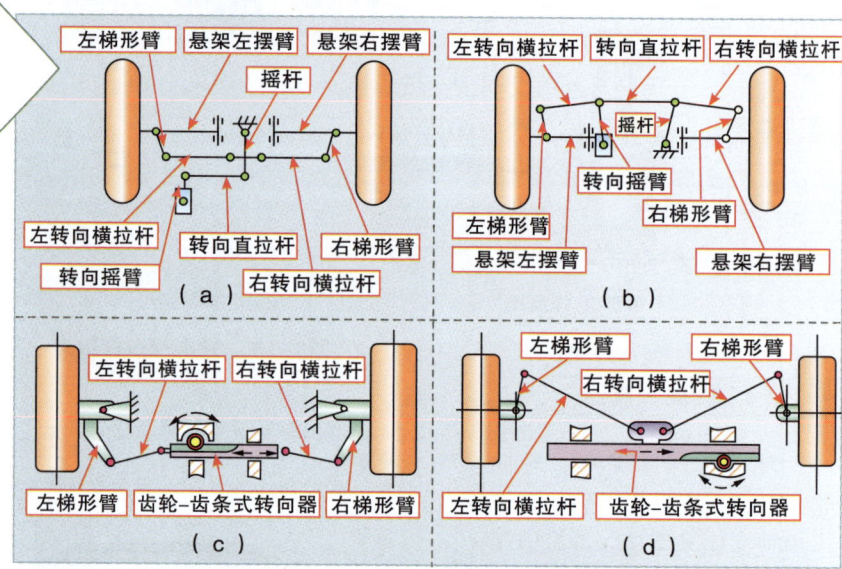

图3-16 与独立悬架配用的转向传动机构

四、循环球式转向器拆装

在此以丰田轿车为例讲解循环球式转向器的拆装。

1. 循环球式转向器拆卸

① 旋出紧固螺母和弹性垫圈，拆下转向垂臂。
注意：拆转向垂臂时，用铜棒和锤向外顶出后再取下，如图3-17所示。

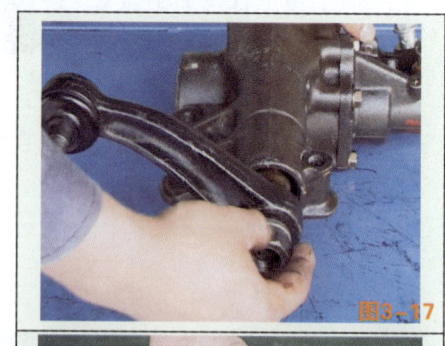

② 拆下转向器外围附件、电磁开关等，如图3-18所示。

第三部分　转向系统

③旋出调压阀，如图3-19所示。

图3-19

④拧下转向器侧盖上的紧固螺栓。
⑤将中间的缩紧螺母拆下，并将中间的缩进螺柱旋入壳体内部，如图3-20所示。

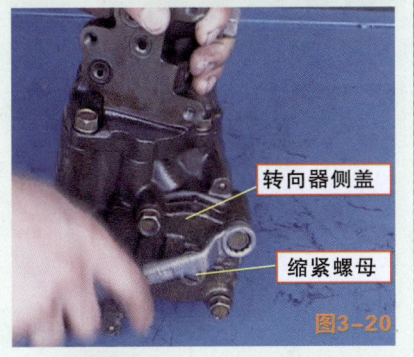
转向器侧盖
缩紧螺母
图3-20

⑥用铜锤或铜棒轻轻敲击转向摇臂轴外端，拆下侧盖和转向摇臂轴，如图3-21所示。
注意：取出摇臂轴外盖时不要碰伤油封。

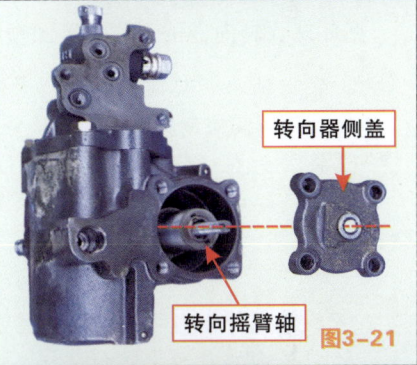
转向器侧盖
转向摇臂轴
图3-21

⑦拧下转向器底盖上的紧固螺栓，如图3-22所示。
⑧用铜锤或铜棒轻轻敲击转向螺杆上端，拆下底盖、转向螺杆及转向螺母总成。
注意：转向螺杆及转向螺母总成若无异常情况（转动灵活，滚道无异常损伤，轴向及径向间隙符合要求等），尽量不要解体。

⑨必须解体时，先拆下导管夹，取下钢球导管，如图3-23所示。
⑩最后握住螺母，慢慢地转动螺杆，排出全部钢球，如图3-24所示。

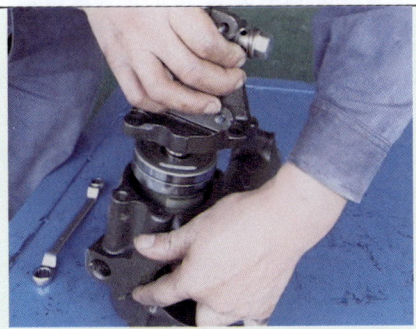
图3-22

导管夹
钢球导管
图3-23

⑪拆卸螺杆紧固螺母的锁紧螺母，如图3-25所示。
⑫用专用工具旋出螺杆紧固螺母，并取出转向螺杆，如图3-26所示。

图3-24

图3-25

图3-26

情境教学　汽车底盘构造与维修

⑬ 取出轴承，如图3-27所示。
⑭ 用卡钳取出另一端的卡环，并依次取出油槽、垫圈及轴承，如图3-28、3-29所示。

图3-27

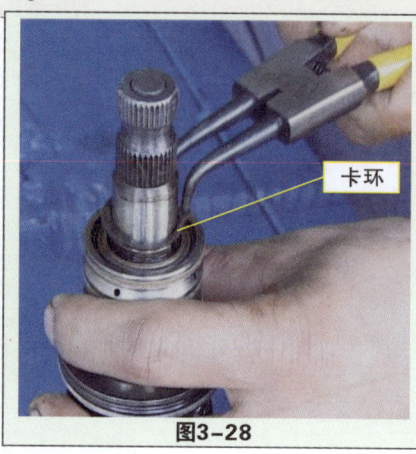
图3-28

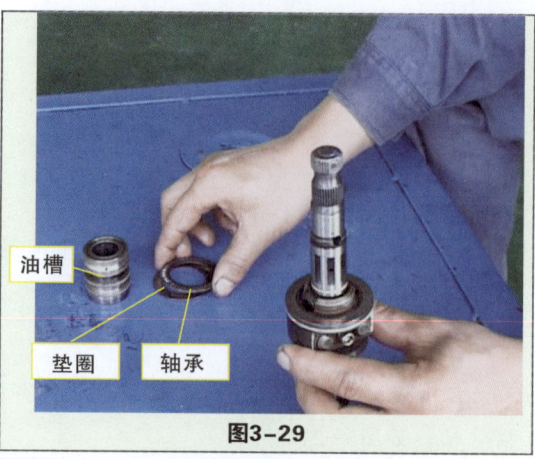
图3-29

2. 循环球式转向器安装

循环球式转向器的安装与拆卸顺序相反。在此相同步骤的图片不再重列。

① 装上轴承、垫圈、油槽，卡紧卡环。
注意：安装油槽时，槽上的缺口应对准轴上的卡销，如图3-30所示。
② 将转向螺杆装入底盖内，装上轴承，再旋紧螺杆紧固螺母。
注意：螺杆紧固螺母旋紧后应旋松1/3，确保转向螺杆转动灵活。

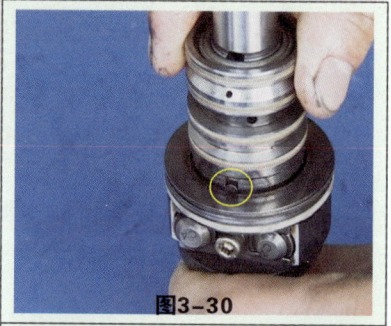
图3-30

③ 旋紧螺杆紧固螺母的锁紧螺母。
④ 将转向螺母套在转向螺杆上，再把转向螺母放在转向螺杆滚道的一端，并使转向螺母滚道孔对准滚道。
⑤ 将钢球由转向螺母滚道孔放入，边转动转向螺杆边放入钢球，直至螺母钢珠过道的另一端有钢球流出，如图3-31所示。
⑥ 其余的钢球装于导管内，并将导管两端涂以少量润滑脂，插入转向螺母的导管孔中，然后用木锤敲打导管，使之到位，如图3-32所示。

图3-31

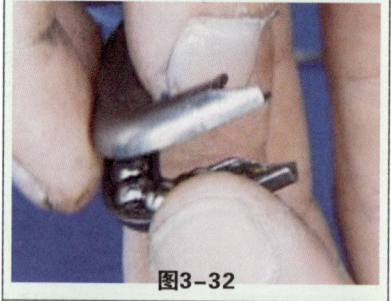
图3-32

⑦ 用导管夹把导管压在转向螺母上，并用两个螺钉紧固。当装好的转向螺杆及转向螺母总成处于垂直位置时，转向螺母能从转向螺杆上端自由、匀速落下。
⑧ 转向螺母在转向螺杆全长范围内转动灵活，无任何卡滞现象。
⑨ 抹上润滑油，将转向螺母、螺杆总成装入壳体内，旋上四个固定螺栓。

⑩ 将转向摇臂轴装入转向器壳体内。
注意：安装时，应将转向摇臂轴上的齿与转向螺杆上的齿置中啮合，如图3-33所示。

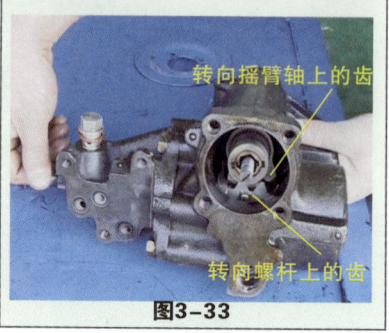
图3-33

第三部分　转向系统

⑪装上侧盖，将中间的缩进螺柱旋出壳体外部。
注意：安装侧盖时，小边朝上、大边朝下安装，如图3-34所示。

⑫装上并旋紧四个转向器侧盖上的紧固螺栓。
⑬装上中间的缩紧螺母及垫片。
⑭调整方向机自由间隙后，锁紧中间的缩紧螺母。
⑮装上调压阀总成并旋紧。
⑯装上转向器外围附件、电磁开关等。
注意：安装时应对齐胶圈，装上三个锁紧螺栓，如图3-35所示。

⑰装上转向垂臂，旋上紧固螺母。
注意：安装时应以花键上两齿距离稍大处为标记对齐，如图3-36所示。

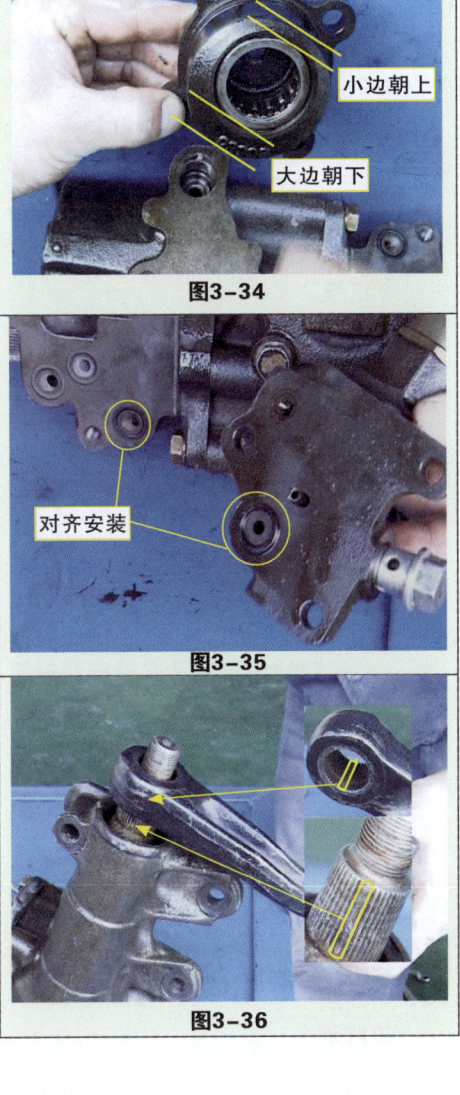

图3-34
图3-35
图3-36

五、循环球式转向器检测与维修

1. 壳体及盖的检修

用检视法检查转向器壳体及盖是否有裂纹。若存在不重要的裂纹，可用粘补法修复；若裂纹严重，应予以更换。

用直尺和厚薄规检查壳体及盖的平面度。其接合面的平面度误差应不大于0.10mm，否则应修磨平整。

2. 转向摇臂轴的检修

用磁力探伤法检查裂纹。转向摇臂轴不得有任何性质的裂纹存在，若有裂纹应更换。

用检视法检查齿扇有无剥落和点蚀。若有轻微剥落和点蚀，可用油石将剥落点蚀磨平后使用；若严重剥落、变形，应更换。

用检视法检查端部的花键和螺纹。若花键有明显的扭曲，应更换新件；螺纹损伤两牙以上，应更换或堆焊车削后套螺纹修复。

3. 转向螺杆及螺母总成的检修

用检视法检查钢球滚道。钢球滚道应无金属剥落现象和明显的磨损凹痕，否则换用新件。

用磁力探伤法检查是否有裂纹。转向螺杆与转向螺母应无裂纹，否则换用新件。

用百分表检查转向螺杆的圆跳动。利用百分表与V形铁测量转向螺杆轴颈对中心的跳动量,该值不得大于0.08mm,否则需校正。

用百分表检查转向螺杆与转向螺母的配合间隙。将装配完好的转向螺杆及螺母总成固定,轴向和径向推拉转向螺母,并用百分表检查其配合间隙,该值不得大于0.05mm,否则应更换全部钢球。

用游标卡尺检查钢球的直径差。钢球的规格、数量应符合原厂规定,直径差不得大于0.01mm,以保证工作中各钢球均匀受力。

用检视法检查导管。导管如有破裂、舌头部位损伤,应更换。

用检视法检查转向螺杆与转向螺母的表面。转向螺杆轴颈磨损可电镀修复;齿条表面若有剥落和严重损伤,应更换。

4. 轴承检修

用检视法检查。轴承滚道表面有裂痕、压坑、剥落或保持架扭曲变形应成套更换新件。

用检视法检查。钢球或滚针磨损、剥落或碎裂,应成套更换新件。

5. 油封检修

转向摇臂轴油封和转向螺杆油封刃口若有损坏或油封橡胶老化,应更换新件。

六、机械式转向系统维修实际操作

1. 转向沉重

故障现象:

汽车转向时,转动转向盘沉重费力,增加驾驶员的体力消耗。

故障原因:

齿轮轴的单列向心轴承和滚针轴承调整、安装过紧或损坏,使齿轮轴的旋转阻力过大而造成转向沉重;补偿弹簧弹力过大或转向齿条变形,齿轮、齿条的啮合间隙过小或运动卡滞;转向器缺油或无油而润滑不良;转向柱弯曲或转向柱管凹陷,使转向柱旋转卡滞。

转向横拉杆的球头销配合过紧或缺油,运动阻力过大;转向横拉杆、转向臂或悬架支柱等运动零件弯曲变形。

轮胎气压过低,轮胎与地面的接触面积和摩擦阻力增大,前轮定位失准或前轮轴承过紧等。

故障诊断与排除:

用三角木固定后轮,支起前桥,转动方向盘。若转向轻便,应检查轮胎气压是否过低或前轮定位是否失准,按规定气压给前轮轮胎充气,并正确调整前轮定位角。若转向沉重,可拆卸转向齿条与横拉杆连接件的紧固螺栓。若转向灵活,应检查转向横拉杆球头销是否装配过紧或缺油,及时调整预紧力,加注润滑脂。横拉杆、转向臂或悬架支柱弯曲变形时及时更换新件。若转向仍感沉重,应检查转向器是否缺油。若缺油,则及时加注润滑油。

第三部分 转向系统

思考与练习

一、填空题

1. 转向系可按转向能源的不同分为_____和_____两大类。
2. 机械式转向系由_____、_____和_____三大部分组成。
3. 转向系的作用是_____。
4. 循环球式转向器中一般有两级传动副,第一级是_____传动副,第二级是_____传动副。
5. 齿轮齿条式转向器传动副的主动件是_____,从动件是_____。
6. 蜗杆曲柄指销式转向器传动副的主动件是_____,从动件是装在摇臂轴曲柄端部的_____。

二、选择题（有一项或多项正确）

1. 转向系的三个主要组成部分是转向操纵机构、转向器和 （ ）
   A. 转向前束　　　　B. 转向传动机构　　　C. 转向摇臂　　　　D. 转向盘
2. 循环球式转向器螺杆与钢球螺母的间隙不得超过 （ ）
   A. 0.1mm　　　　　B. 0.2mm　　　　　　C. 0.3mm　　　　　D. 0.4mm
3. 汽车转向节臂变形会造成 （ ）
   A. 转向沉重　　　　B. 前轮摆头　　　　　C. 行驶跑偏　　　　D. 制动跑偏
4. 转向盘自由间隙大,路面传递的力 （ ）
   A. 越明显　　　　　B. 越不明显　　　　　C. 变化不大　　　　D. 0
5. 转向盘出现"打手"现象,主要是 （ ）
   A. 方向盘自由行程小　B. 方向盘自由行程大　C. 车速太高　　　　D. 转向器缺油
6. 桑塔那轿车采用的安全转向操纵机构为 （ ）
   A. 缓冲吸能式　　　B. 网状管柱变形式　　C. 钢球滚压变形式　D. 可分离式
7. 在动力转向系中,转向所需的能源来源于 （ ）
   A. 驾驶员的体能　　B. 发动机动力　　　　C. A、B均有　　　　D. A、B均没有
8. 转弯半径是指由转向中心到 （ ）
   A. 内转向轮与地面接触点间的距离　　　　B. 外转向轮与地面接触点间的距离
   C. 内转向轮之间的距离　　　　　　　　　D. 外转向轮之间的距离
9. 循环球式转向器中的转向螺母可以 （ ）
   A. 转动　　　　　　B. 轴向移动　　　　　C. A、B均可　　　　D. A、B均不可
10. 采用齿轮、齿条式转向器时,无需（　　）,所以结构简单
    A. 转向节臂　　　　B. 转向摇臂　　　　　C. 转向直拉杆　　　D. 转向横拉杆

105

情境教学 汽车底盘构造与维修

动力转向系统在机械转向系统的基础上加装了一套液压助力装置。液力助力装置漏油、漏气均会影响动力转向故障。这一情境我们就来学习动力转向系统。

情境二：动力转向系统

一、动力转向系统组成与结构

动力转向系统是在机械式转向系统的基础上增加一套液压助力装置。动力转向系统按照传递能量的介质不同，可以分为液压式和气压式两种。这里主要讲液压式动力转向。

液压动力转向装置包括方向盘、转向柱、动力转向器、转向油泵、流量控制阀、安全阀、储油罐及油管等，如图3-37所示。

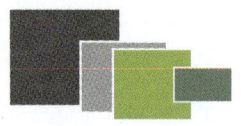

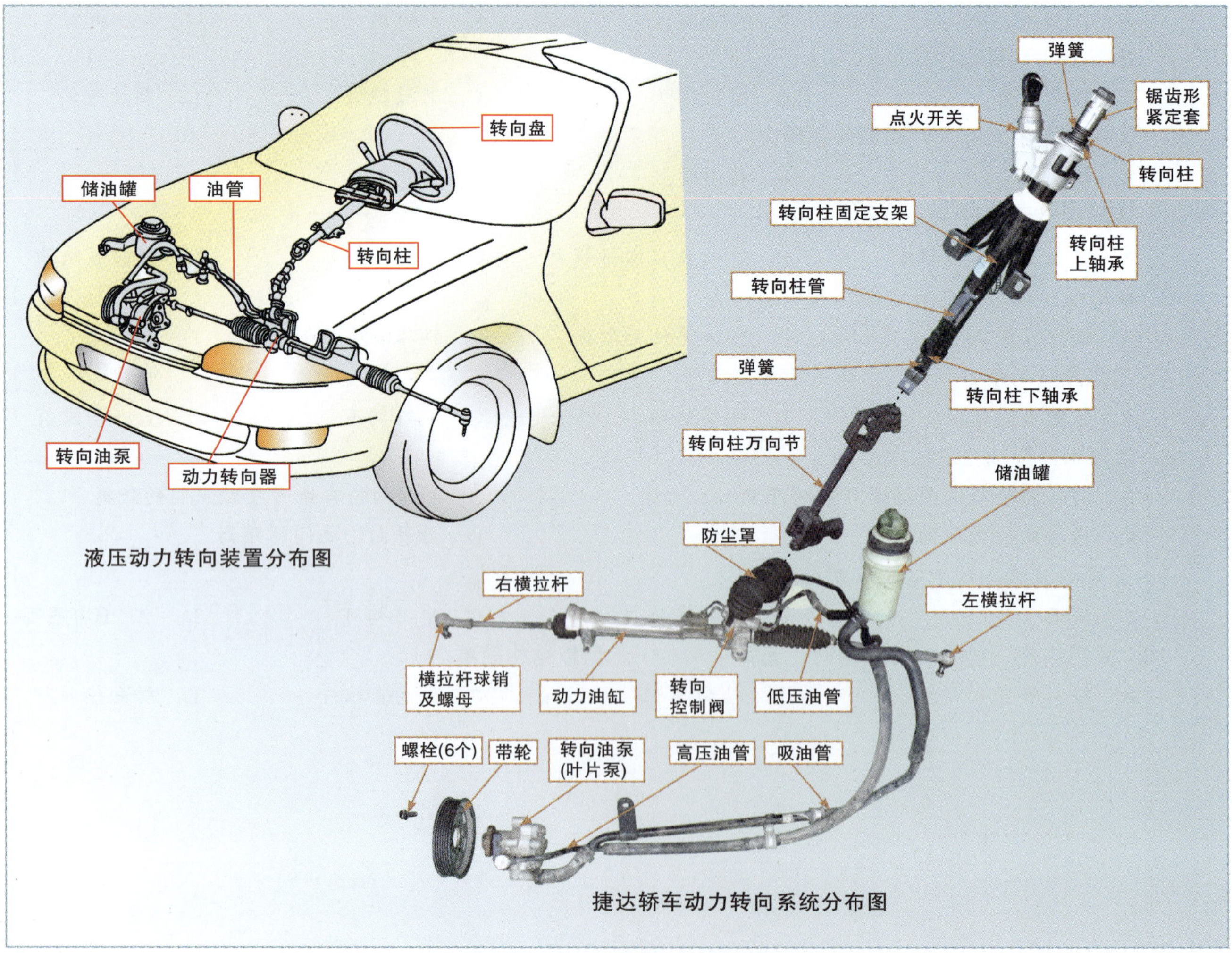

图3-37　动力转向系统组成与结构

第三部分　转向系统

1. 转向油泵

转向油泵又称转向液压泵，它是液压助力式转向系统的能源。其作用是将输入的机械能转换为液压能输出。通常情况下，转向油泵安装在发动机前侧，由发动机曲轴通过传动带而驱动。

动力转向油泵的常见形式有四种：滚柱式、叶片式、径向滑块式和齿轮式。其中，以齿轮泵和叶片泵应用最多。就功能而言，它们的基本作用是相同的。在此只讲解叶片式动力转向泵。

（1）叶片式动力转向泵

叶片式动力转向泵分解结构如图3-38所示。转子上开有均匀分布槽，叶片安装在转子槽内，并可在槽内滑动。定子内表面由两段大半径的圆弧、两段小半径的圆弧和过渡圆弧组成的腰形结构。转子和定子同圆心。转子在传动轴的带动下旋转，叶片在离心力和动压作用下紧贴定子表面，并在槽内做往复运动。相邻的叶片之间形成密封腔，其容积随转子由小到大、由大到小周期变化。当容积由小变大时形成一定真空度吸油；当容积由大变小时压缩油液，由压油口向外供油。转子每旋转一周，每个工作腔各自吸压油两次，称双作用。双作用式叶片泵有两个吸油区、两个排油区对称布置，所以作用在转子上的油压作用力互相平衡。

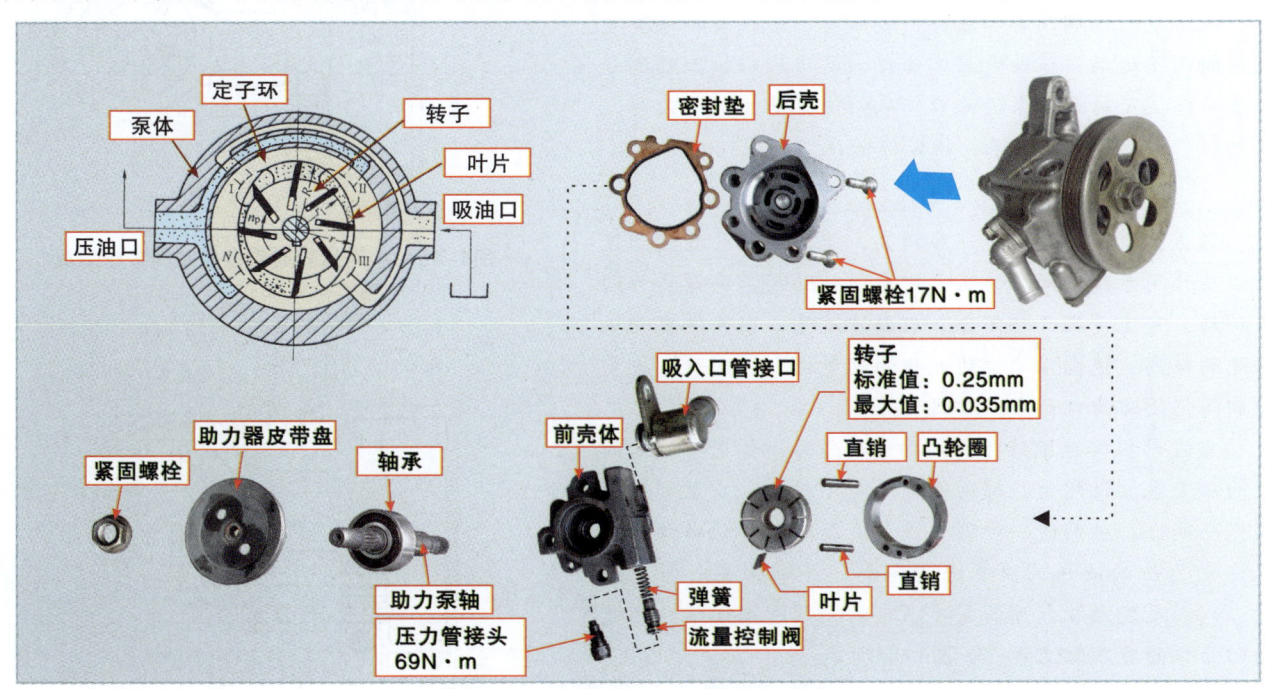

图3-38　叶片式动力转向泵分解结构

（2）流量控制阀

流量控制阀一般组装在转向油泵内部，位于转向油泵进油口和出油口之间，与转向油泵齿轮并联。流量阀体内的柱塞在弹簧的作用下处于下极限位置。柱塞下方通转向油泵出油腔，上方通转向油泵出油口。在出油腔与出油口之间有量孔，当油液自出油腔以一定速度流过量孔时，由于量孔的节流作用，量孔外侧出油口压力低于内侧出油腔压力。转向油泵流量越大，节流作用越强，量孔内外压差越大。当转向油泵流量增大到规定值，使柱塞两端压差足以克服弹簧的预紧力，并进一步压缩弹簧，将柱塞向上推到柱塞下密封带高于径向油孔的下边缘时，转向油泵出油腔与进油腔相通，出油腔的一部分油液经流量控制阀流入进油腔，经量孔输出流量减小。当流量减小到不足以平衡弹簧力时，柱塞便在弹簧力作用下重新切断进油腔与出油腔的通路。这样，转向油泵的流量便被控制在9.5~16.0L/min。

情境教学 汽车底盘构造与维修

流量控制阀工作原理：

当发动机转速很低时，从出油口流出的液压油经过油路、固定量孔和可变量孔流向动力缸，流量控制阀使加油口关闭。出油口排出的液压油压力作用在辅助阀的顶部，而流过油路的液体压力作用在辅助阀的底部，液压油流过油路时产生的阻力在其两端引起压差，作用在辅助阀上。但由于这个压差太小，不能克服弹簧力，使辅助阀向下运动，因而当发动机转速很低时，可变量孔全开。如图3-39所示。

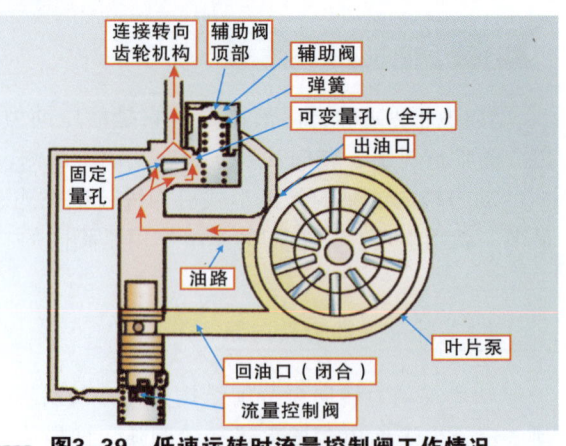

图3-39　低速运转时流量控制阀工作情况

当发动机转速提高到中速运动状态时，流过固定量孔和可变量孔的液压油增加，在量孔两端形成压差。当流过固定量孔和可变量孔的液压油压力传递到流量控制阀底部时，在流量控制阀顶部和底部形成压差，此压差推动流量控制阀向下运动，从而开启回油口，从出油口排出的部分液压油回流至转向油泵进油口，从而使流量恒定。此时，辅助阀不移动，且可变量孔仍保持全开。如图3-40所示。

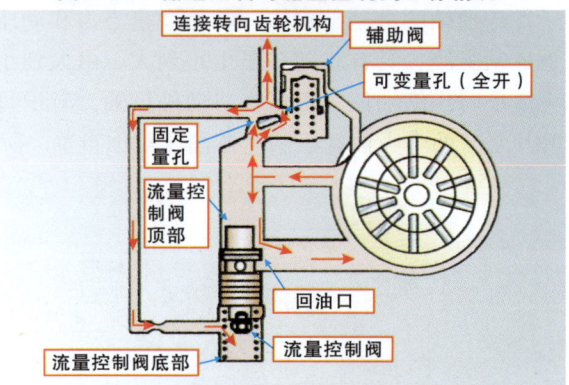

图3-40　中速运转时流量控制阀工作情况

随着发动机转速的进一步提高，流过油路的液压油流量以及作用于辅助阀上的压差增大，辅助阀克服弹簧力向下移动，可变量孔开始闭合，以调节流量，因而随发动机转速的提高，流向动力缸的液压油流量减小。同时，流量控制阀仍使回油口开启，以调节流量。

当发动机转速继续提高到高速状态时，作用于辅助阀上的压差也继续增大，辅助阀继续向下移动，直至可变量孔完全闭合，从而进一步调节流量，因此可对从转向油泵流向动力缸的液压油流量进行调节，并维持在一恒定流量，以满足发动机急速的需要。流量控制阀则继续控制流向回油口的液压缸流量。如图3-41所示。

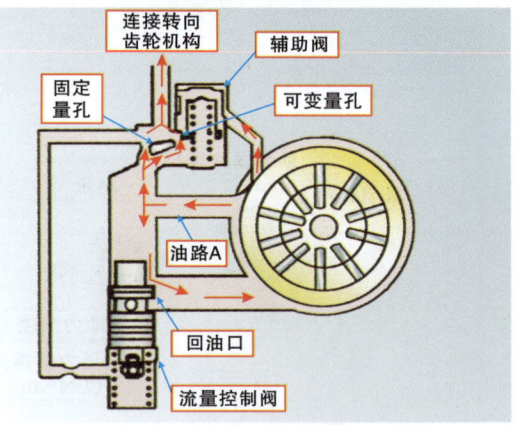

图3-41　高速运转时流量控制阀工作情况

（3）转向油泵传动皮带

转向油泵的传动皮带绕在曲轴皮带轮和转向油泵皮带轮上，如图3-42所示。

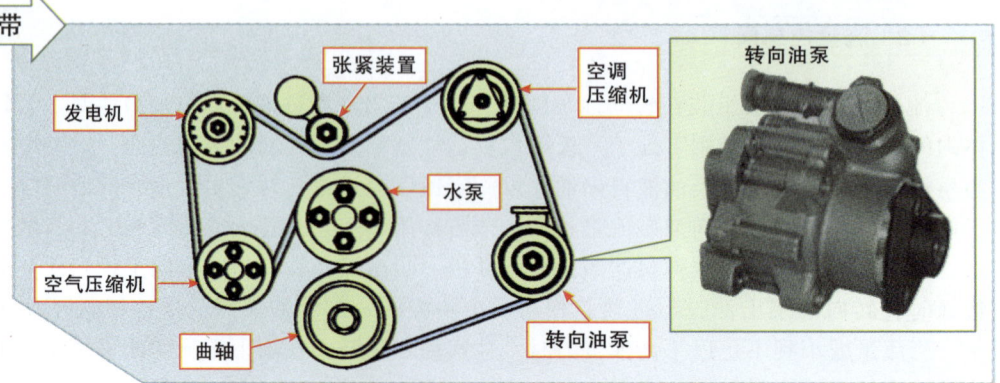

图3-42　转向油泵传动皮带实物与工作示意图

第三部分　转向系统

2. 转向控制阀

转向控制阀直接安置在动力转向器总成里。常见的控制阀有滑阀式和转阀式两种,其工作原理基本相同,都是通过滑阀式、转阀式控制阀的运动,实现油路和油压的控制,从而推动工作缸中的活塞运动,实现转向器的助力作用。转阀式控制阀在动力转向系统中比较常用。

(1) 滑阀式控制阀

阀芯沿轴向移动来控制油液流量和流动的转向控制阀。图3-43（a）为常流式滑阀,图3-43（b）为常压式滑阀。

当阀芯处于图中所示的位置时,常流式转向阀的P、O、A、B四油路相通,无助力作用。

常压式转向阀的P、O、A、B四油路互不相通,也无助力。

阀芯向右移动：油路为P→A→动力缸左腔,动力缸右腔→B→O,产生助力。

阀芯向左移动：油路为P→B→动力缸右腔,动力缸左腔→A→O,产生相反方向助力。

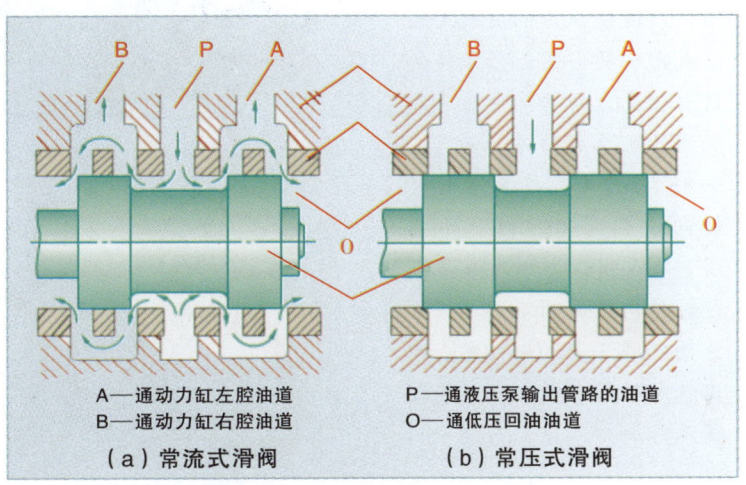

A—通动力缸左腔油道　　P—通液压泵输出管路的油道
B—通动力缸右腔油道　　O—通低压回油道

（a）常流式滑阀　　（b）常压式滑阀

图3-43　滑阀的结构和工作原理

常流式与常压式转向阀的不同：

当汽车转向盘处于中立位置时
- 常压式液压系统中的工作管路保持高压
- 常流式则只在转向时管路提供高压

优点： 常流式滑阀的结构简单,液压泵寿命长,消耗功率少,广泛应用于各种汽车。

常压式滑阀有储能器积蓄液压能,可以使用较小的液压泵,并可以在液压泵不运转的情况下保持一定的转向助力能力,有些重型汽车采用这种结构。

(2) 转阀式控制阀

转阀式控制阀控制压力油流到转向器的流向。转阀式控制阀的位置、结构与实物图如图3-44所示。

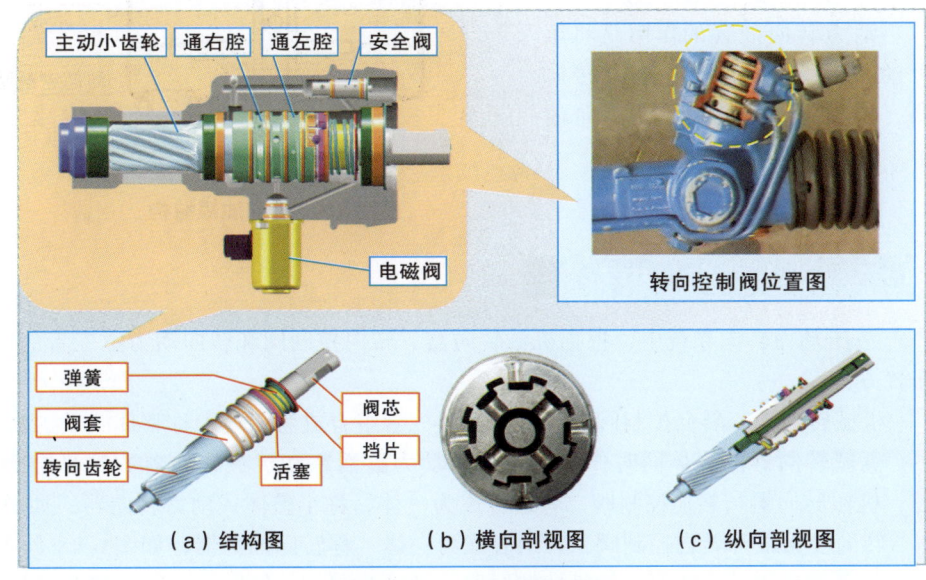

图3-44　转阀式控制阀

情境教学　汽车底盘构造与维修

转阀式转向控制阀工作原理：

当转动转向盘时，通过扭杆产生的扭转力使阀芯转动很小角度。随着阀芯转动，不同孔道被打开或者关闭，以便使压力油流到活塞总成需要的一侧；如果转向盘向相反方向转动，压力油流到活塞总成的另一侧。图3-45（a）为汽车右转向时转向控制阀工作过程示意图；图3-45（b）为汽车直行时转向控制阀工作过程示意图；图3-45（c）为汽车左转向时转向控制阀工作过程示意图。

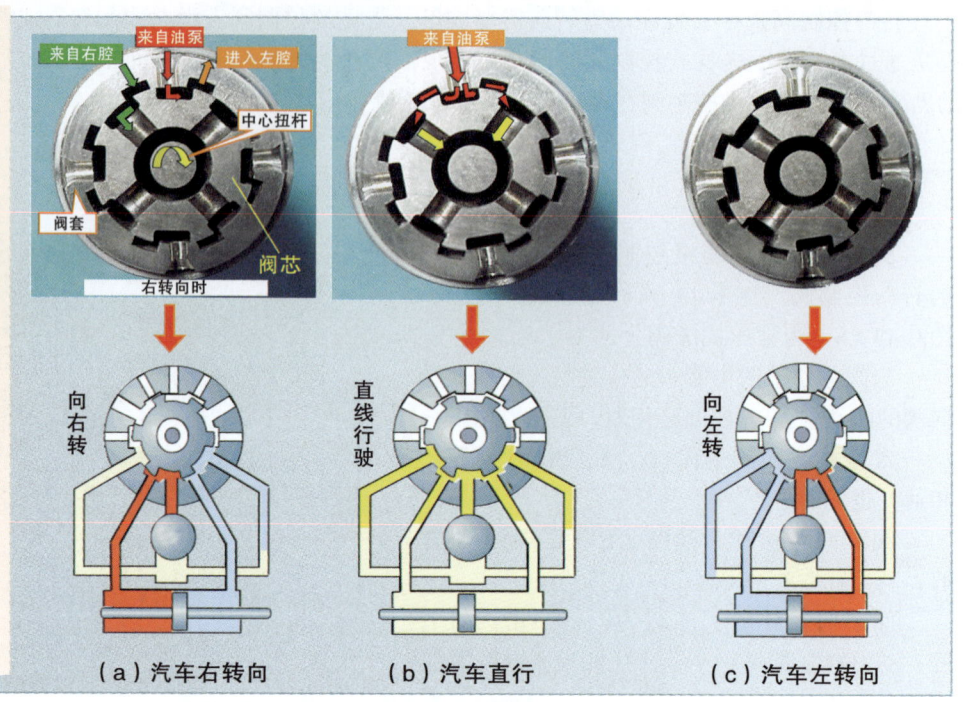

图3-45　转阀式转向控制阀工作过程

3. 转向油罐

转向油罐的作用主要是用来储存、滤清、冷却加力装置的工作油液。其结构如图3-46所示。

4. 动力转向油管

动力转向油管的作用是将压力油液从转向油泵传递给转向器，并将油液最终导回转向油罐，如图3-47所示。

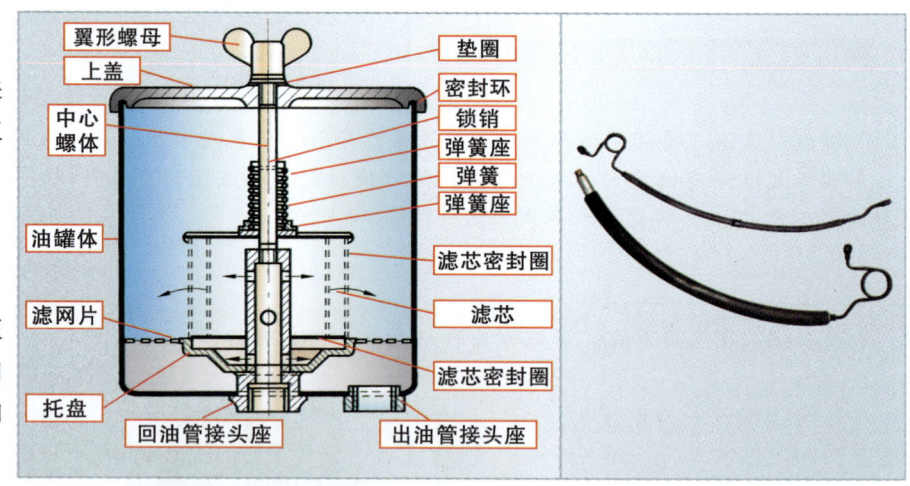

图3-46　转向油罐结构　　　图3-47　动力转向油管

5. 动力转向机构布置

液压动力转向系统中，根据机械转向器、转向控制阀和转向动力缸三者的结构和连接关系不同，分为四种布置方案。

机械转向器、转向控制阀和转向动力缸三者组合成为一体，称整体式动力转向器，如图3-48（a）所示。

机械转向器的壳体同时作为动力缸，动力缸活塞和机械转向器的螺母合为一体，将动力腔分为左、右两腔；机械转向器与转向控制阀二者组合成为一体，称半整体式动力转向器，如图3-48（b）所示。

转向动力缸和转向控制阀二者组合成为一体，称转向加力器，如图3-48（c）所示。

分离式液压动力转向系的机械转向器、辅助控制阀、转向动力缸三者各自独立，如图3-48（d）所示。

第三部分　转向系统

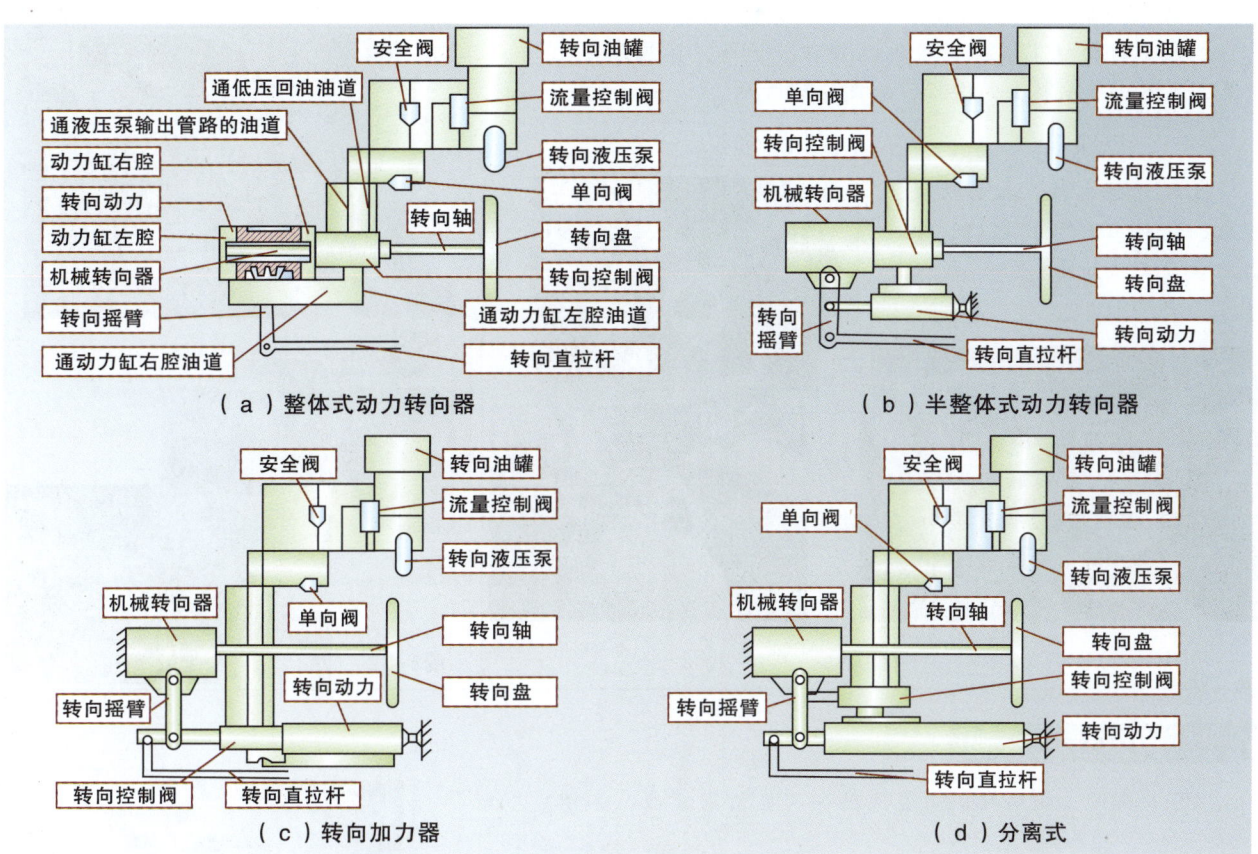

图3-48　液压转向加力装置结构布置方案

二、动力转向系统拆装

1. 方向盘的拆卸

①从转向盘后方拧下驾驶员安全气囊模块总成的紧固螺丝，如图3-49所示。

②取出安全气囊总成，并断开连接线束，如图3-50所示。

③拧下转向盘中央紧固螺母与周围的三个螺钉，将车轮摆正后再取出转向盘，如图3-51所示。

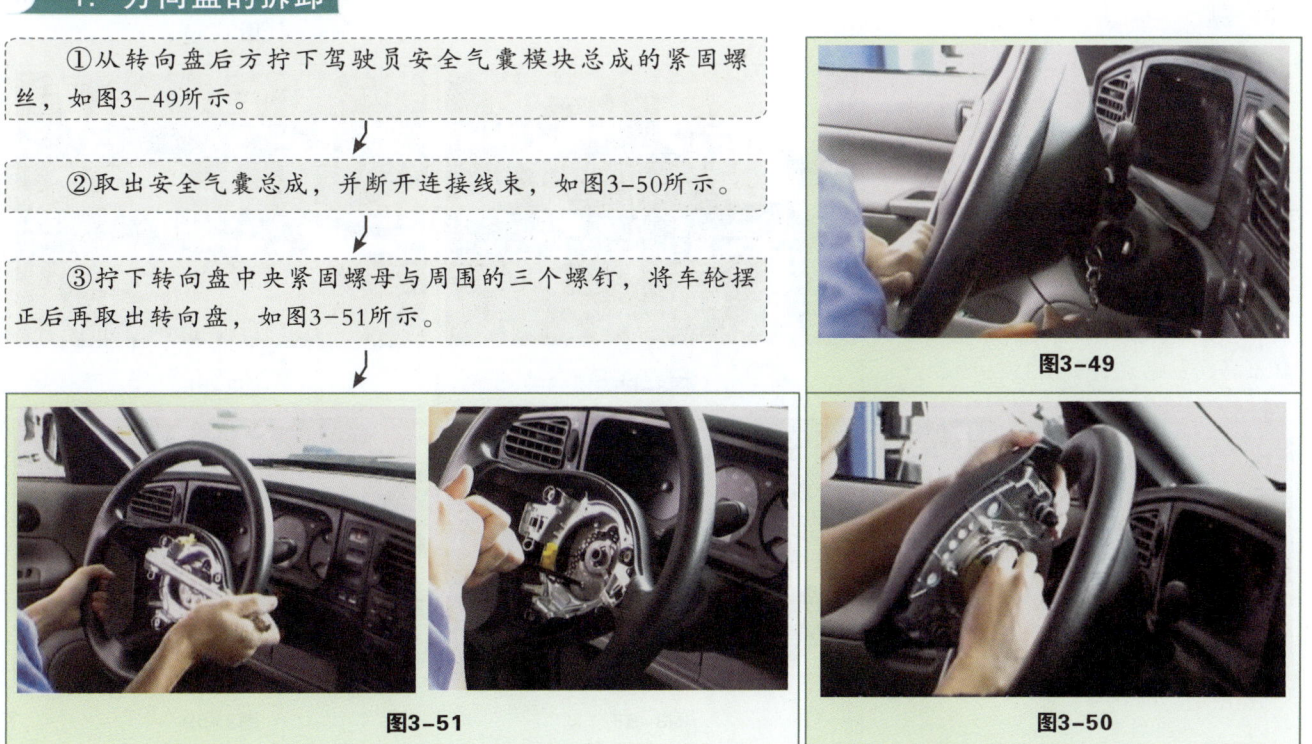

图3-51　　　　图3-50　　　　图3-49

111

情境教学
汽车底盘构造与维修

④拧下转向柱下端护罩螺钉,并取下护罩,然后取下上护罩,再取出转向柱上的游丝,如图3-52所示。

⑤断开转向柱上组合开关线束,拧松三个紧固螺钉,取出组合开关,如图3-53所示。

图3-53

图3-52

2. 转向柱的拆卸

①用工具拧出转向柱固定支架的一次性紧固螺丝,如图3-54所示。

②拔出点火开关点火钥匙的识读线圈,如图3-55所示。

③用拉力器取出转向柱管上的接合器套筒,如图3-56所示。

④取出压力弹簧、点火开关线束,并取出有点火启动开关的方向盘锁总成,如图3-57所示。

⑤将转向柱上的相关线束分开,如图3-58所示。

⑥拧下连接轴上的紧固螺栓,取出转向柱总成,如图3-59所示。

图3-54

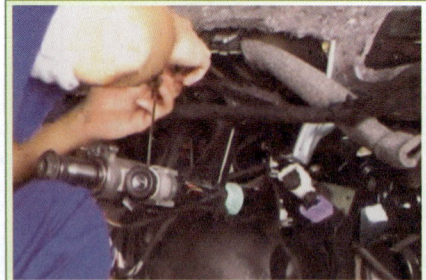

图3-55

图3-56

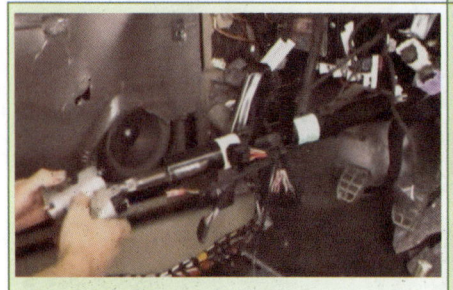

图3-57

图3-58

图3-59

3. 齿轮齿条式动力转向器的拆卸

①将助力转向储油罐中的油液放尽，如图3-60所示。

②将汽车举升到一定高度，拆卸助力泵上的固定螺丝，如图3-61所示。

③拆卸助力泵的防撞罩，如图3-62所示。

④拆卸助力泵带轮，如图3-63所示。

⑤取下助力泵，如图3-64所示。

⑥分离左右下摆臂与前悬架，如图3-65所示。

⑦将维修托架移至汽车前横梁中下方，如图3-66所示。

⑧拆下横梁与底盘的紧固螺丝，如图3-67所示。

⑨缓缓放下转向机构与前横梁总成，如图3-68所示。

图3-60

图3-61

图3-62

图3-63

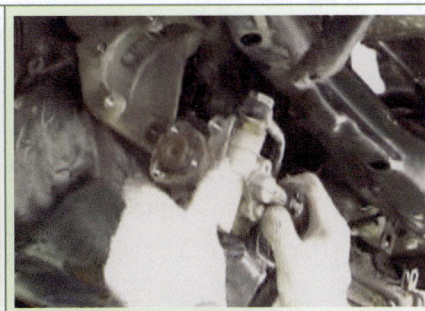

图3-64

图3-65

图3-66

图3-67

图3-68

情境教学 — 汽车底盘构造与维修

⑩ 从前悬架横梁上拆下转向机,如图3-69所示。

↓

⑪ 拆下转向机护罩,如图3-70所示。

↓

⑫ 拆下驱动轴防护套,如图3-71所示。

↓

⑬ 旋下驱动轴与转向机的连接螺栓,如图3-72所示。

↓

⑭ 取出驱动轴,如图3-73所示。

↓

⑮ 取出垫圈,如图3-74所示。

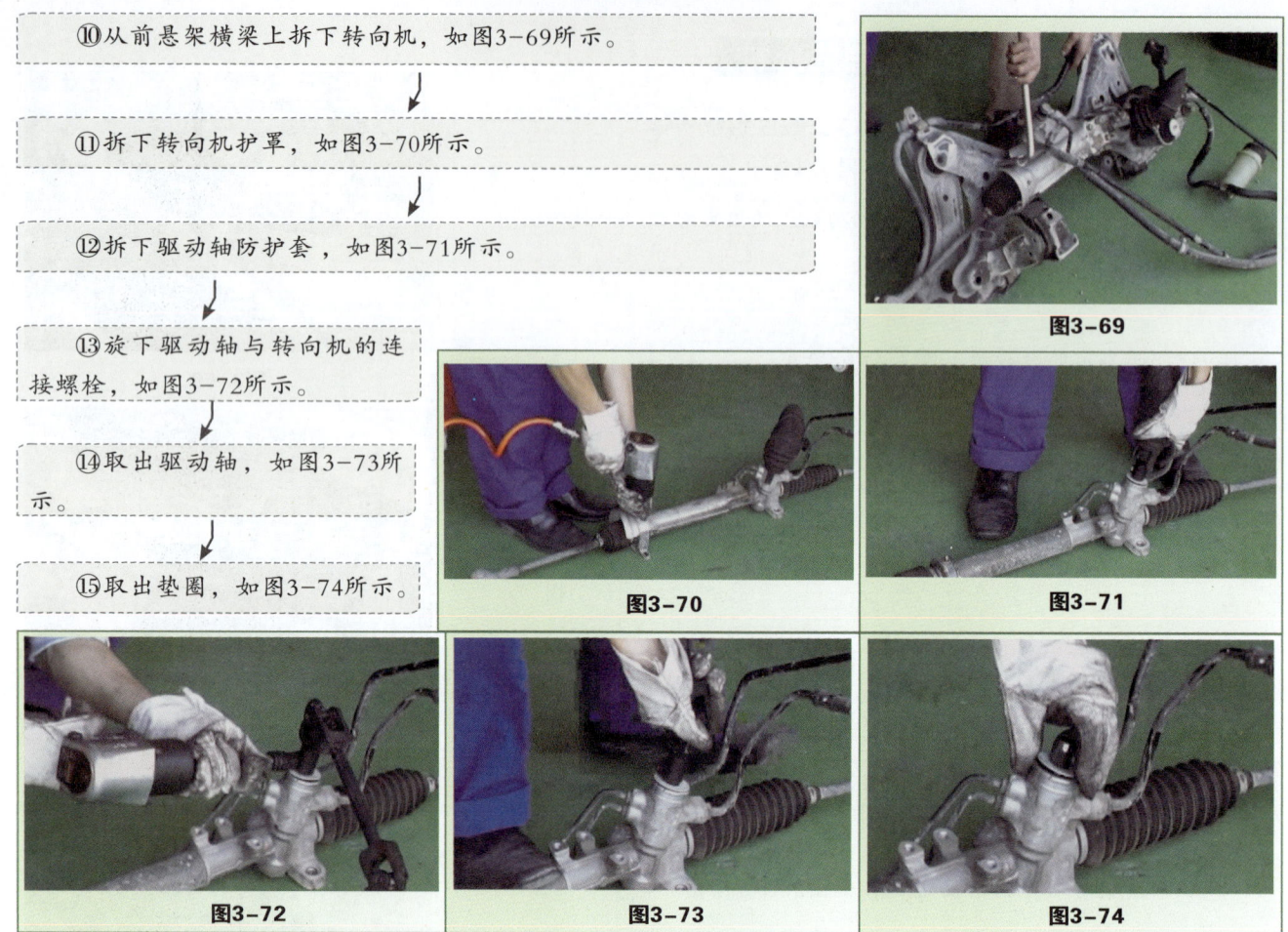

图3-69　图3-70　图3-71　图3-72　图3-73　图3-74

三、动力转向系统检测与维修

1. 检查储油罐液位

保持转向轮与地面接触,在发动机维持怠速转动(约1 000r/min)条件下,将转向盘反复从一侧极限位置转至另一侧极限位置,使液压油的温度升至323~353K(50~80℃)。

此时,储油罐中的油面应在上下限标线(HOT和COOL)之间,且油中无气泡。

检查各部位确无泄漏后,若需补给液压油,按原厂规定牌号补给。

更换液压油的程序:若需要更换液压油,先顶起转向桥,从储液罐及回油管排出旧油;同时使发动机怠速运转(约1 000r/min),排放旧液压油;并将转向盘向左、向右反复转到极限位置,直至旧液压油排尽1~2s后,再加注新液压油。

2. 检查调整转向油泵皮带张力

以原厂规定的压力(约98N)在皮带中部按下皮带,皮带的挠度应符合原厂规定,一般新皮带的挠度为7~9mm,在用皮带挠度在10~12mm范围内。

3. 动力转向系统中的空气排放

若动力转向系统在更换液压油之后和检查储油罐中油位时发现有气泡冒出，说明系统内已渗入了空气，这将会引起转向沉重、前轮摆动、转向油泵产生噪声等故障，必须将系统内的空气排放干净。排放程序如下：

一是架起转向桥。

二是发动机怠速运转（1 000 r/min），同时反复向左、向右转动转向盘到极限位置，直至储油罐内泡沫冒出，并消除乳化现象，表明液力转向系统内的空气已基本排除干净。

三是发动机刚刚熄火后，储油罐中应无气泡，液面不得超过上限，停机5 min之后，液面应升高约5mm。

4. 检验流量控制阀的工作性能

检验流量控制阀工作性能的方法有两种：一种方法是检验发动机在怠速范围内急加速时系统内的油压回降情况；另一种方法是检验无负荷时的油压差。

（1）检查系统油压降

仍将油压测试仪安装在动力转向器的进油管道上，使发动机处于稳定的怠速工况。用截止阀调整油压表，指示油压为3MPa。转向盘不动，在怠速范围内急加速，指示压力应随发动机转速的增大而提高。突然放松加速踏板，使发动机恢复稳定怠速工况，油压表指示油压仍能恢复到3MPa，说明流量控制阀性能可靠。否则，表明流量控制阀卡死或堵塞，需进行检修或更换流量控制阀。

（2）检验无负荷油压差

完全打开截止阀。分别测量发动机转速在1 000r/min和3 000r/min两个转速下的油压，若油压差小于0.49MPa，表明流量控制阀性能良好，动作灵活。否则，表明流量控制阀需检修或更换。

四、动力转向系统维修实际操作

1. 丰田皇冠轿车转向沉重

故障现象：

一辆丰田皇冠（CROWN）2.8轿车动力转向系统转向助力效果逐渐减弱，并引起转向沉重。

故障分析与排除：

检查动力转向系统，没有发现液压系统漏油之处；在汽车前轮处于直线行驶位置，发动机以1 000r/min速度运转，油温上升40~80℃的情况下，用量油尺检查液面高度，结果液压油量正常。接着检查系统中的油泵泵油压力，方法是：将油压表的一端接在叶片泵的输出端，另一端接在转向助力器的输入端，使发动机怠速运转；在压力表的阀门全关闭的情况下测量油压，结果油压为3.5MPa（标准值大于7.0MPa），这说明是叶片泵有故障。然后将方向盘分别转到左极限或右极限位置，再打开压力表阀门，分别测量油压，结果仍为3.5MPa，这说明转向助力器、安全阀以及溢油阀均正常。

拆检叶片泵，发现叶片泵内的各滑片表面磨损严重，厚度仅为1.35mm（标准值为1.55mm）。正是各滑片的磨损导致了叶片泵泵油压力不足，引起转向助力不良。

更换一套（6组）滑片、弹簧、弹簧座后，叶片泵泵油压力恢复了正常，转向沉重的故障也随之排除。

情境教学 　汽车底盘构造与维修

2. 切诺基汽车动力转向故障

故障现象：

一辆北京切诺基吉普车动力转向系统转向助力效果不明显，且时有时无，时大时小。打开液压油箱盖，可见液压油呈气泡、乳化状。

故障分析与排除：

液压油呈气泡、乳化状，说明转向助力系统中有空气进入。空气的进入会使转向助力效果变差。在检查液压油时，还发现当方向盘处于中间位置，发动机以怠速运转时的液面高度比发动机熄火后的液面高度低很多，这说明该系统中进入的空气量较多。

经检查，空气一是从转向液压泵的进油口进入低压腔，二是从油箱出油口进入低压腔。经检修，排除了漏气的故障。

接着要排除进入系统中的空气，方法是：先在油箱中添加足量的液压油；用千斤顶支起前桥，连续从左极限打方向盘2~3次；放下前桥，让发动机以1 000r/min或更慢的速度运转，再连续从左极限到右极限打方向盘几次，最后让方向盘回到中间位置。

发动机停转后，油箱中的液面高度没有明显的增高（或没有气泡和乳化现象），说明系统中的空气已经被排净（若没有达到上述要求，可重复进行上述排除空气工作），最后添足液压油量。

经这样处理后故障被排除。

第三部分 转向系统

 思考与练习

一、填空题

1. 液压式动力转向系中，转向加力装置由_____、_____、_____和_____组成。
2. 与非独立悬架配用的转向传动机构主要包括_____、_____、_____和_____。
3. 液压转向传力装置有_____和_____两种。
4. 在转向传动机构中，为了防止运动干涉，各个横纵拉杆均采用_____进行连接。

二、判断题（正确的打"√"，错误的打"×"）

1. 动力转向系是在机械转向系的基础上加设一套转向加力装置而形成的。（　　）
2. 采用动力转向系的汽车，当转向加力装置失效时，汽车也就无法转向了。（　　）
3. 可逆式转向器的自动回正能力稍逊于极限可逆式转向器。（　　）

三、选择题

1. 汽车在不转向时，液压式动力转向系统内工作油是高压油，而分配阀又处于关闭状态，此种液压式转向助力器为（　　）
    A. 常流式　　　　　B. 常压式　　　　　C. 混合式　　　　　D. 变压式
2. 液压动力转向叶轮泵的输液量与转子转速成（　　）
    A. 正比　　　　　　B. 反比　　　　　　C. 等比　　　　　　D. 2倍关系
3. 下列因素中，造成汽车转向沉重的原因是（　　）
    A. 蜗杆与滚轮啮合间隙过大　　　　　B. 蜗杆与滚轮啮合间隙过小
    C. 蜗杆上下轴承间隙过大　　　　　　D. 转向传动机构松旷

第四部分 制动系统

汽车行驶中需要减速或在最短距离内停车，下坡行驶时限制车速，使汽车可靠地停放在原地（包括坡道）保持不动。这些功能都由汽车的制动系统来承担。

汽车制动系统中一般设有两套独立的制动装置。一套用于汽车行驶中的减速或停车，称为行车制动装置或脚制动装置；另一套用于汽车停驶后使汽车可靠地停放，不致溜车，称为驻车制动装置或手制动装置。另外，在有的汽车上，为提高汽车行车安全性和减轻制动器性能的衰退，还装有应急制动、安全制动和辅助制动装置。

制动系统一般由制动器和制动操纵机构两部分组成。制动器用以产生制动效果，制动传动机构用以控制制动器的工作。

任何制动系都具有以下四个基本组成部分：一是供能装置，包括供给、调节制动所需能量以及改善传能介质状态的各种部件。二是控制装置，包括产生制动作和控制制动效果的各种部件。三是传动装置，包括将制动能量传输到制动器的各个部件。四是制动器，为产生阻碍车辆运动或运动趋势的力（制动力）的部件，其中包括辅助制动系中的缓速装置。

按制动能源来分类，行车制动系可分为：以驾驶员的肌体作为唯一制动能源的制动系，称为人力制动系；完全依靠发动机的动力转化而成的气压或液压形式的势能进行制动的是动力制动系，其制动源可以是发动机驱动的空气压缩机或油泵；兼用人力和发动机动力进行制动的制动系，称为伺服制动系。

驻车制动系可以是人力式或动力式。专门用于挂车的还有惯性制动系和重力制动系。

按照制动能量的传输方式，制动系可分为机械式、液压式、气压式和电磁式等。同时采用两种以上传能方式的制动系可称为组合式制动系。

制动系统部件位置如图4-1所示。

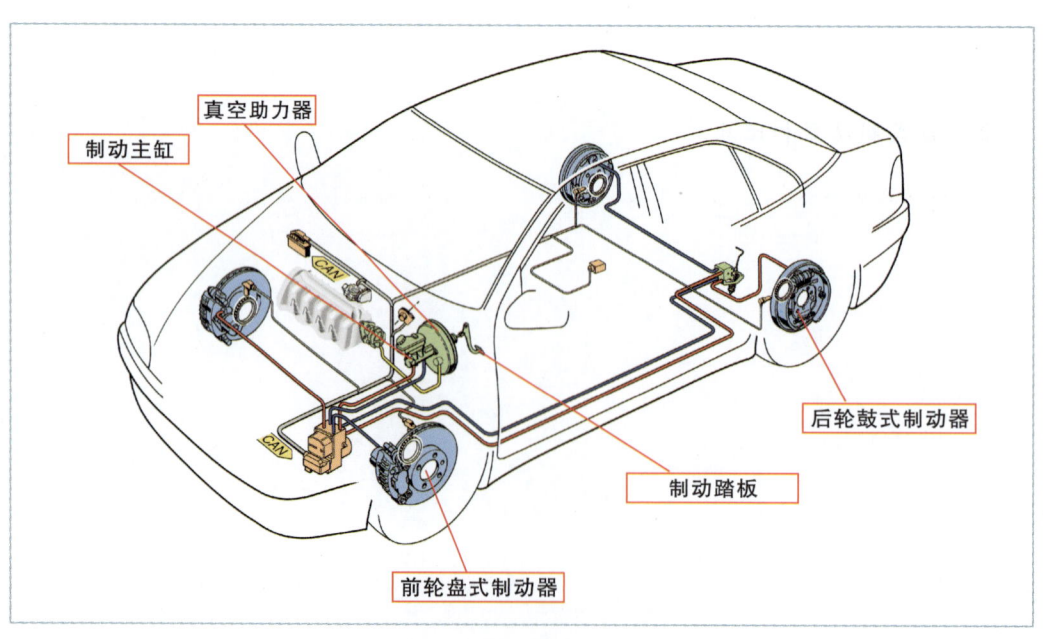

图4-1　制动系统部件位置图

第四部分　制动系统

制动器的好坏对行车的安全来说是至关重要的。制动器的磨损、变形、老化和调整不当等，将会导致制动不良、制动跑偏、制动拖滞、制动失效等故障，严重影响行车的安全。因此，应高度重视制动器的检修，保证制动系的维修质量。下面我们重点来学习制动器。

情境一：制动器

一、制动器的种类

制动器是产生阻碍车辆运动或运动趋势的力（制动力）的部件。汽车上常用的制动器都是利用固定元件与旋转元件工作表面的摩擦而产生制动力矩，使后者的旋转角速降低，同时依靠车轮与地面的附着作用，产生路面对车轮的制动力，以使汽车减速。凡利用固定元件和旋转元件工作表面的摩擦而产生制动力矩的制动器，称为摩擦制动器。

目前，汽车常用的摩擦制动器可分为盘式和鼓式两大类。大部分汽车都采用了前盘后鼓制动器，不过在高级轿车中的前后轮都采用了盘式制动器。捷达前轮盘式制动器分解图如图4-2所示。

（一）盘式制动器

由制动盘和制动钳组成的制动器称为钳盘式制动器。钳盘式制动器又可分为固定钳式和浮钳盘式两类。

> **盘式制动器的特点：**
> 盘式制动器与鼓式制动器相比具有以下特点：
> 散热能力强，制动效能稳定。
> 抗水衰退能力强，浸水后只需经一两次制动即可恢复正常。
> 制动盘升温后厚度方向膨胀量小，便于装设间隙自动调节装置。
> 结构简单，维修方便，尺寸和质量小。
> 制动时无摩擦助势作用，要求管路的液压比鼓式高，活塞回位能力差，防污性差，制动块摩擦面积小，磨损较快。

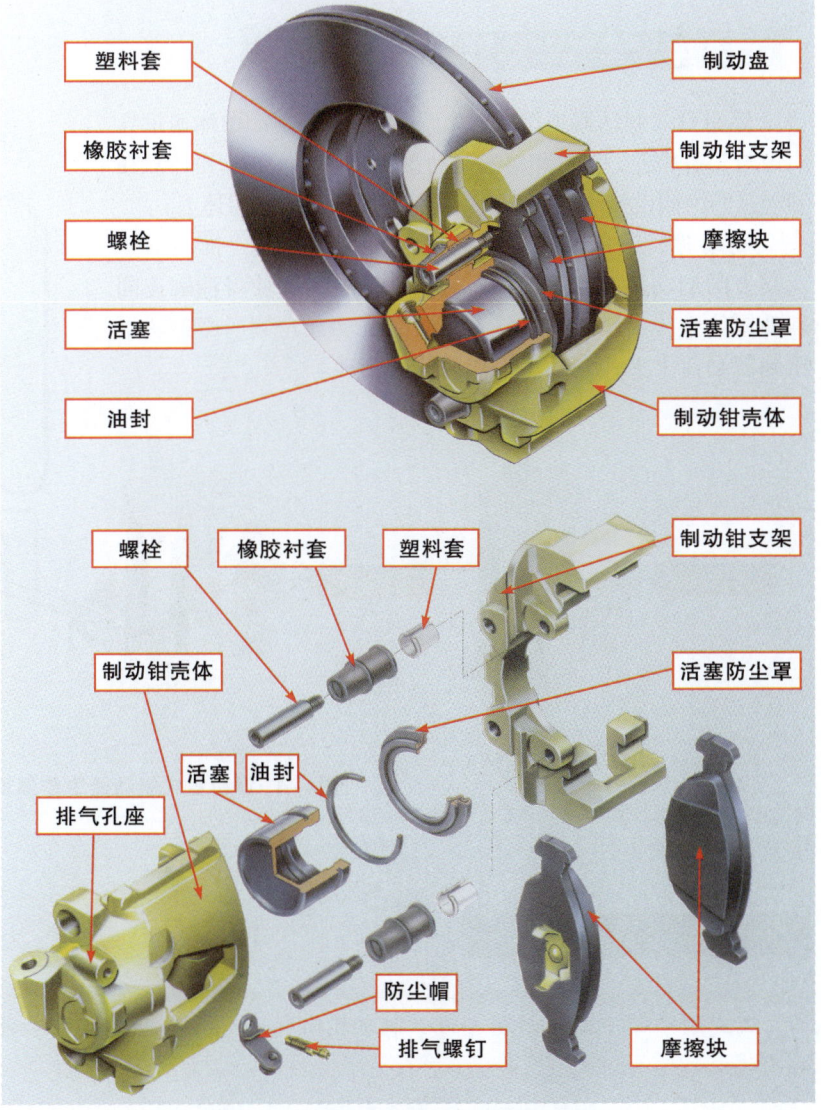

图4-2　捷达前轮浮动式盘式制动器

情境教学 汽车底盘构造与维修

1. 固定钳盘式制动器工作原理

固定钳盘式制动工作原理如图4-3所示。跨置在制动盘上的制动钳体固定安装在车桥上，它不能旋转，也不能沿制动盘轴线方向移动，其内的两个活塞分别位于制动盘的两侧。

制动时，制动油液由制动总泵（制动主缸）经进油口进入钳体中两个相通的液压腔中，将两侧的制动块压向与车轮固定连接的制动盘，从而产生制动。

这种制动器存在着以下缺点：油缸较多，使制动钳结构复杂；油缸分置于制动盘两侧，必须用跨越制动盘的钳内油道或外部油管来连通，这使得制动钳的尺寸过大，难以安装在现代化轿车的轮辋内；热负荷大时，油缸和跨越制动盘的油管或油道中的制动液容易受热汽化；若要兼用于驻车制动，则必须加装一个机械促动的驻车制动钳。

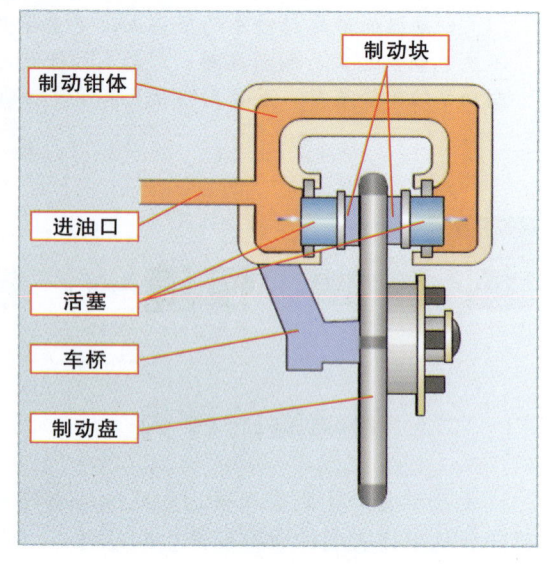

图4-3 固定钳盘式制动器工作原理

2. 浮钳盘式制动器工作原理

浮钳盘式制动器工作原理如图4-4所示。制动钳体通过导向销与车桥相连，可以相对于制动盘轴向移动。制动钳体只在制动盘的内侧设置油缸，而外侧的制动块则附装在钳体上。

制动时，液压油通过进油口进入制动油缸，推动活塞及其上的制动块向左移动，压到制动盘上，并使得油缸连同制动钳体整体沿销钉向右移动，直到制动盘左侧的摩擦块也压到制动盘上夹住制动盘，从而使其制动。

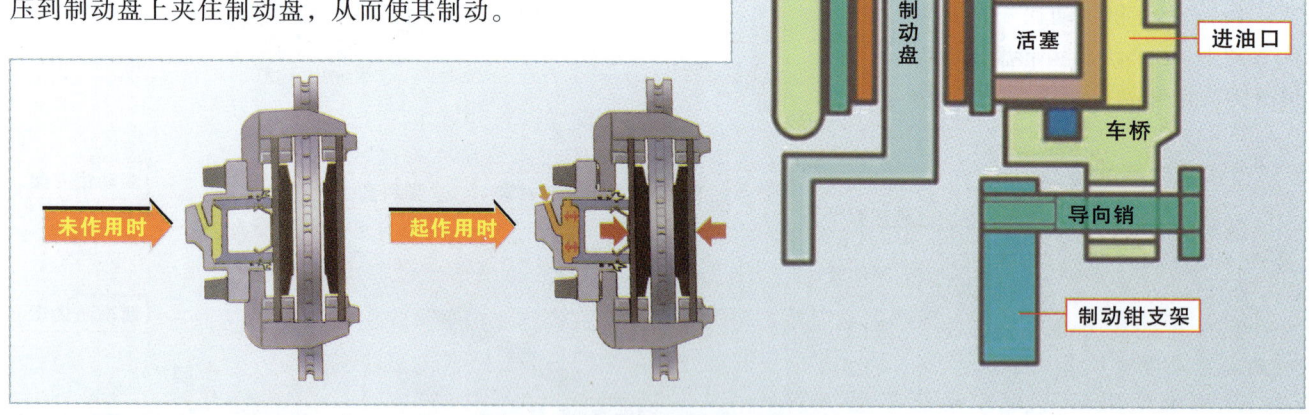

图4-4 浮钳盘式制动器工作原理

（二）鼓式制动器

鼓式制动器主要由制动底板、制动轮缸（或凸轮）、制动蹄及制动鼓等组成，捷达后轮鼓式制动器如图4-5所示。

第四部分 制动系统

鼓式制动器的结构类型很多，但从其制动蹄片的工作特征而言，制动蹄片上产生的摩擦力矩因受制动鼓旋转方向的影响有明显差异，所以鼓式制动器中的制动蹄就有领蹄和从蹄之分，各类鼓式制动器基本上就是这两种制动蹄的组合。当制动时，制动蹄受到力的作用而张开，与制动鼓的内表面发生摩擦。

鼓式制动器是利用制动蹄片挤压制动鼓来获得制动力的。

鼓式制动器按工作表面的不同，分为内张式和外束式两种。内张鼓式制动器是以制动鼓的内圆柱面为工作表面，外束鼓式制动器是以制动鼓的外圆柱面为工作表面。现代汽车上广泛使用内张双蹄鼓式制动器。

按驱动制动蹄张开装置（也称促动装置）的形式不同，鼓式制动器可分为轮缸式制动器和凸轮式制动器。前者以液压轮缸作为制动蹄促动装置，后者以凸轮作为促动装置。

按制动蹄的受力情况不同，鼓式制动器可分为领从蹄式（轮缸促动、凸轮促动）、双领蹄式（双向作用、单向作用）、自动增力式等。如图4-6所示。

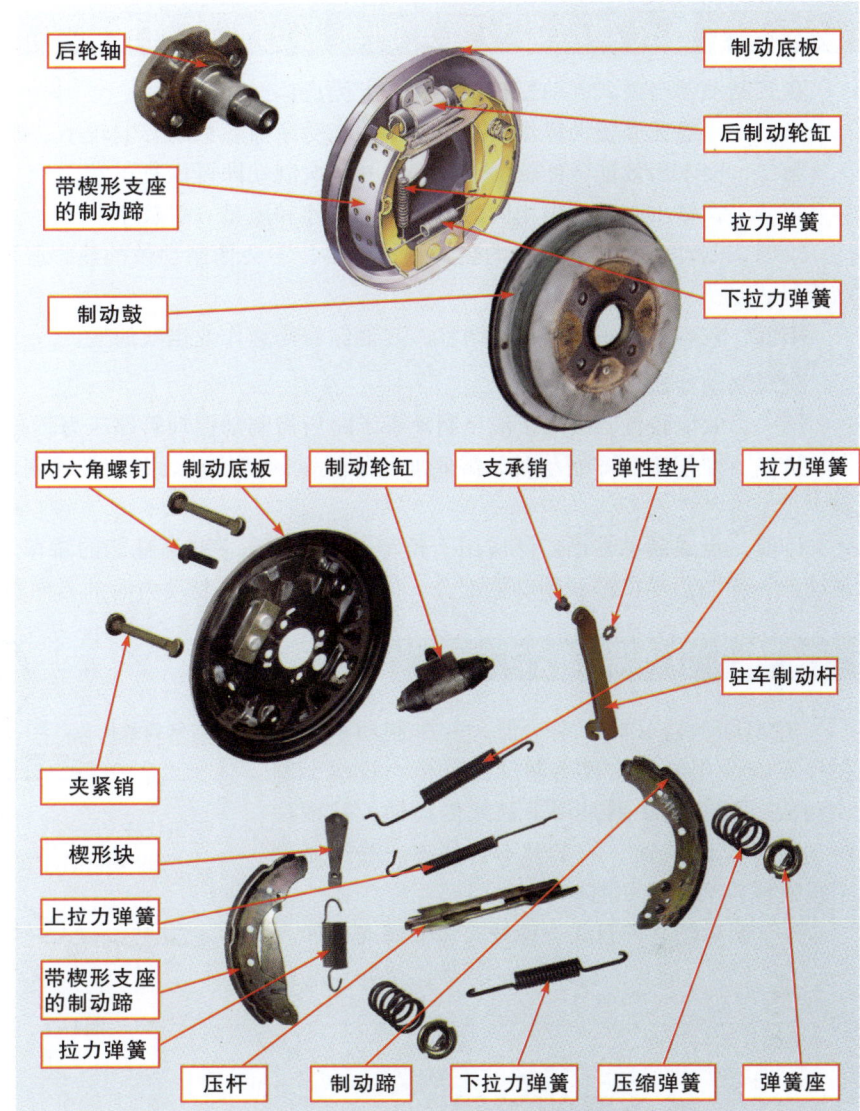

图4-5 捷达后轮鼓式制动器分解图

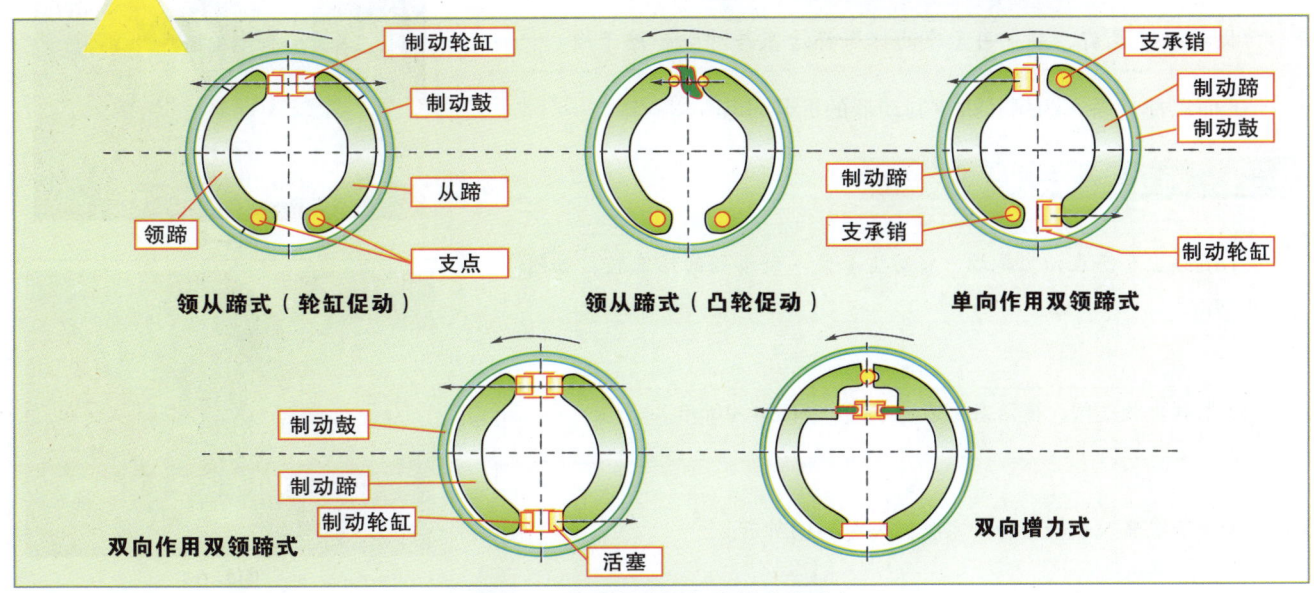

图4-6 鼓式制动器各种制动蹄受力

（三）盘式制动器与鼓式制动器的性能对比

盘式制动器与鼓式制动器相比，有以下优点：

第一，一般无摩擦助势作用，制动器效能受摩擦系数的影响较小，即效能较稳定。

第二，浸水后效能降低较少，只需经一两次制动即可恢复正常。

第三，在输出制动力矩相同的情况下，尺寸和质量一般较小。

第四，制动盘沿厚度方向的热膨胀量极小，不会像制动鼓的热膨胀那样使制动器间隙明显增加，导致制动踏板行程过大。

第五，较容易实现间隙自动调整，其他保养修理作业也较简便。

盘式制动器缺点是：

第一，效能较低，故用于液压制动系统时所需制动促动管路压力较高，一般要用伺服装置。

第二，兼用于驻车制动时，需要加装的驻车制动传动装置较鼓式制动器复杂，因而在后轮上的应用受到限制。

目前，盘式制动器已广泛应用于轿车，但除了在一些高性能的轿车上用于全部车轮以外，大都只用做前轮制动器，而与后轮的鼓式制动器配合，以期汽车有较高制动力时的方向稳定性。

（四）驻车制动器

驻车制动器又叫手制动器，驻车制动系统是在停车时使用的，主要由制动操纵杆、拉线、蹄片构成。驻车制动器是用来锁死传动轴，从而使驱动轮锁死的装置，故车辆不会移动。驻车制动系统机械传动装置如图4-7所示。

驻车制动器有蹄盘式、蹄鼓式和带鼓式三种。

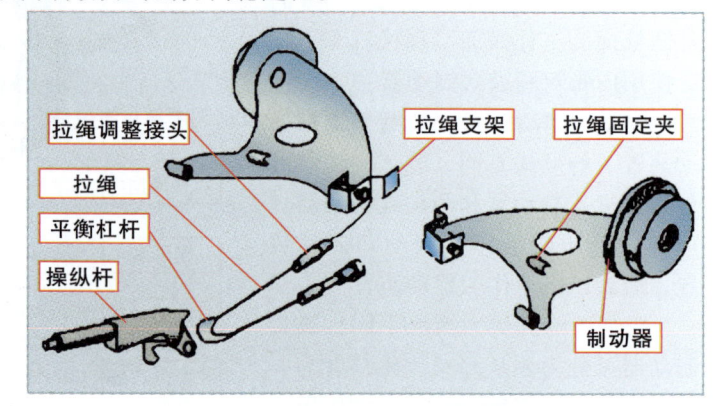

图4-7　驻车制动系统的机械传动装置

二、制动器的拆卸

👉 提示：装复前，应先用干净的抹布将活塞与防尘套擦干净。

下面以捷达轿车为例，讲讲制动器的拆装过程。

1. 前盘式制动器的安装

①用防尘套套在活塞尾端，将防尘套装入制动钳的活塞腔，如图4-8所示。

↓

②先取出放气阀，使活塞更容易装复，如图4-9所示。

↓

③将活塞压入制动钳的活塞腔，如图4-10所示。

↓

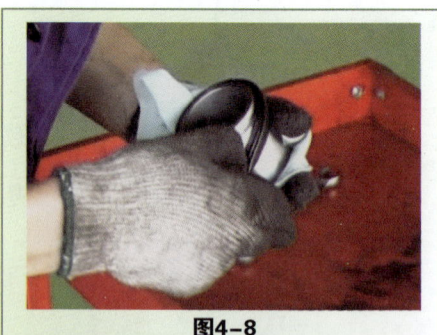

图4-8

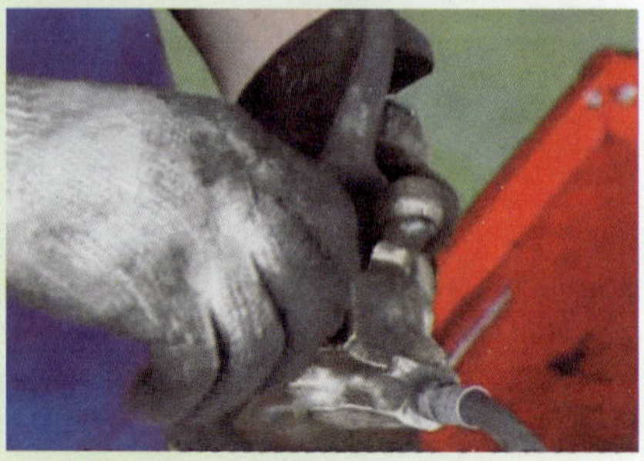

图4-9

第四部分　制动系统

图4-10

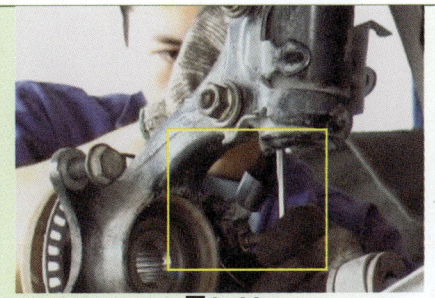
图4-11

图4-12

④先检查前轮车速传感器与转速表芯轴的间隙是否为2mm，再将其装复并拧紧紧固螺丝，如图4-11所示。

⑤装上制动盘盖板，并拧紧螺丝，如图4-12所示。

☞ 注意：

装复制动盘前先检查工作面有无严重磨损超出规定（磨损极限为10mm），若超出应更换新件。

⑥装上制动盘，拧紧紧固螺丝，如图4-13所示。

图4-13

⑦将制动钳支架安装复位，并拧紧紧固螺丝，如图4-14所示。

☞ 注意：

检查制动钳支架有无磨损变形等现象，若无则清理后可重新使用。

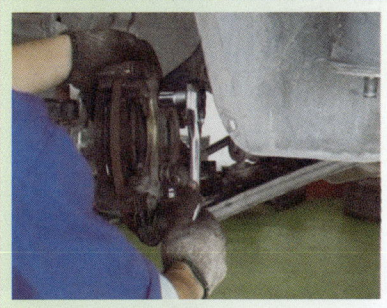
图4-14

⑧用粗砂纸打磨制动盘的两个工作面，如图4-15所示。

⑨装上制动钳中间板，如图4-16所示。

图4-15

⑩装复制动摩擦片，如图4-17所示。

☞ 注意：

先检查制动摩擦片的厚度，如小于使用限度或磨损不均匀，则应更换新件（磨损极限为7mm，包括背板）。

图4-17

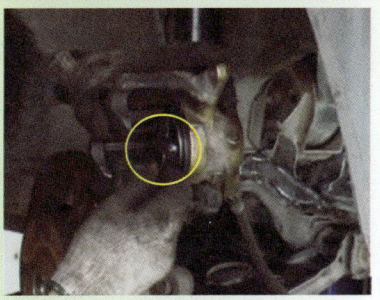
图4-16

123

情境教学
汽车底盘构造与维修

⑪将制动钳安装复位，并拧紧紧固螺母，如图4-18所示。

⑫将前轮车速传感器线束插头连接，如图4-19所示。

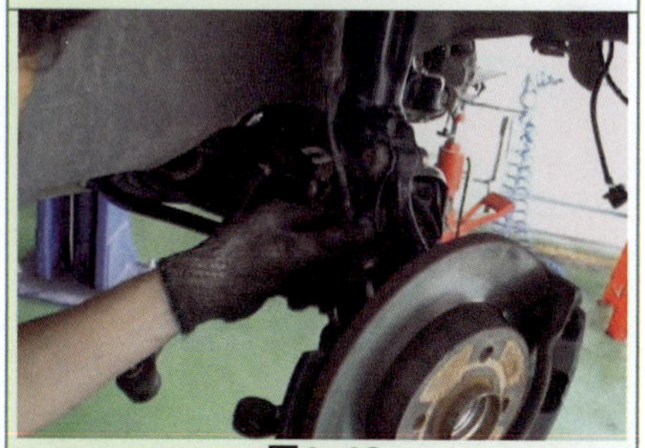

⑬将各刹车油管安装复位，然后再固定管道，在装复前必须检查刹车油管是否完好，如图4-20所示。

⑭连接各制动刹车油管接头，并拧紧，如图4-21所示。

⑮装上前轮，如图4-22所示。

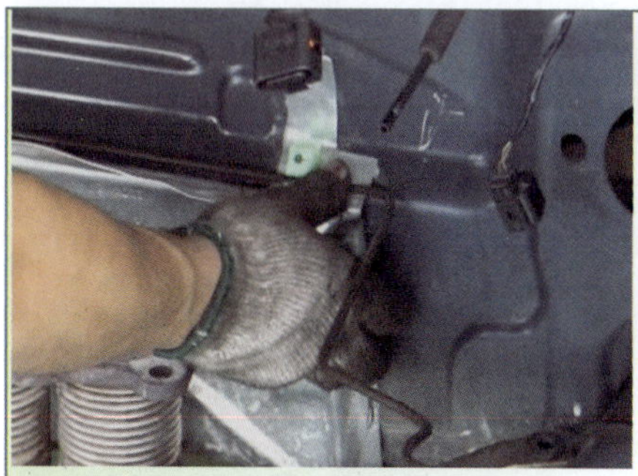

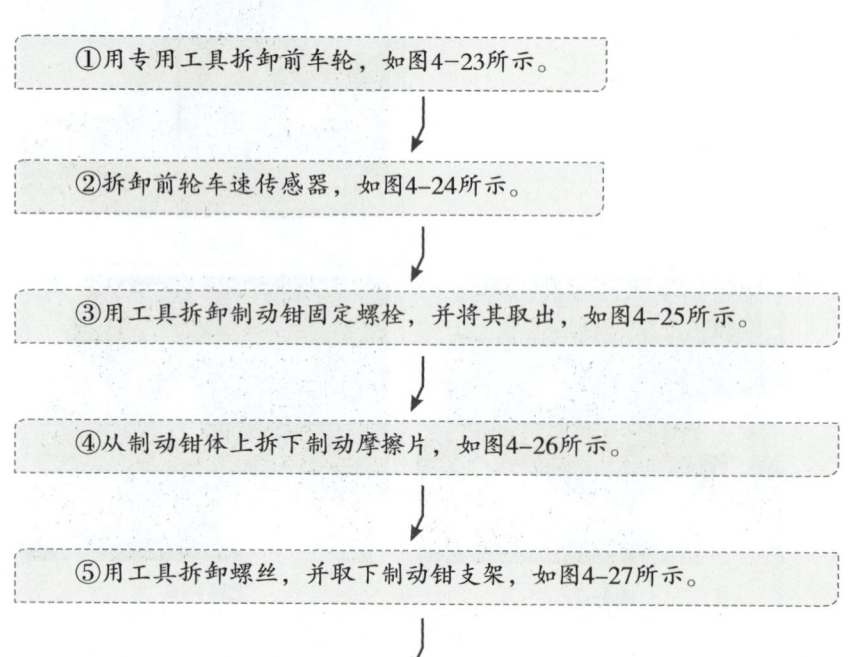

图4-20 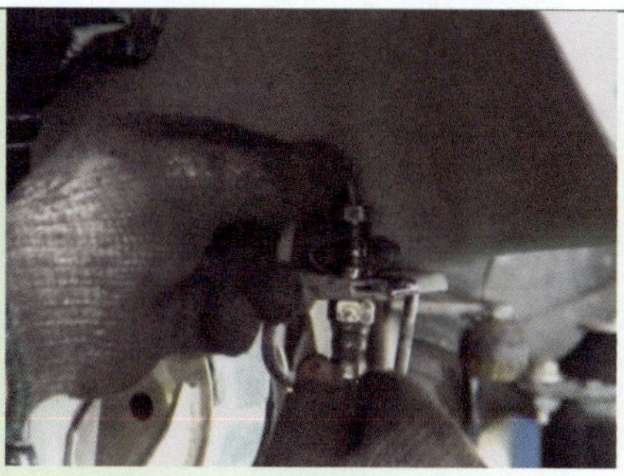　　　图4-21 　　　图4-22

2. 前盘式制动器的拆卸

①用专用工具拆卸前车轮，如图4-23所示。

②拆卸前轮车速传感器，如图4-24所示。

③用工具拆卸制动钳固定螺栓，并将其取出，如图4-25所示。

④从制动钳体上拆下制动摩擦片，如图4-26所示。

⑤用工具拆卸螺丝，并取下制动钳支架，如图4-27所示。

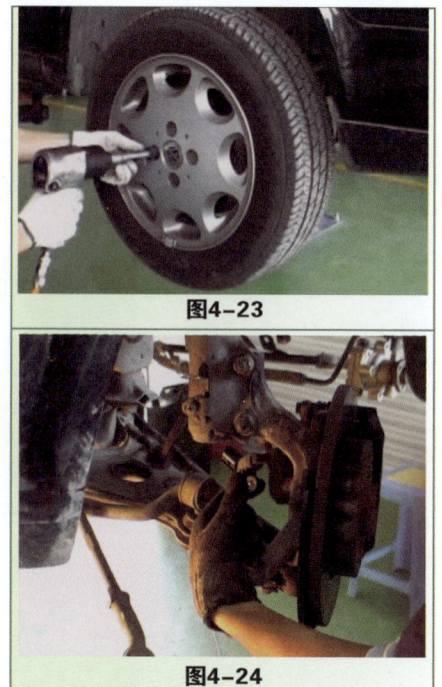

图4-18

图4-19

图4-23

图4-24

第四部分　制动系统

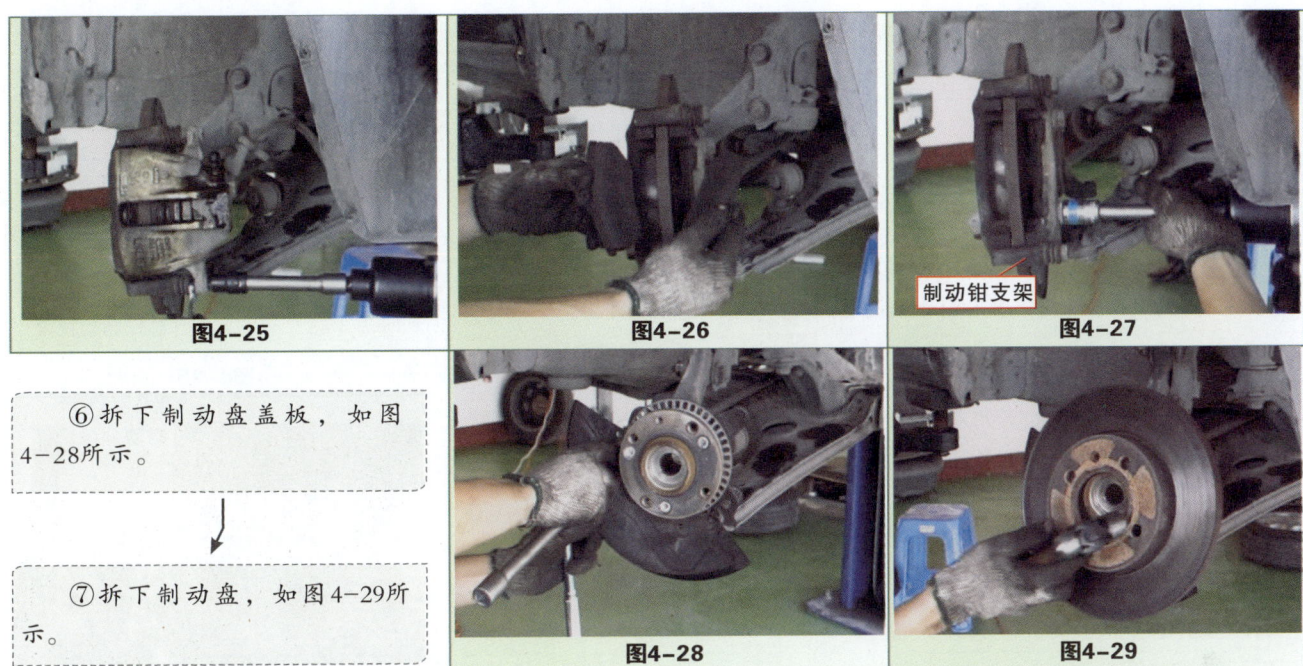

图4-25　　　　　图4-26　　　　　图4-27　制动钳支架

⑥拆下制动盘盖板，如图4-28所示。

⑦拆下制动盘，如图4-29所示。

图4-28　　　　　图4-29

3. 后鼓式制动器的拆卸

①用工具拆卸后车轮，并将其取下，如图4-30所示。

②用工具拆卸后车轮轮毂罩盖，如图4-31所示。

③撞起拆卸制动鼓，然后将其取下，如图4-32所示。

④拆卸后轮车速传感器，并将其取出，如图4-33所示。

⑤用工具拆出制动蹄弹簧座圈，并取出压力弹簧和张紧销，如图4-34所示。

图4-30

图4-31

图4-32

图4-33

图4-34

⑥先将轮毂轴装上制动托盘，然后穿上驻车制动拉索，拧紧固定螺丝，如图4-35所示。

↓

⑦装上制动分泵，连接液压油管，拧紧螺丝，如图4-36所示。

↓

⑧将轮毂轴与轮毂轴承内圈涂上适量润滑油，如图4-37所示。

↓

⑨装上轮毂轴承，再用榔头轻敲到位，然后装入自锁螺母，并用扭力扳手拧紧。注意轮毂轴承是否运动自如，如图4-38所示。

↓

⑩用工具取出拉力弹簧，如图4-39所示。

↓

⑪取出前制动蹄片，如图4-40所示。

↓

⑫用鲤鱼钳拆出驻车制动拉索，并取出后制动蹄片，如图4-41所示。

↓

⑬用工具拆卸后轮毂轴承的自锁螺母，如图4-42所示。

↓

⑭用拉器拉出轮毂轴承，如图4-43所示。

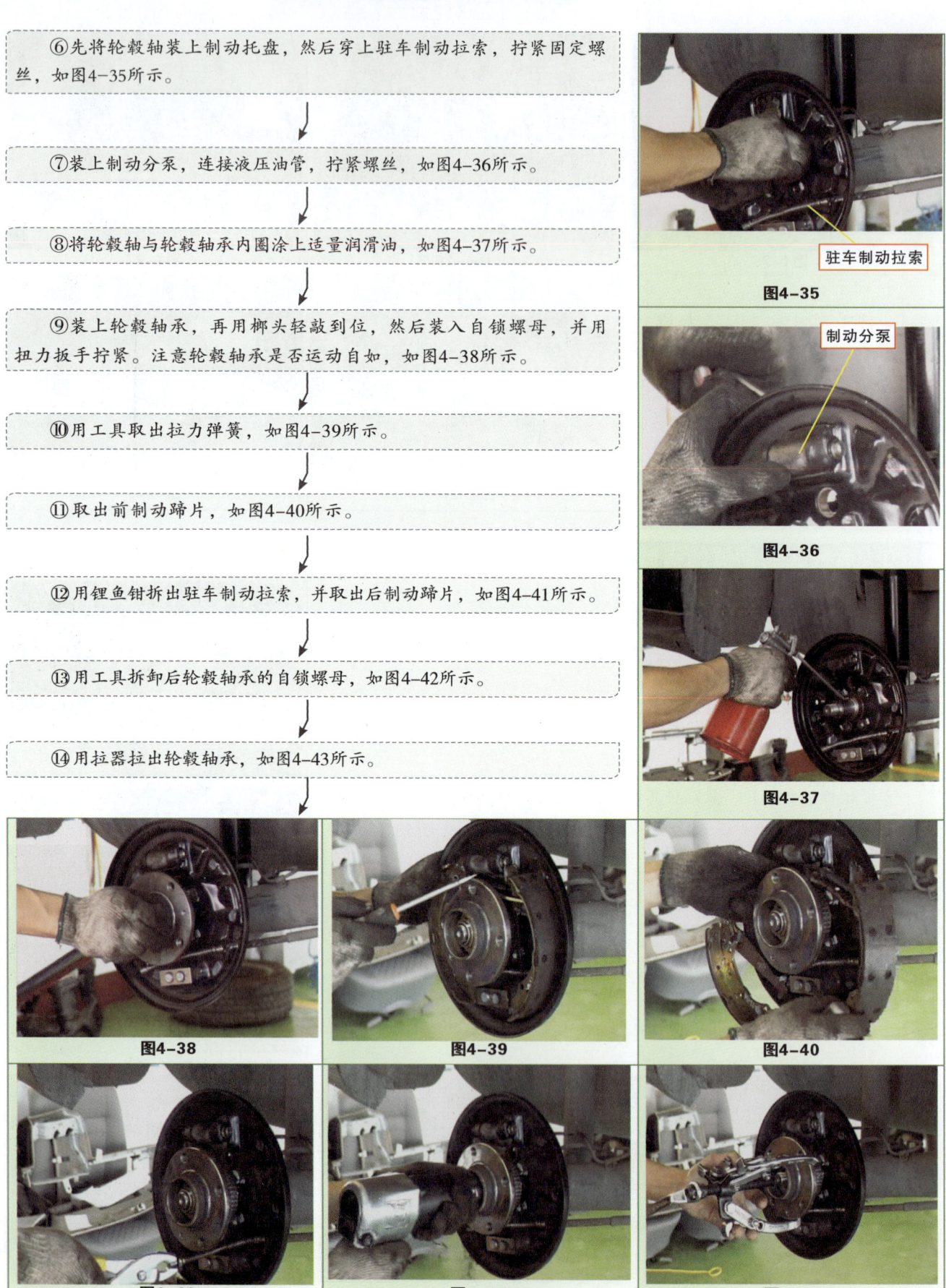

图4-35　驻车制动拉索

图4-36　制动分泵

图4-37

图4-38　图4-39　图4-40

图4-41　图4-42　图4-43

⑮用拉器拉出轮毂轴承内圈，如图4-44所示。

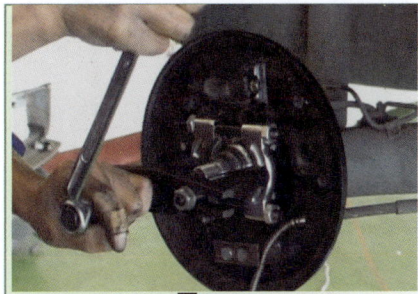

图4-44

⑯用工具拆卸制动分泵连接液压油管，拆出制动分泵的固定螺母，如图4-45所示。

⑰取出制动分泵，如图4-46所示。

图4-45

⑱用工具拆卸制动托盘的螺母，如图4-47所示。

⑲取下制动托盘和轮毂轴，如图4-48所示。

图4-46

图4-47

图4-48

4. 后鼓式制动器的安装

①先将轮毂轴装上制动托盘，然后穿上驻车制动拉索，拧紧固定螺丝，如图4-49所示。

②装上制动分泵，连接液压油管，拧紧螺丝，如图4-50所示。

③将轮毂轴与轮毂轴承内圈涂上适量润滑油，如图4-51所示。

图4-49

④装上轮毂轴承，再用榔头轻敲到位，然后装入自锁螺母，并用扭力扳手拧紧。注意轮毂轴承是否运动自如，如图4-52所示。

⑤用鲤鱼钳将驻车制动拉索与后制动蹄片连接锁紧，如图4-53所示。

图4-50

情境教学　汽车底盘构造与维修

轮毂轴承　　轮毂轴
图4-51

自锁螺母　　轮毂轴承
图4-52

装复制动蹄前先测定摩擦片的厚度（使用极限为2mm）
图4-53

⑥将制动蹄片安装复位，如图4-54所示。

⑦装入制动蹄的张紧销、压力弹簧与弹簧座圈，如图4-55所示。

⑧装入前制动蹄的张紧销、压力弹簧与弹簧座圈，如图4-56所示。

⑨将各拉力弹簧安装复位，并扣紧，如图4-57所示。

⑩用粗砂纸将制动蹄片与制动鼓表面进行打磨。
注意：测量制动鼓标准内径为180mm，使用极限为181mm，如图4-58所示。

⑪装上制动鼓，并拧上螺丝，先用榔头手柄敲击其到位，其与制动蹄片应无拖滞感，然后紧固螺丝，如图4-59所示。

图4-54

张紧销、压力弹簧与弹簧座圈
图4-55

图4-56

拉力弹簧
图4-57

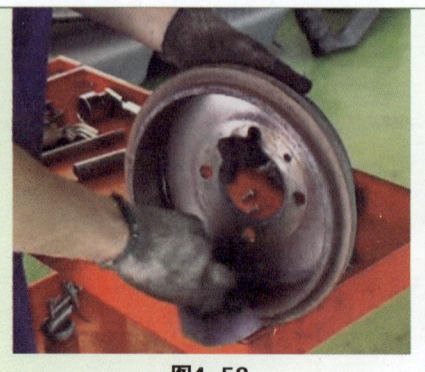
图4-58

图4-59

第四部分　制动系统

⑫装上后轮车速传感器，再拧紧螺丝，并连接插头线束，如图4-60所示。

⑬装上后轮轮毂盖，并用榔头轻敲到位，如图4-61所示。

⑭装上后车轮，并拧紧各紧固螺丝，如图4-62所示。

图4-60

图4-61

图4-62

三、制动器的检测与维修

1. 前盘式制动器的检修

（1）检查制动盘表面磨损及厚度

卸下车轮及卡钳，但不能将制动软管从钳上取下。

检查盘式制动垫及制动盘有无过度磨损、损坏。必要时应更换。卡钳销螺栓的拧紧扭矩应满足技术要求。

距制动盘端面外边缘10mm位置，沿圆周8个等分点，用千分尺测量制动盘厚度。8个测量值中厚度之间不能大于0.005mm。

若制动盘厚度超过极限，必须更换制动盘。如果厚度之差超过规定值，应更换制动盘或车削制动盘。

（2）检查制动盘的跳动

用百分表检查制动盘端面跳动量，使用极限为0.08mm。如图4-63所示。

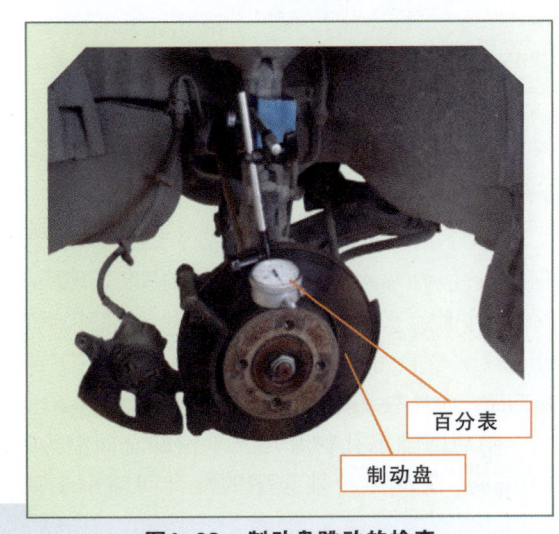

图4-63　制动盘跳动的检查

情境教学 — 汽车底盘构造与维修

（3）检查制动盘表面磨损及厚度

除检查制动盘表面的磨损外，还要用卡尺检查制动盘的厚度，标准值为12mm，使用极限为10mm，超过极限应更换。富康轿车制动盘的标准厚度为10mm（实体），使用极限为8mm；或制动盘的标准厚度为20.4mm（通风型），使用极限为18.4mm。如图4-64所示。

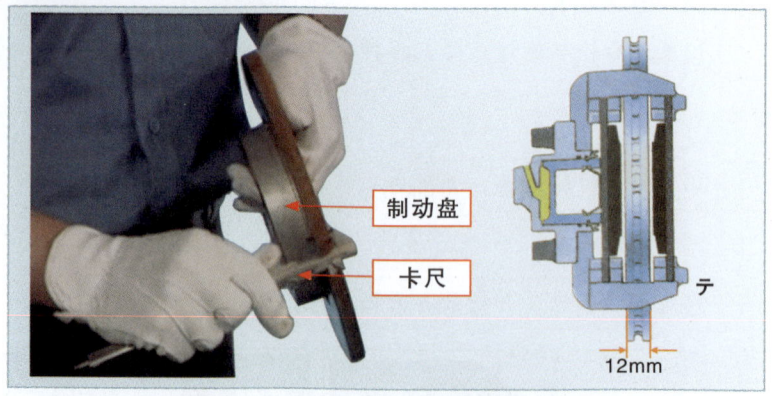

图4-64　制动盘表面磨损及厚度的检查

（4）检查制动衬片厚度

制动衬片的总厚度标准值为14mm，使用极限为7mm。制动衬片摩擦片厚度磨损极限的残余厚度应不小于0.8mm。在未拆下时，外制动衬片可通过轮辐上的孔检查其厚度，或拆下车轮后检查，如图4-65所示。

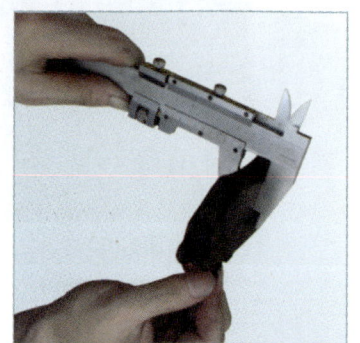

图4-65　制动衬片厚度的检查

2. 后鼓式制动器的检修

（1）制动鼓的检修

可用敲击法、直观法等检查制动鼓是否出现裂纹，鼓内壁工作面应无明显的沟槽，如沟槽深度大于0.50mm，应对制动鼓工作面进行镗削加工修复。

用带有专用架的百分表或弓形内径百分表检查工作面的磨损情况。当圆度和圆柱度误差大于0.25mm，以及工作表面与轮毂轴承中心线的同轴度误差大于0.50mm时，应对制动鼓工作面镗削加工修复。如图4-66所示。

镗削后，制动鼓工作面的几何形状相对位置和表面粗糙度应符合要求。同一轴上左右两制动鼓的内径差应小于或等于1mm。镗削修复后的制动鼓内径不能超过规定值修复尺寸的极限值：大货车为6mm，小货车为4mm，轿车为2mm。

图4-66　制动鼓的检查

（2）检查制动蹄

检查制动蹄片是否有油污、起槽、爆裂和硬化。

制动衬片厚度磨损应小于或等于1/3（衬片厚度减小的允许值为0.8~2mm）。刹车皮的铆钉不能松动，钉头离工作面大于10.5mm，刹车鼓与刹车皮的接触面大于50%，贴合良好，鼓与皮之间的间隙小于或等于0.12mm，而且两头接触、中间不接触。如图4-67所示。

制动蹄轴承孔衬套与支承销配合间隙为0.07~0.17mm。制动凸轮轴与座的配合间隙小于或等于0.30mm。

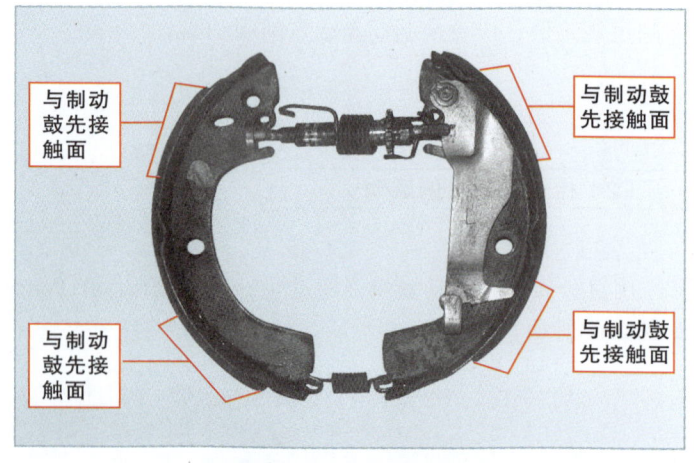

图4-67　制动蹄的检查

第四部分　制动系统

⑫装上后轮车速传感器，再拧紧螺丝，并连接插头线束，如图4-60所示。

⑬装上后轮轮毂盖，并用榔头轻敲到位，如图4-61所示。

⑭装上后车轮，并拧紧各紧固螺丝，如图4-62所示。

图4-60

图4-61

图4-62

三、制动器的检测与维修

1. 前盘式制动器的检修

（1）检查制动盘表面磨损及厚度

卸下车轮及卡钳，但不能将制动软管从钳上取下。

检查盘式制动垫及制动盘有无过度磨损、损坏。必要时应更换。卡钳销螺栓的拧紧扭矩应满足技术要求。

距制动盘端面外边缘10mm位置，沿圆周8个等分点，用千分尺测量制动盘厚度。8个测量值中厚度之间不能大于0.005mm。

若制动盘厚度超过极限，必须更换制动盘。如果厚度之差超过规定值，应更换制动盘或车削制动盘。

（2）检查制动盘的跳动

用百分表检查制动盘端面跳动量，使用极限为0.08mm。如图4-63所示。

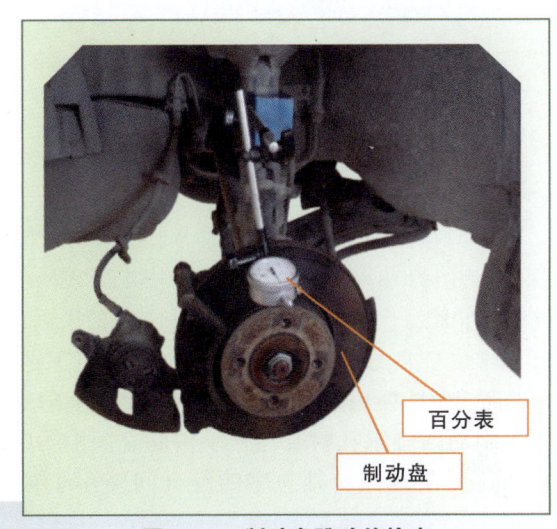

图4-63　制动盘跳动的检查

情境教学 —— 汽车底盘构造与维修

（3）检查制动盘表面磨损及厚度

除检查制动盘表面的磨损外，还要用卡尺检查制动盘的厚度，标准值为12mm，使用极限为10mm，超过极限应更换。富康轿车制动盘的标准厚度为10mm（实体），使用极限为8mm；或制动盘的标准厚度为20.4mm（通风型），使用极限为18.4mm。如图4-64所示。

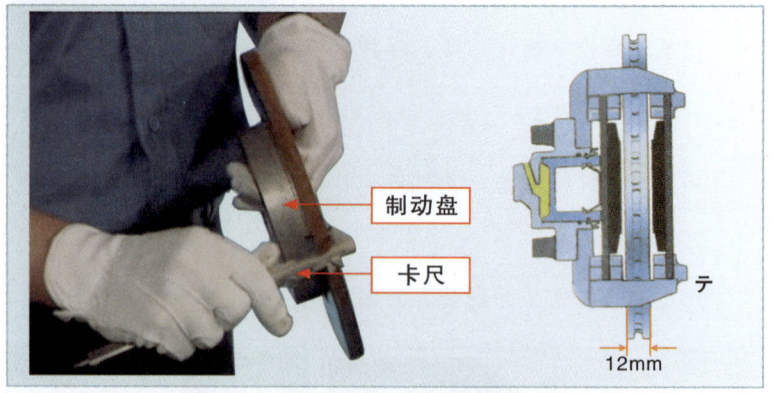

图4-64 制动盘表面磨损及厚度的检查

（4）检查制动衬片厚度

制动衬片的总厚度标准值为14mm，使用极限为7mm。制动衬片摩擦片厚度磨损极限的残余厚度应不小于0.8mm。在未拆下时，外制动衬片可通过轮辐上的孔检查其厚度，或拆下车轮后检查，如图4-65所示。

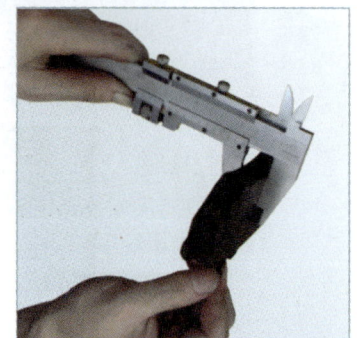

图4-65 制动衬片厚度的检查

2. 后鼓式制动器的检修

（1）制动鼓的检修

可用敲击法、直观法等检查制动鼓是否出现裂纹，鼓内壁工作面应无明显的沟槽，如沟槽深度大于0.50mm，应对制动鼓工作面进行镗削加工修复。

用带有专用架的百分表或弓形内径百分表检查工作面的磨损情况。当圆度和圆柱度误差大于0.25mm，以及工作表面与轮毂轴承中心线的同轴度误差大于0.50mm时，应对制动鼓工作面镗削加工修复。如图4-66所示。

镗削后，制动鼓工作面的几何形状相对位置和表面粗糙度应符合要求。同一轴上左右两制动鼓的内径差应小于或等于1mm。镗削修复后的制动鼓内径不能超过规定值修复尺寸的极限值：大货车为6mm，小货车为4mm，轿车为2mm。

图4-66 制动鼓的检查

（2）检查制动蹄

检查制动蹄片是否有油污、起槽、爆裂和硬化。

制动衬片厚度磨损应小于或等于1/3（衬片厚度减小的允许值为0.8~2mm）。刹车皮的铆钉不能松动，钉头离工作面大于10.5mm，刹车鼓与刹车皮的接触面大于50%，贴合良好，鼓与皮之间的间隙小于或等于0.12mm，而且两头接触、中间不接触。如图4-67所示。

制动蹄轴承孔衬套与支承销配合间隙为0.07~0.17mm。制动凸轮轴与座的配合间隙小于或等于0.30mm。

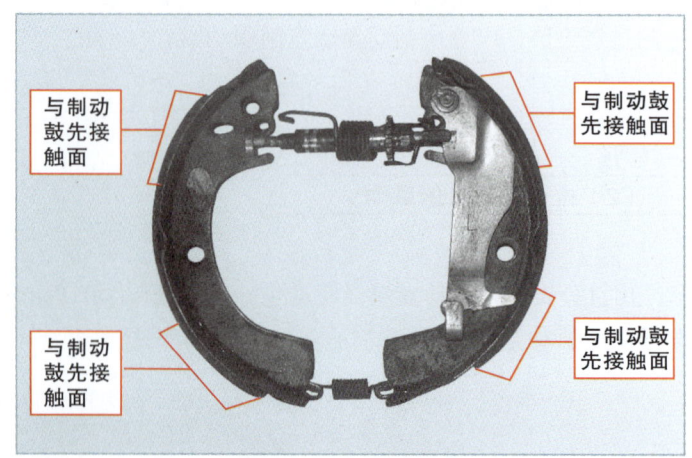

图4-67 制动蹄的检查

第四部分　制动系统

（3）检查后制动蹄衬片（摩擦片）厚度

用卡尺测量后制动蹄衬片（摩擦片）的厚度，标准值为5mm，使用极限为2.5mm。其铆钉头与摩擦片表面的深度不得小于1mm，以免铆钉头刮伤制动鼓内表面。在未拆下车轮时，可以从制动底板的观察孔中检查后制动蹄摩擦片的厚度，如图4-68所示。

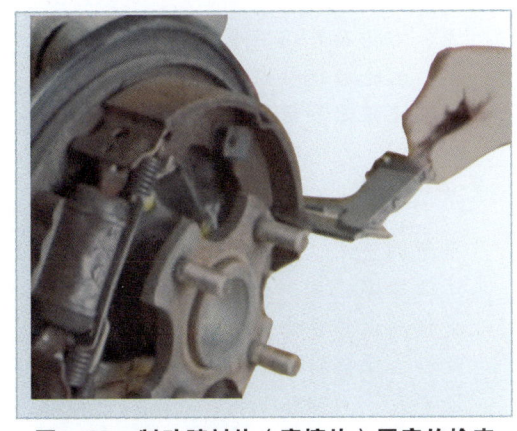

图4-68　制动蹄衬片（摩擦片）厚度的检查

四、制动器的维修实际操作

1. 鼓式车轮制动器的故障诊断与排除

（1）制动不灵

故障现象：

踩下制动踏板时制动力不足，制动距离过大，制动性能下降。

故障原因：

摩擦衬片磨损过度。
摩擦衬片表面硬化或铆钉外露。
制动鼓进水或摩擦衬片沾油。

故障排除：

调整或更换摩擦衬片。
修磨摩擦衬片，以改善其接触状况，或更换新的摩擦衬片。
排除制动鼓内积水或清洁摩擦副表面。

（2）制动跑偏

故障现象：

汽车制动时不能保持直线行驶，而是自动驶向一侧或有侧滑现象。

故障原因：

左、右制动鼓与摩擦衬片的间隙不同。
单边摩擦衬片沾油或烧结失效。
左、右摩擦衬片型号不同、质量不同。
制动蹄复位弹簧工作不良。

左、右轮胎气压不等或轮胎磨损不匀。
左、右轮毂轴承松旷。
悬架减振器异常或车架变形。

故障排除：

重新调整左、右制动鼓与摩擦衬片间隙。
清洁摩擦衬片，如烧蚀严重，应更换新摩擦衬片。
更换或调整复位弹簧。
左、右摩擦衬片选用同厂家、同型号的产品。
检查左、右轮胎气压，如不符合标准，应进行充、放气。必要时进行车轮换位或更换轮胎。
调整轮毂轴承间隙到规定要求。
更换减振器或校正车架。

（3）制动时有噪声

故障现象：

汽车制动时，制动器发出刺耳的声音。

故障原因：

摩擦片烧蚀硬化或磨损严重，以至铆钉外露。
制动鼓与制动摩擦片间有杂物。
轮毂轴承松旷。
制动鼓变形或磨损起沟槽。

故障排除：

更换摩擦衬片。
清洁制动鼓与摩擦衬片。
调整轮毂轴承间隙，如轴承损坏，应及时更换。
检查制动鼓变形情况，轻微变形可进行镗削修理，严重变形应更换新件。

（4）制动踏板行程过大

故障现象：

踏板自由行程过大，或连续踩动制动踏板时其有效行程变大。

故障原因：

制动踏板自由行程过大。
制动管路油液泄漏。
传动系统进气。
制动鼓与摩擦衬片间的间隙过大。

制动鼓磨损严重或制动蹄变形。

故障排除：

调整制动踏板自由行程。
检查、修理渗漏处管路或接头，并加足制动液。
排除传动系统中的空气，并加足制动液。
按原厂规定标准间隙重新调整制动鼓与摩擦衬片的间隙。
更换新制动鼓或制动蹄。

2. 盘式车轮制动器的故障诊断与排除

（1）制动不灵

故障现象：

踩下制动踏板时制动力不足，制动距离过大，制动性能下降。

故障原因：

制动盘与摩擦衬块接触不良。
制动盘变形。
轮缸活塞移动不畅。
摩擦表面有油污。
制动钳变形。
制动盘与摩擦衬块磨损严重。
制动盘摆动。
制动管路有渗漏。

故障排除：

研磨摩擦衬块与制动盘，改善接触状况。
调整或更换制动盘。
更换轮缸活塞。
清洁摩擦衬块表面。
检修或更换制动钳。
制动盘或摩擦衬块磨损超过极限时应更换新件。
检查制动盘工作表面的端面圆跳动量，若超过极限值，应予以车削或更换新件。
找出泄漏原因和位置进行修复，并按要求加足制动液。

（2）制动跑偏

故障现象：

汽车制动时不能保持直线行驶，而是自动驶向一侧或有侧滑现象。

情境教学 — 汽车底盘构造与维修

故障原因：

左、右制动盘与摩擦衬块间隙不等。
两前轮制动摩擦衬块表面有油污。
制动轮缸工作不良。
左、右摩擦衬块磨损不均。
左、右轮胎气压不一致或磨损不均。

故障排除：

使左、右制动盘与摩擦衬块间隙一致。
清洁摩擦衬块工作面。
调整或更换制动轮缸。
选用同厂家、同型号摩擦衬块。
调整轮胎气压或更换轮胎。
盘式车轮制动器其他故障的产生原因及排除方法参考鼓式车轮制动器。

第四部分 制动系统

思考与练习

一、填空题

1. 任何制动系都由_____、_____、_____、_____四个基本部分组成。
2. 制动器的领蹄具有_____作用,从蹄具有_____作用。
3. 所有国产汽车和部分国外汽车的气压制动系中,都采用_____。
4. 凸轮式制动器的间隙是通过_____来进行局部调整的。
5. 车轮制动器由_____、_____、_____和_____四部分构成。

二、判断题(正确的打"√",错误的打"×")

1. 等促动力的领从蹄式制动器一定是简单非平衡式制动器。 (　　)
2. 无论制动鼓正向还是反向旋转时,领从蹄式制动器的前蹄都是领蹄,后蹄都是从蹄。 (　　)

三、选择题

1. 盘式制动器摩擦块的磨损极限值为 (　　)
   A. 5mm   B. 6mm   C. 7mm   D. 8mm
2. 制动蹄鼓间隙的测量点应在蹄片的 (　　)
   A. 两端   B. 中间   C. 距端部20～30mm
3. 全盘式制动器摩擦副的固定元件和旋转元件都是(　　)形的
   A. 椭圆盘   B. 扇   C. 圆形盘   D. 散热
4. 鼓式手制动器制动鼓与制动蹄片的中部间隙为 (　　)
   A. 0.2～0.25mm   B. 0.3～0.35mm   C. 0.1～0.3mm   D. 0.4～0.45mm
5. 领从蹄式制动器一定是 (　　)
   A. 等促动力制动器   B. 不等促动力制动器
   C. 非平衡式制动器   D. 以上三个都不对。
6. 双向双领蹄式制动器固定元件的安装是 (　　)
   A. 中心对称   B. 轴对称
   C. 既是A,又是B   D. 既不是A,也不是B
7. 下列(　　)制动器是平衡式制动器
   A. 领从蹄式   B. 单向双领蹄式   C. 双向双领蹄式   D. 双从蹄式

制动主缸、制动轮缸、管路、踏板自由行程等任一环节发生损坏，均可引起制动失效、制动反应迟缓、制动跑偏、制动托滞等现象，接下来我们就带着这些问题学习液压制动传动机构。

情境二：液压制动传动机构

一、液压制动传动机构的组成

液压制动传动装置是利用特制油液作为传力介质，将制动踏板力转换为油液压力，并通过管路传至车轮制动器，再将油液压力转变为制动蹄张开的推力。

制动时，驾驶员踩下制动踏板，通过助力器助力后，使主缸内的活塞移动，将制动液自主缸内压出，并经管路分别进入前后轮制动轮缸内，使轮缸活塞移动，从而将制动蹄压靠在制动鼓、制动盘上，从而产生制动作用。解除制动时，驾驶员放松制动踏板，制动蹄和轮缸活塞在回位弹簧的作用下回位，将制动液压回制动主缸，制动作用解除。

液压制动传动机构主要由制动踏板、推杆、真空助力器、储液室、制动主缸、制动轮缸以及管路、接头等组成。如图4-69所示。

储油罐
支承销
回位弹簧
制动踏板
制动灯开关
推杆
指示灯
制动主缸
软管
轮缸
软管
前桥油管
制动蹄
前桥油罐
地板
比例阀
支承座

图4-69 液压制动传动机构的组成

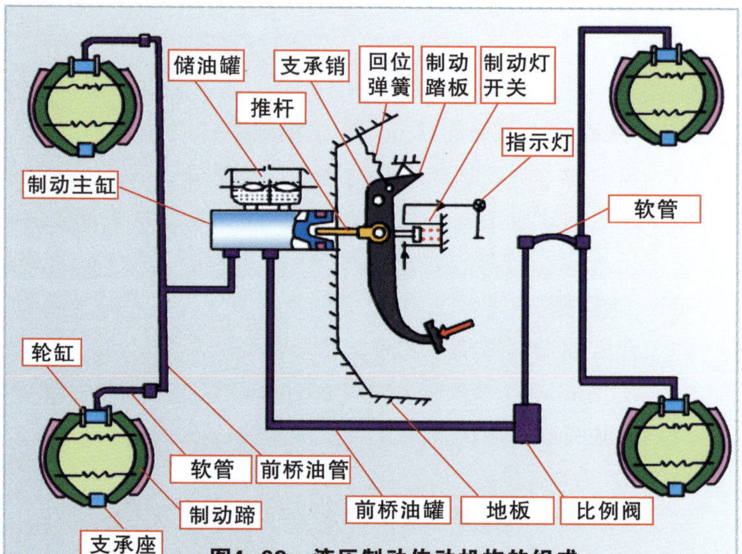

1. 管路布置

液压制动传动装置常见的布置形式有单管路和双管路两种。

（1）单管路液压传动装置

单管路是利用一个制动主缸，通过一套相互连通的管路控制全车制动器。若传动装置中一处漏油，会使整个制动系统失效。目前已经很少采用。

（2）双管路液压传动装置

是利用两个彼此独立的液压系统。当一个液压系统发生故障时，另一个液压系统仍然照常工作，从而提高了汽车制动的可靠性和安全性。现代汽车都采用双管路传动装置。

常见的双管路液压传动装置的布置形式有H形、X形和双T形等，如图4-70所示。

（a）H形布置
H形管路是两前轮共用一条管路，两后轮共用另一条管路。当前轮管路出现故障时，整车的制动力严重减少，故不能用于轿车，一般用于载重汽车。
制动主缸
制动踏板
制动器
制动轮缸
管路
压力调节阀
X形管路是对角线上的前、后轮共用一条管路。当任一条管路出现故障时，都有一前轮和一后轮承担制动作用，制动力都减少一半。但由于制动力对汽车质心的力矩作用，制动时汽车易跑偏。
（b）X形布置
双T形管路为了充分利用前轮的制动作用，采用两前轮和一后轮共用一条管路，每个前轮的两条管路是独立的。为此，前轮制动轮缸采用双腔结构。当任一管路出现故障时，都有两前轮和一后轮产生制动作用，制动性能较高。但制动系统结构复杂，成本较高。
（c）双T形布置

图4-70 制动管路的布置

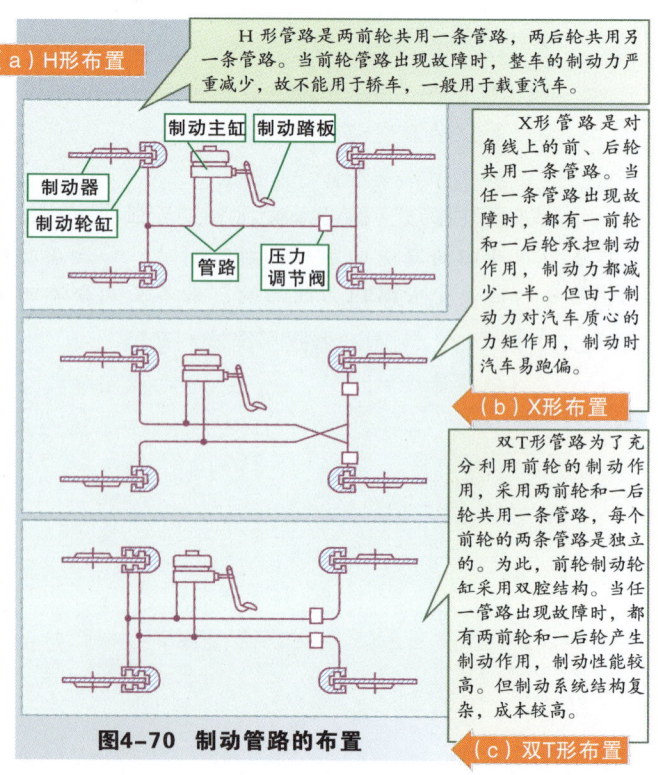

第四部分　制动系统

2. 制动主缸

制动主缸的作用是将制动踏板的机械能转换成液压能。双管路液压制动传动装置制动主缸，一般采用串联双腔或并联双腔制动主缸。

串联双腔制动主缸相当于两个单腔制动主缸串联在一起构成，如图4-71所示。主缸内有两个活塞，后活塞右端连接推杆，前活塞位于缸筒子中间，将主缸内腔分成两个腔，两腔分别与前、后两条液压管路相通，经管路通往前、后制动轮缸。储液室分别向前、后腔室供给制动液。每个腔室都有各种回位件、密封件和复合阀等装置。

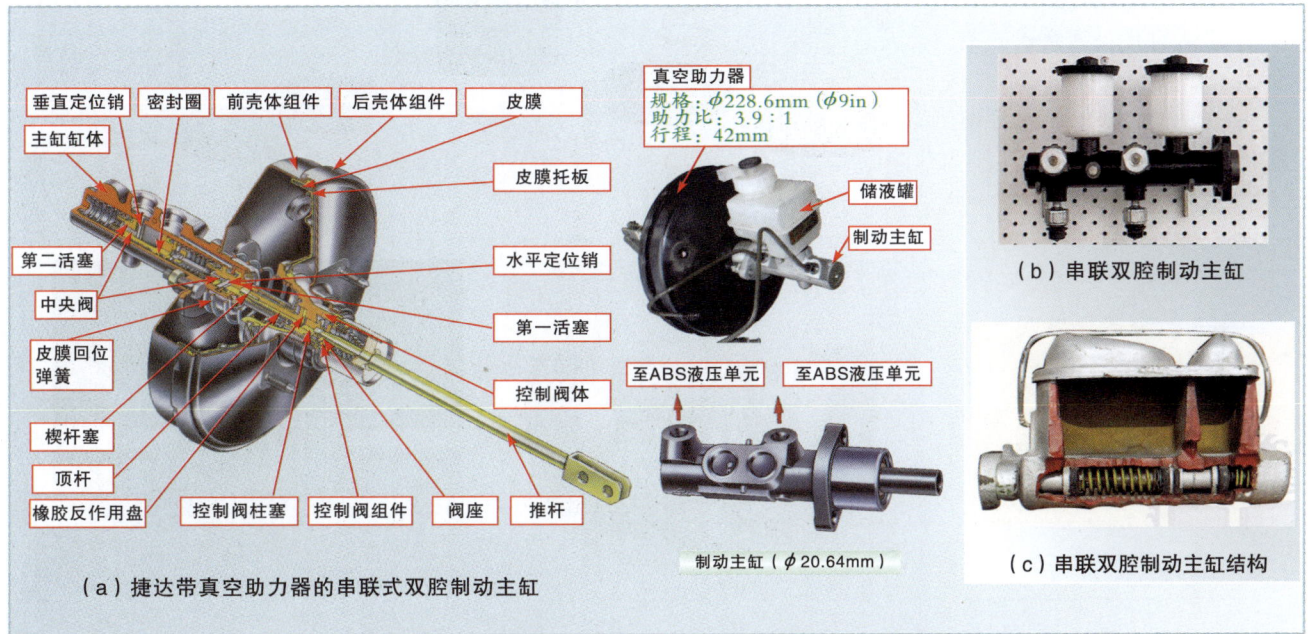

图4-71　捷达带真空助力器的串联双腔制动主缸结构

工作原理：

踏下制动踏板，主缸中的推杆向前移动，使皮碗掩盖住储液室进油口，此腔液压升高。在后腔液压和后腔弹簧力的作用下，推动前活塞向前移动，前腔压力也随之提高，前、后腔的制动液经管路通往前、后制动轮缸，使前、后轮制动器制动。

松开制动踏板，制动踏板机构、主缸前、后腔活塞和轮缸活塞在弹簧作用下回位，管路中的制动液借其压力推开回油阀流回主缸，解除制动。如活塞回位过快，则工作腔容积迅速增大，油压迅速降低。制动管路中的油液受管路阻力的影响，来不及充分流回工作腔，使工作腔形成一定的真空度，于是储油罐中的油液便经进油口和活塞上的小孔推开皮碗进入工作腔。当活塞完全回位时，补偿孔开放，制动管路中流回工作腔的多余油液经补偿孔流回储油罐。

若与前腔连接的制动管路损坏漏油，则在踩下制动踏板时，只有后腔中能建立液压，前腔中无压力。此时在液压差作用下，前活塞迅速前移到前缸活塞前端顶到主缸缸体上。此后，后缸工作腔中的液压方能升高到制动所需的值。

若与后腔连接的制动管路损坏漏油，则在踩下制动踏板时，只是后缸活塞前移，而不能推动前活塞，原因是后缸工作腔中不能建立液压。但在后缸活塞直接顶触前活塞时，前活塞前移，使前缸工作腔建立必要的液压而制动。

由此可见，双回路液压制动系统中任一回路失效时，主缸仍能工作，只是所需踏板行程加大，导致汽车的制动距离增长，制动效能降低。

情境教学

汽车底盘构造与维修

3. 制动轮缸

制动轮缸装在制动器中。作用是将液压转变为使制动蹄张开或压紧的机械促动力。轮缸是精度高而光洁的直筒。因制动器形式不同，使轮缸的数目和形式各异，常见的有双活塞式、单活塞式、阶梯式等。

双活塞式制动轮缸分解如图4-72所示。

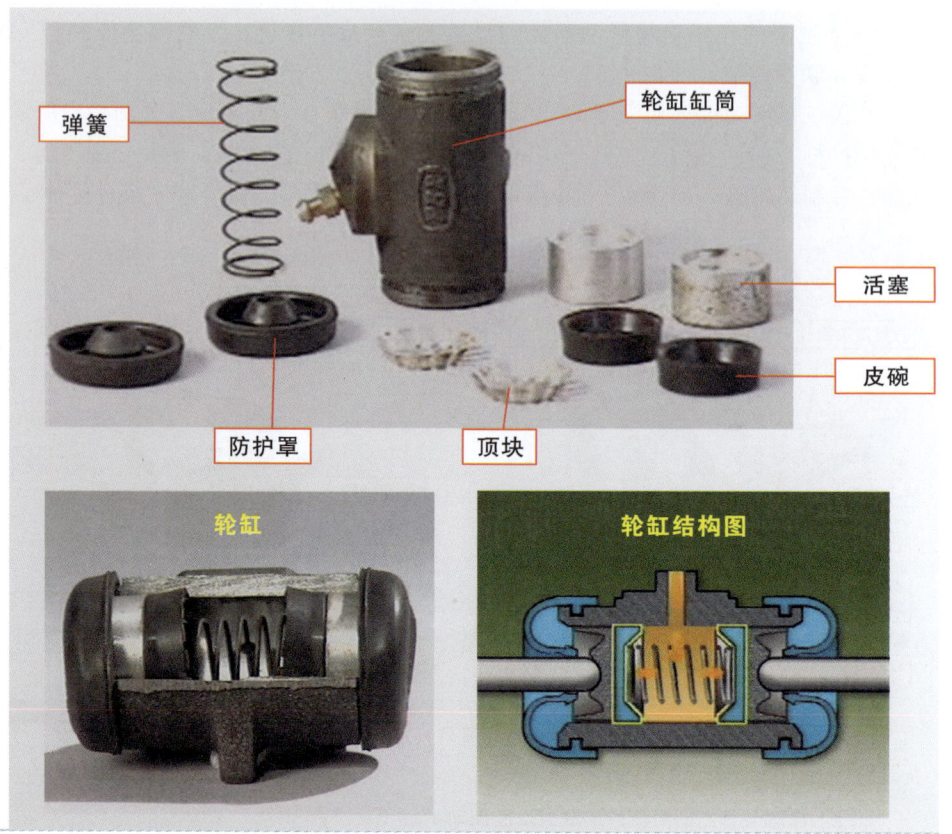

图4-72 双活塞式制动轮缸

4. 真空助力器

真空助力器固定在制动踏板前方。踏板推杆与制动踏板杠杆连接，后端以螺栓与制动主缸相连接，真空助力器中心的推杆顶在制动主缸的第一活塞杆上。因此，真空助力器在制动踏板与制动主缸之间起助力作用。真空助力器在车上的安装位置如图4-73所示。

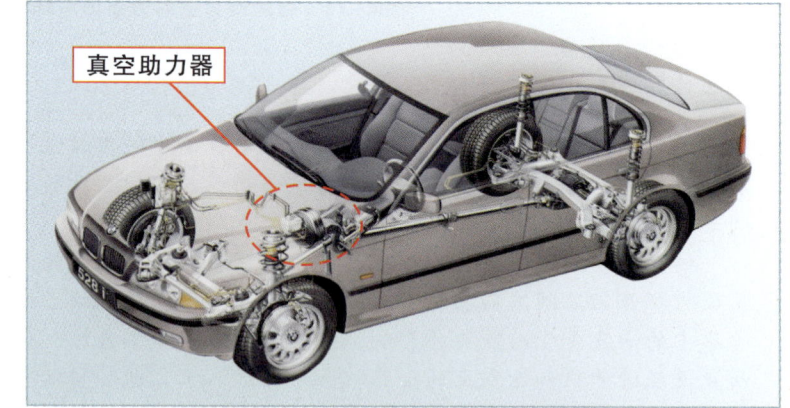

图4-73 真空助力器在车上的安装位置

工作原理：

真空助力器如图4-74所示。在真空助力器中，由膜片座将气室分为加力气室前腔和加力气室后腔。前腔经过管接头和进气管相通，制动时利用发动机进气管真空度的吸力作用产生助力，膜片座的前端用橡胶反作用盘与踏板推杆相连，橡胶反作用盘的弹力与脚感压力相当，橡胶反作用盘的后部装有空气阀，空气阀的开度与橡胶反作用盘的弹力（也就是脚踏板力）相当，踏板力大，反作用力大，阀门开度大，真空加力作用大；反之，踏板力小，真空加力作用小。当发动机熄火或真空管路漏气时，真空助力器不起助力作用，踏板推杆通过空气阀直接推动膜片座和制动主缸推杆动作，直接作用在制动主缸的第一活塞杆上，产生制动作用，由于此时无助力，制动力靠踏板压力产生。

当发动机工作，真空助力器起作用。制动时，踏下制动踏板，踏板推杆和空气阀向前推，压缩橡胶反作

第四部分　制动系统

用盘消除间隙，推动制动主缸推杆向前移，使制动主缸压力升高并传至各制动器，此时动力由司机给出；同时，真空阀和空气阀起作用，空气进入B腔，推动膜片座前移，产生助力作用，助力由进气管真空度和空气压力差决定；强力制动时，踏板力可直接作用在踏板推杆并传至推杆上，真空助力与踏板力同时起作用，强力建立制动主缸压力，强力制动维持制动时，踏板可停留在踏下的某个位置，真空助力起作用，维持制动作用。

解除制动时，放松制动踏板，真空助力器恢复原始位置，等待下一次制动的到来。

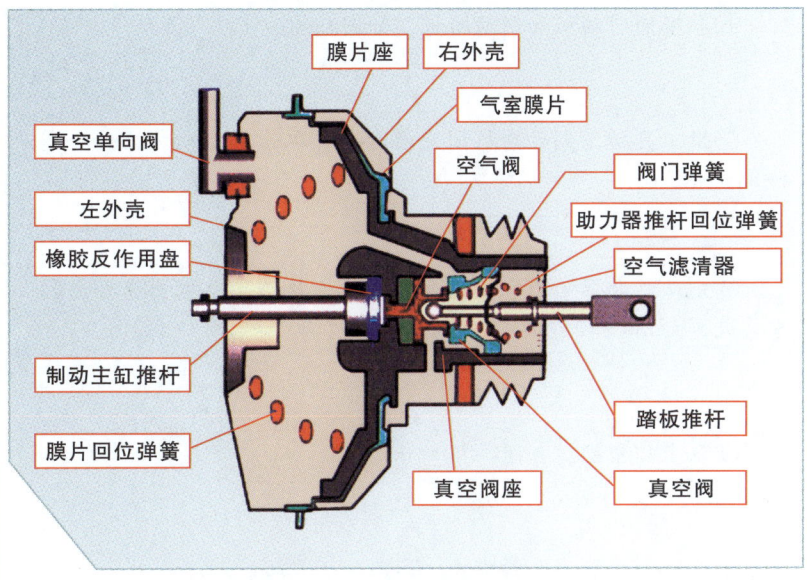

图4-74　真空助力器结构

二、液压制动操纵机构的拆卸

①用手动真空泵将制动液从储液罐中吸出，如图4-75所示。

↓

②用工具拆卸主缸到液压单元的制动管，如图4-76所示。

↓

③用工具拆卸液压单元到右前的制动管，并将其取出，如图4-77所示。

↓

④拆下真空助力器隔热板，拆卸制动总泵，如图4-78所示。

↓

⑤从液压单元拆出制动管，并取出液压单元，如图4-79所示。

图4-75

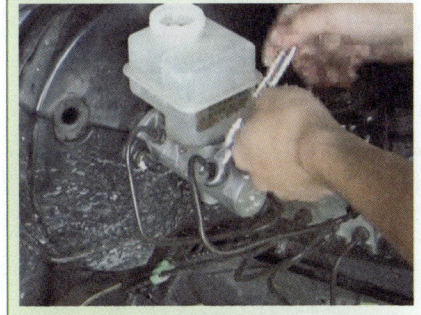

图4-76

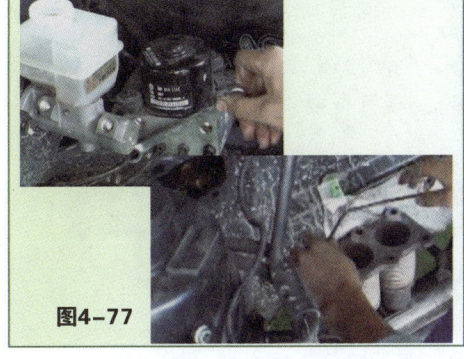

图4-77

图4-78

图4-79

情境教学
汽车底盘构造与维修

⑥取下油门踏板和制动踏板，如图4-80所示。

↓

⑦用工具拆下制动踏板固定螺母，并取出真空助力器，如图4-81所示。

↓

⑧先从离合器踏板取出离合器拉索连接头，再取出离合器拉索总成，如图4-82所示。

↓

⑨取出锁紧圈，如图4-83所示。

↓

⑩取出制动和离合器踏板，如图4-84所示。
注意：安装与拆卸顺序相反。

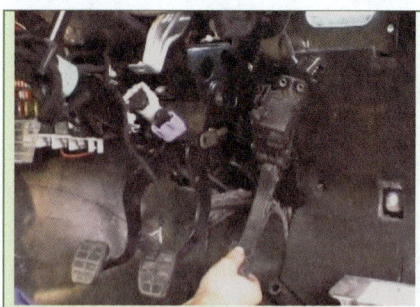

图4-80

图4-81

图4-82

图4-83

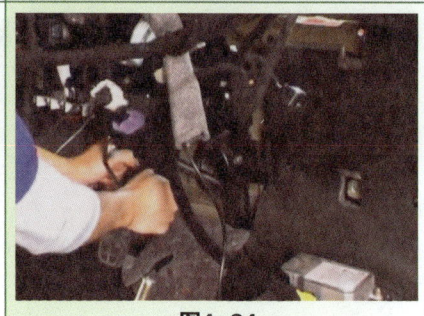

图4-84

三、液压制动操纵机构的检测与维修

1. 制动主缸的检修

检查缸筒内壁工作面磨损状况，工作面上不允许有麻点和划痕。若圆柱度误差大于0.025mm，或缸筒内壁磨损大于0.12mm，或泵筒与活塞配合间隙大于0.15mm时，应更换新件或镶套修复。镶套时，套的材料应选用灰铸铁。压入时，两接触表面可涂一层环氧树脂或白漆。压入后，镗削至标准尺寸，选配标准活塞。

当检查活塞与缸筒配合间隙超过0.13mm时，应更换主缸；如果是由于活塞磨损过多而造成的，只需更换活塞即可。

检查缸筒内壁上的锈蚀、麻点，不在皮碗行程内时，允许继续使用。

检查缸体，不得有任何性质的裂纹、缺口、破损等损伤。轻微者应予焊修，严重者应予更换。

检查活塞上的星形阀是否松脱、破裂，若有应予重铆或更换。

检查出、回油阀门是否失效，皮碗、密封圈是否发胀、变形、破损，防尘罩损坏时一律更换新件。

检查主缸回位弹簧，应正直、弹力大，并按表4-1中技术条件进行检验，不符合要求时一律更换。

表4-1 制动主缸技术条件

汽车型号	零件名称	自由长度（mm）	压缩试验	
			负荷（N）	压缩长度（mm）
跃进 NJ130 NJ230	主缸弹簧	100	53~59	≥60
北京BJ212	主缸弹簧	107	55~70	≥67

第四部分　制动系统

2. 轮缸的检修

轮缸主要零件的检修与主缸相同。更换轮缸时，其规格必须与原车轮缸相同。

同一桥上的两只轮缸的内径必须相同，以保证得到相等的制动力，防止制动跑偏。

螺套锥面应平滑、规整，不得有凹槽和破损，否则应予修复。

轮缸弹簧技术要求应符合表4-2的规定。

表4-2　制动主缸、轮缸弹簧技术条件

汽车型号	零件名称	自由长度（mm）	压缩试验	
			负荷（N）	压缩长度（mm）
跃进 NJ130 NJ230	前轮缸弹簧	65	8.5~10.5	≥25
北京BJ212	后轮缸弹簧	42	25~35	≥17

为了检验主缸和轮缸的修理质量，保证主缸、轮缸工作的可靠性，主缸和轮缸修复后，必须进行密封性和承压试验。试验设备如图4-85所示。试验时，把制动主缸装在试验台上，然后旋转手柄，使压力达到8.82×10^3kPa，并保持3min，在此时间内，制动主缸及油管接头不得漏油，油压下降不超过2.94×10^2kPa为合格。试验轮缸时，应把开关闭合后进行。主缸和轮缸也可同时进行试验，试验中发现故障应及时排除。

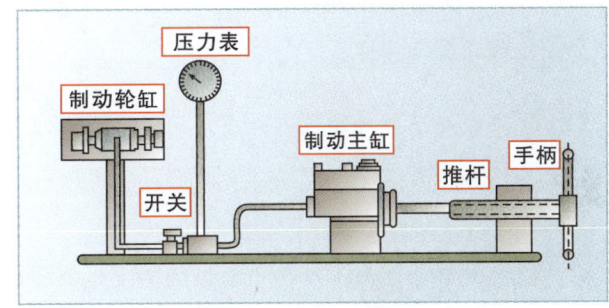

图4-85　主缸、轮缸试验

3. 调整踏板自由行程

液压制动踏板自由行程实际上是主缸推杆与活塞之间的间隙在踏板上的反映。

跃进NJ130型汽车的踏板自由行程为8~14mm，活塞与推杆之间的间隙为1.5~2.5mm，用改变推杆的长度来调整，如图4-86所示。调整时，把推杆锁紧螺母旋松，然后转动推杆。如果推杆伸长，踏板自由行程缩小，反之增大。

北京BJ212型汽车制动踏板的自由行程为10~15mm，活塞与推杆之间的间隙为1.2~2.0mm，是通过连接主缸推杆与制动踏板的偏心调整螺栓来进行调整的。如图4-87所示。

注：活塞与推杆之间留有一定的间隙，是迅速制动和彻底解除制动的必要条件。如果没有此间隙，活塞与皮碗不能退回到最后的位置，皮碗就有可能把回油孔堵塞，制动不能彻底解除；如果留的间隙太大，又会增大踏板的自由行程，使制动力产生过迟的状况，严重时，由于踏板自由行程过大，一次将踏板踩到底，不能产生最大的制动力，需反复踩动踏板，才能有制动作用。

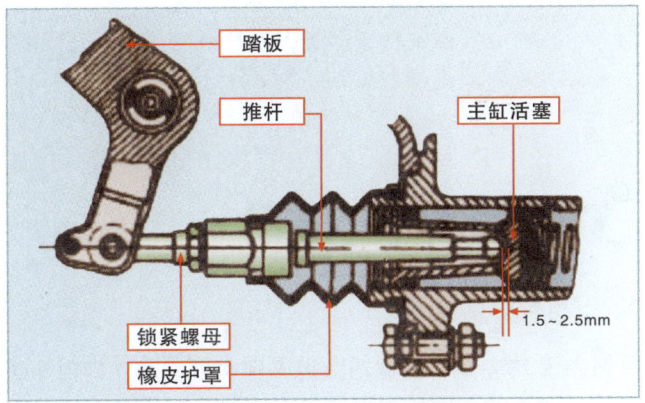

图4-86　跃进NJ130型制动主缸驱动机构

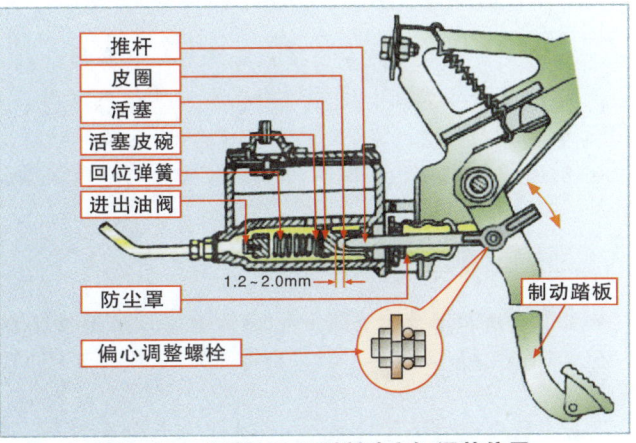

图4-87　北京BJ212型制动主缸调整位置

四、液压制动操纵机构的维修实际操作

1. 制动失效

故障现象：

汽车在行驶中使用制动时不能减速，连续踩下制动踏板时各车轮不起制动作用。

故障原因：

制动主缸内无制动液或缺少制动液。
制动主缸内皮碗破损或踏翻。
制动油管破裂或接头漏油。
某机械连接部位脱开。

故障诊断与排除：

①连续踩下制动踏板不升高，同时感到无阻力，应先检查主缸是否缺油，再检查油管和接头有无破损之处，如有应修理或更换。

②若无漏油之处，应检查各机械连接部位有无脱开，如有应修复。

③若主缸推杆防尘罩处严重漏油，大多是主缸皮碗严重损坏或踏翻所致；若车轮制动鼓边缘有大量油液，则是轮缸皮碗损坏或顶翻所致。

2. 制动反应迟缓

故障现象：

汽车行驶中，将制动踏板踩到底后不能立即停车，制动减速小，制动距离长。

故障原因：

制动主缸油液不足或变质；活塞与缸壁磨损严重，配合松旷；补偿孔和回油孔堵塞；主缸阀门损坏。
制动鼓磨损失圆、过薄变形或有沟槽；制动摩擦片有油污、硬化或铆钉外露；制动鼓与制动蹄接触面积过小；制动间隙过大。
制动管路中渗入空气，油路不畅通，制动液变质。

故障诊断与排除：

①踏板位置踩下很低，制动效果差；连续数次踩下踏板后，踏板高度才渐渐升起，并有弹性。这主要是因为管路中有空气，应予以排除。

②踩下踏板，位置高度正常，但制动效果差。这大多是车轮制动鼓失圆，制动蹄接触不良、硬化、油污或铆钉外露等因素所致，应予以检修排除。

③连续踩下踏板，踏板位置能升高，但不能保持，有下沉感。这说明制动系统中有漏油处或主缸关闭不严，应检修。

④连续踩下踏板，踏板位置能升高，制动效果好转。这可能是踏板自由行程太大，或制动间隙过大，或主缸回油阀关闭不严所致。应调整踏板自由行程或制动间隙，必要时检查主缸回油阀，若有损坏应更换。

⑤连续数次踩下踏板，踏板位置不能升高。这一般是制动主缸补偿孔或回油孔堵塞所致，应检查疏通；或制动液质量差，易受热蒸发导致严重亏缺。

3. 制动跑偏

故障现象：

汽车制动时，左、右车轮制动力不等或制动生效时间不一致，导致汽车向制动力较大或制动作用较早一侧行驶的现象，紧急制动时出现扎头或甩尾的现象。

故障原因：

左、右车轮制动间隙大小不一致；接触面积相差太大；摩擦片材料、质量不一样。
左、右制动鼓内径相差过多；回位弹簧拉力相差太大；轮胎气压高低不一样。
个别车轮摩擦片有油污、硬化或铆钉外露；轮缸内活塞运动不灵活，皮碗发胀或油管堵塞；制动鼓失圆，单边管路凹瘪或有气阻。
车架变形；前轴外移；前、后轴不平行；两前钢板弹簧弹力不一样。

故障诊断与排除：

①汽车行驶中使用制动，汽车向左偏斜，即为右轮制动性能差；反之，则为左轮制动性能差。

②制动停车后，察看轮胎在路面上的拖印情况，拖印短或没有拖印的车轮即为制动有故障的车轮。

③查出有故障的车轮后，先检查该车轮制动管路是否漏油，轮胎气压是否充足，如果正常，检查制动间隙是否合乎规定，不符合时予以调整。与此同时，结合排除轮缸里的空气，若仍无效，应拆下制动鼓，按原因逐一检查各件，特别是制动鼓的尺寸和精度等。

④经上述检修后，若各个车轮拖印基本符合要求，但制动仍跑偏，则故障不在制动系，应检查车架或前轴的技术状况。如果出现忽左忽右的跑偏现象，则应检查是否是前束或直拉杆与横拉杆的球头销松旷。

4. 制动拖滞

故障现象：

在行车制动中，当抬起制动踏板时，全部或个别车轮仍有制动作用，致使车辆起步困难，行驶阻力大，制动鼓发热。

故障原因：

制动踏板没有自由行程，回位弹簧过软或折断。
踏板轴锈滞、发卡而回位困难。
主缸皮碗、皮圈发胀，活塞变形或被污物粘住。
主缸活塞回位弹簧过软或折断。
制动间隙过小；制动蹄回位弹簧过软或失效，制动蹄在支承销上不能自由转动。
制动轮缸皮碗胀大，活塞变形或被污物粘住。
制动管路凹瘪、堵塞，导致回油不畅。
制动液太脏，黏度太大，回油困难。

故障诊断与排除：

①汽车行驶一段路程后，用手抚摸各制动鼓，若全部发热，说明故障在制动主缸；若个别车轮发热，则故障在该车轮制动轮缸。

②若故障在制动主缸，应先检查踏板自由行程。如果无自由行程，一般为主缸推杆与活塞的间隙过小或没有间隙，应调整；如果自由行程符合标准，则应拆下主缸储液罐加油螺塞，踩下踏板慢慢回位，看其回油状况。若不回油，则为回油孔堵塞；若回油缓慢，则为皮碗、皮圈发胀或回位弹簧无力，或是油液太脏、黏度太大。此时，应检查油液清洁度。若油液清洁、黏度适当，则应检查主缸，同时检查踏板回位弹簧是否良好无损，必要时进行修理或更换。

③若故障在制动轮缸，可顶起有故障的车轮，旋松制动轮缸放气螺钉。如果制动液随之急速喷出，车轮也立即旋转自如，说明管路堵塞，轮缸不能回油，此时应疏通油管。如果旋转车轮仍有拖滞，可检查制动间隙和回位弹簧，若正常，应拆检制动轮缸，必要时应更换活塞、皮碗。

第四部分　制动系统

思考与练习

一、判断题（正确的打"√"，错误的打"×"）

1. 液压制动系放气，先从主缸开始，再从离主缸最远的轮缸由远至近放气。（　　）
2. 液压式动力转向装置按液流形式可分为常流式和常压式两种。（　　）
3. 液压制动汽车制动时一脚到底无制动，再踩几次仍无制动的原因之一是无制动液。（　　）

二、选择题

当液压制动系管路漏损时，其制动效率和制动踏板行程产生变化是（　　）

A. 制动效率降低　　　　　　　　B. 制动行程增大

C. 制动效率不变、行程增大　　　D. 制动效率既降低制动行程又增大

储气筒内无压缩空气，制动控制阀进气阀不能打开或排气阀不能关闭，气管堵塞，制动控制阀或制动气室膜片破裂漏气，制动踏板与制动控制阀拉臂脱节的状况均有可能引起制动失效。下面我们来学习气压制动操纵机构。

情境三：气压制动操纵机构

气压制动操纵机构是用压缩空气作为源动力，使车轮产生制动。制动时，驾驶员通过控制制动踏板的踏板力释放出不同数量的压缩空气，控制制动气压的大小，得到不同的制动强度。

气压制动操纵机构的特点：踏板行程较短，操作轻便，制动力大，消耗发动机的动力，装置结构复杂，液压制动柔和平稳。气压制动普遍应用于中、重型汽车上。

一、气压制动操纵机构类型

气压制动操纵机构的组成与布置形式因车而异，但总的工作原理是相同的。常见的布置形式有单管路和双管路两种。

1. 单管路气压制动操纵机构

单管路气压制动传动装置一般由空气压缩机、储气筒、气压表、调压机构、制动控制阀、制动气室、制动开关和管路等组成。目前已很少见。

2. 双管路气压制动操纵机构

气压制动双回路如图4-88所示。双管路气压制动操纵机构备有两个主储气筒。单缸空气压缩机产生的压缩空气先通过单向阀输入湿储气筒进行油水分离，然后分成两个回路，一个回路经过储气筒、并列双腔制动阀的后腔而通向前制动气室；另一回路经过主储气筒、并列双腔制动阀的前腔和快放阀而通向后制动气室。

当其中一个回路发生故障失效时，另一个回路仍能继续工作，以维持汽车一定的制动能力，从而提高汽车行驶的安全性。

双腔制动阀通过制动踏板来操纵。不制动时，前、后制动气室分别经制动阀和快放阀与大气相通，而与来自储气罐的压缩空气隔绝，因此所有车轮制动器均不制动。当驾驶员踩下制动踏板时，制动阀首先切断各制动气室与大气的通道，并接通与压缩空气的通道，于是两个主储气罐便各自独立地经制动阀向前、后制动气室供气，促动前、后制动器产生制动。

在气压制动双回路示意图中有一条通向挂车制动回路的气路。在不制动的情况下，前制动储气罐通过挂车制动、挂车分离开关、接头向挂车储气罐充气；制动时，双腔制动阀的前、后腔输出气压都通入梭阀，由于两腔输出的气压不可能一致，梭阀只让压力较高的压缩空气输入挂车制动阀，后者输出的气压又控制装在挂车上的制动阀，使挂车产生制动。

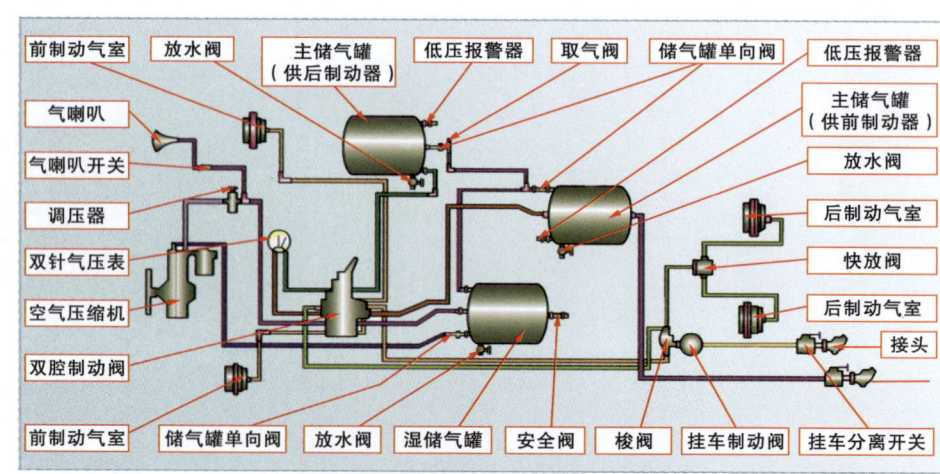

图4-88　气压制动双回路示意图

第四部分　制动系统

二、气压制动操纵机构的供能装置

气压制动操纵机构的供能装置包括空气压缩机、储气筒、调压及卸荷阀、滤清器、油水分离器、空气干燥器、防冻器、多回路压力保护阀等部件。

1. 空气压缩机

空压机是气压制动系统的动力来源，它由发动机驱动。空压机具有和发动机类似的曲柄连杆机构，空压机运转时，活塞随之上下往复运动。当活塞下行时，外界空气经空气滤清器和进气阀被吸入气缸；活塞上行时，缸内空气被压缩，压力升高，克服排气阀弹簧的预紧力使排气阀开启，压缩空气便充入储气筒。

空气压缩机的主要易损零件是活塞、活塞环、活塞销、缸盖垫片和连杆等。在修理过程中，直接更换损坏零件即可恢复效能。

空气压缩机多为空气冷却往复活塞式，由发动机通过V带或齿轮驱动。按其缸数可分为单缸和双缸两种，其工作原理相同。

（1）单缸空气压缩机

单缸空气压缩机如图4-89所示。

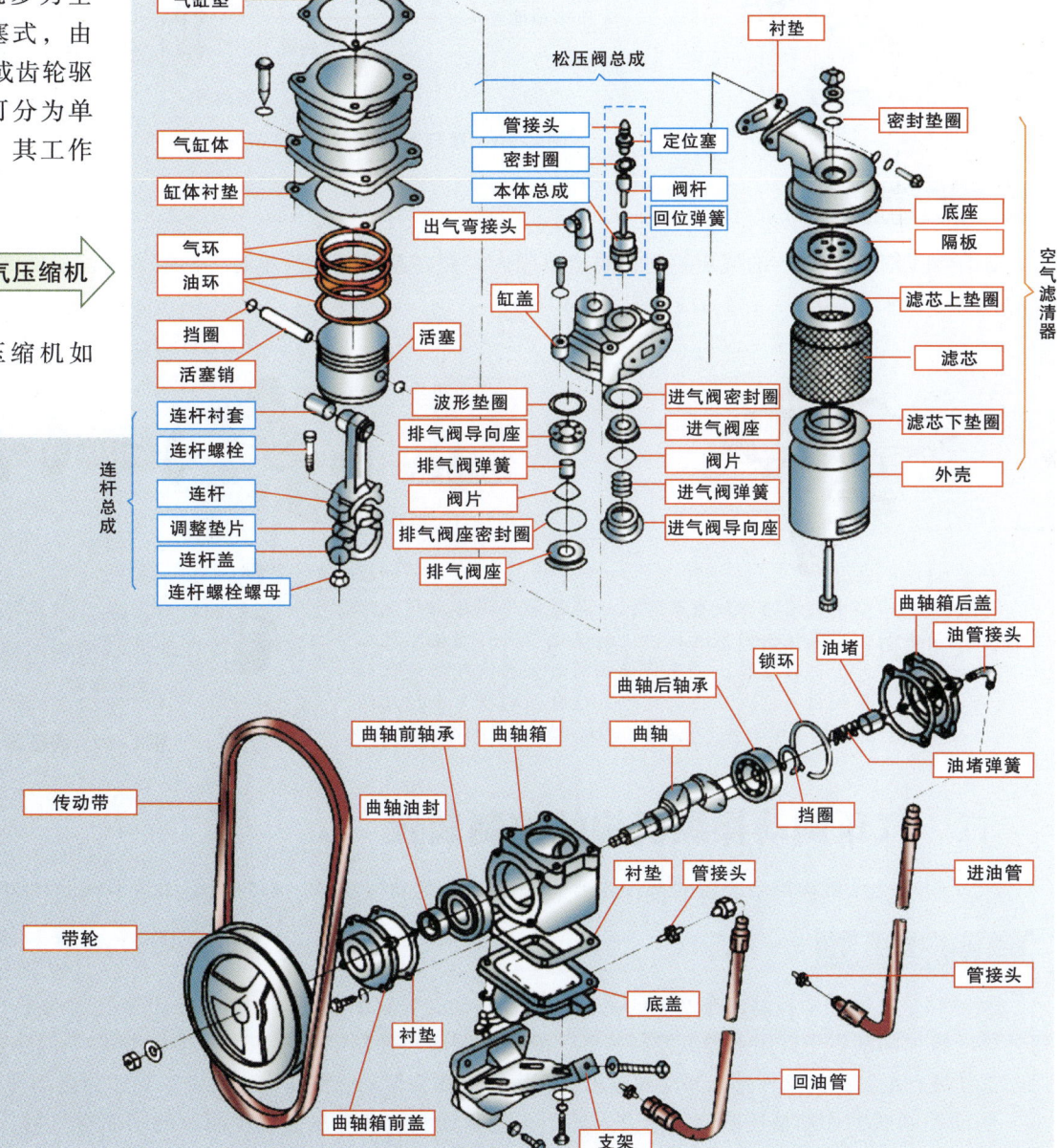

图4-89　单缸空气压缩机分解图

情境教学 汽车底盘构造与维修

（2）双缸空气压缩机

双缸空气压缩机主要由气缸盖、气缸体、曲轴箱、底盖、活塞连杆组、曲轴带轮组等组成。如图4-90所示。

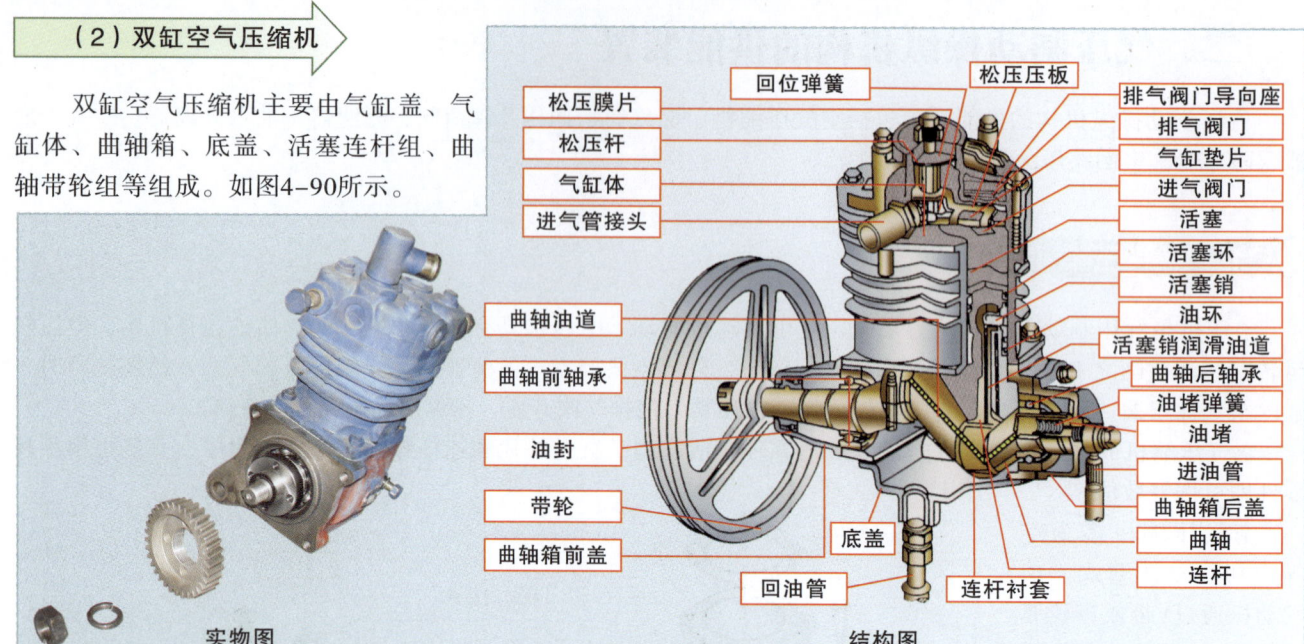

图4-90 双缸空气压缩机

2. 调压器

调压器是使储气筒内的气压控制在规定范围内，并在超过规定气压时，使空气压缩机能卸荷空转，以减少发动机功率损失。调压器实物与结构如图4-91所示。

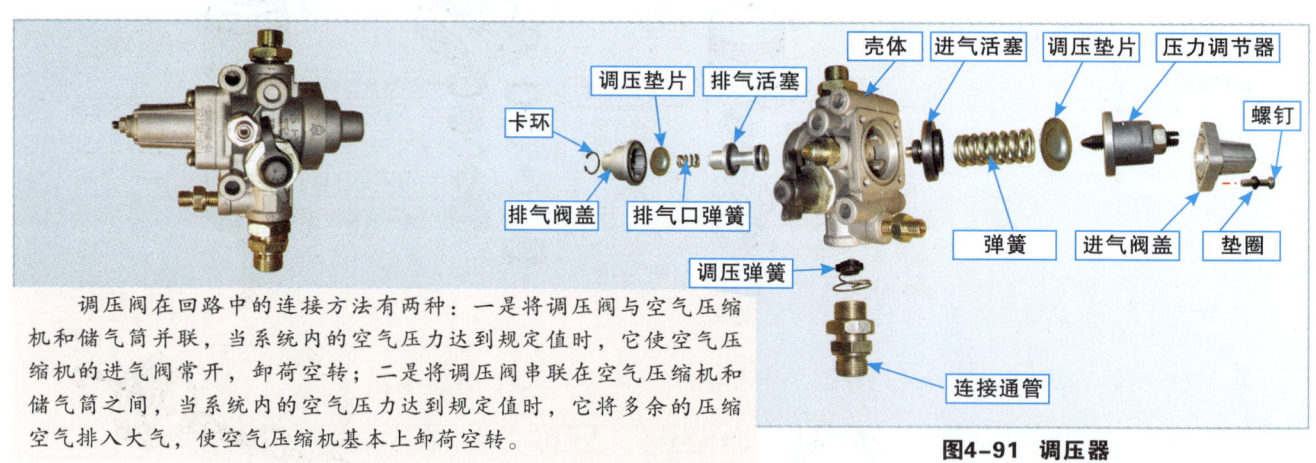

调压阀在回路中的连接方法有两种：一是将调压阀与空气压缩机和储气筒并联，当系统内的空气压力达到规定值时，它使空气压缩机的进气阀常开，卸荷空转；二是将调压阀串联在空气压缩机和储气筒之间，当系统内的空气压力达到规定值时，它将多余的压缩空气排入大气，使空气压缩机基本上卸荷空转。

图4-91 调压器

三、气压制动操纵机构的控制装置

气压制动操纵机构控制装置的部件主要有制动阀、制动气室等。有的汽车加装了辅助控制阀。

1. 制动阀

制动阀是气制动中控制行车制动的主要装置，制动阀分解图如图4-92所示。由于气制动属于动力制动系统，驾驶员所施加的踏板力只用来操纵控制装置，故制动阀应当使制动气室压力与踏板力成一定的递增函数关系，以保证驾驶员有足够强的踏板感。制动阀输出的压力可以作为促动管路压力直接输入到作为传动装置的制动气室。

制动控制阀的作用是控制储气筒进入各个车轮制动气室和挂车制动控制阀的压缩空气量，从而控制制动气室中的工作气压。

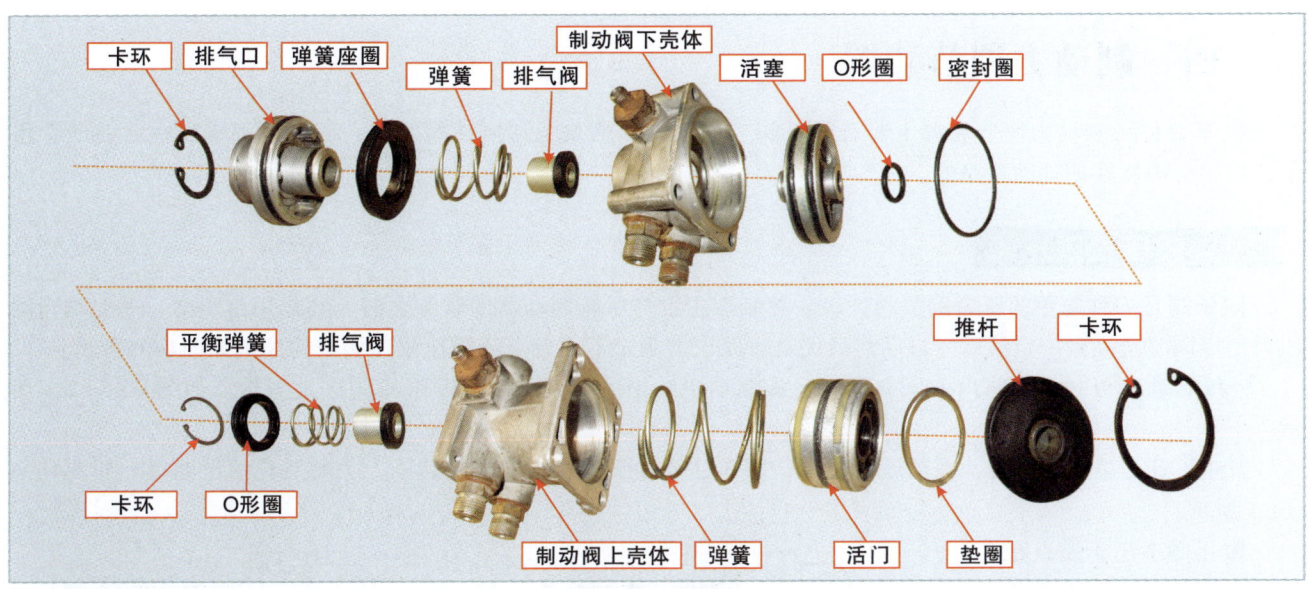

图4-92 制动阀

2. 手控制动阀

手控制动阀用来实施或解除驻车制动或应急制动。手控制动阀如图4-93所示。

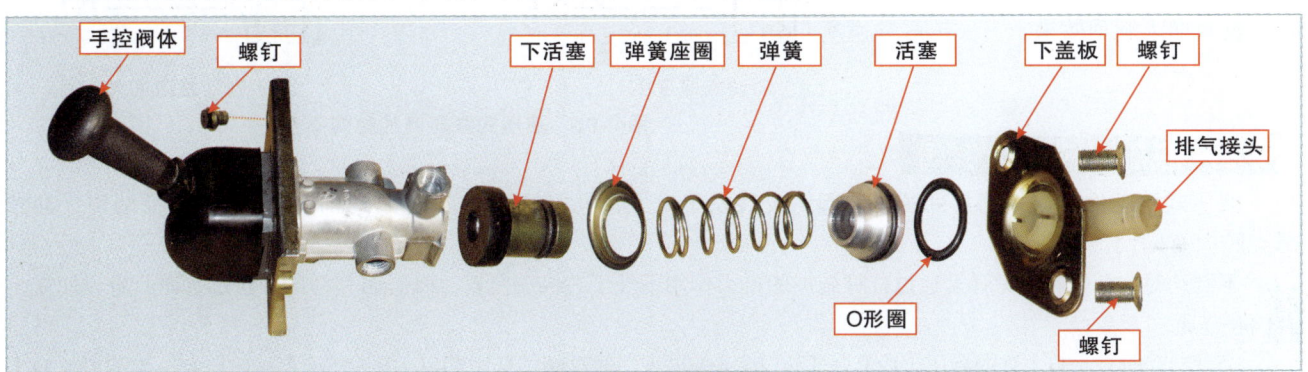

图4-93 手控制动阀

3. 制动气室

制动气室类似于液压制动系统中的轮缸,是气压制动系统中的执行装置。制动气室的作用是将输入的空气压力转变成制动凸轮的机械力,使车轮制动器产生摩擦力矩。制动气室分膜片式和活塞式两种,其中又以膜片式应用较广。解放、东风系列均采用了膜片式制动气室。如图4-94所示。

工作原理：

制动时,由制动控制阀将压缩空气从进气口充入制动气室的工作室,使膜片拱曲,将推杆推出,推动制动调整臂和制动凸轮转动,从而实现制动。

放松制动时,工作气室中的压缩空气经制动控制阀泄入大气中,膜片在回位弹簧的作用下回位而解除制动。

注意：由于前、后桥载荷不同,制动气室的尺寸和容量多为前小后大,如CA1092型汽车的前制动气室有效面积为90cm^2,后制动气室有效面积为113cm^2。

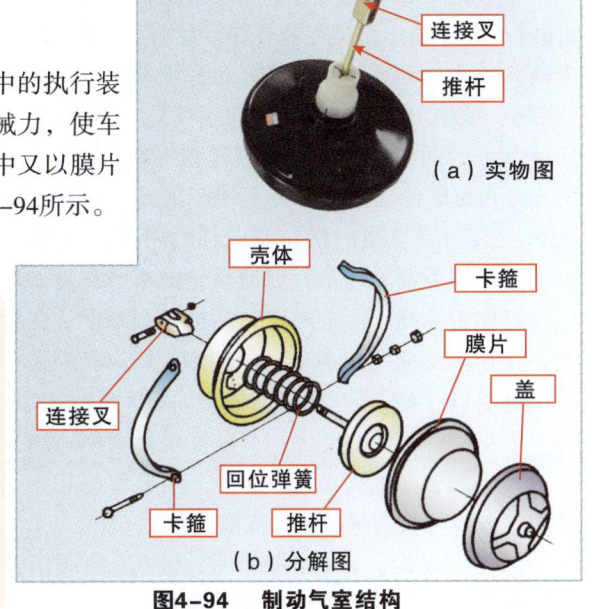

图4-94 制动气室结构

四、制动力调节装置

汽车上传统制动力调节装置主要有限压阀、比例阀、感载阀和惯性阀等。它们一般都串联在后促动管路中，但也有串联在前促动管路的。

1. 液压式限压阀

限压阀是一种简单的压力调节阀，串联在制动主缸与后轮制动器的管路之间。其作用是当前、后促动管路压力由零同步增高到一定值后，自动将后促动管路压力限定不再升高。液压限压阀结构原理如图4-95所示。

轻踩制动踏板时，管路内的压力不高，从制动主缸来的油液可以穿过限压阀进入后轮。如图4-95（a）所示。

当油压升到某一定值后，在油压作用下，阀内柱塞克服弹簧压力向左移动，关闭后轮的出油口。如图4-95（b）所示。

限压阀多用于质点高度与轴距的比值较大的轻型汽车上，因为这种汽车在制动时，其后轮垂直载荷向前轮转移的较多，可以充分利用前轮的附着质量来加大制动效果。

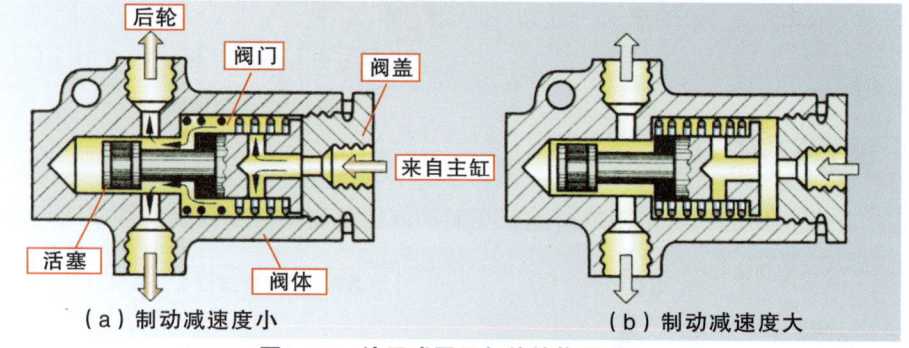

图4-95 液压式限压阀的结构原理

2. 液压式感载比例阀

液压式感载比例阀如图4-96所示。阀体安装在车身上，其中的活塞为两端承压面积不等的差径结构，其右部空腔内有阀门。

不制动时，活塞在拉力弹簧通过杠杆施加的推力作用下处于右极端位置。阀门因其杆部顶触螺塞而开启，使左、右阀腔连通。

轻微制动时，来自主缸的液压（P_1）由进油口（A）进入，通过阀门从出油口（B）输出至后轮轮缸，出油口（B）处液压$P_2=P_1$。在此状态下，活塞不动，阀门处于开启状态。

制动时，来自主缸的制动液由进油口进入，并通过阀门从出油口（B）输出至后促动管路。此时，输出压力（压强）P_2等于输入压力（压强）P_1。因活塞右端承压面积大于活塞左端承压面积，故P_1和P_2对活塞的作用力不等，于是活塞不断左移，最后使其上的阀座与阀门接触而达到平衡状态。此后，P_2的增量将小于P_1的增量。拉力弹簧右端经吊耳与摇臂相连，而摇臂则夹紧在汽车后悬架的横向稳定杆的中部。当汽车装载量增加时，后悬架载荷也增加，因而后轮向车身移近；后悬架的横向稳定杆便带动摇臂（顺时针）转过一个角度，将弹簧进一步拉伸，作用于活塞上的推力（F）便增大，使活塞右移，制动液再由进油口（A）通过阀门流向出油口（B），使输出压力（压强）P_2进一步提高。反之，汽车装载量减小，则推力减小，输出压力（压强）P_2就减小。这样，调节作用起始点控制压力值就随汽车实际装载量的变化而变化。

放松制动时，液压P_1撤销后，液压P_2使阀门开启，卸掉活塞右腔的油压，又恢复到不制动位置。

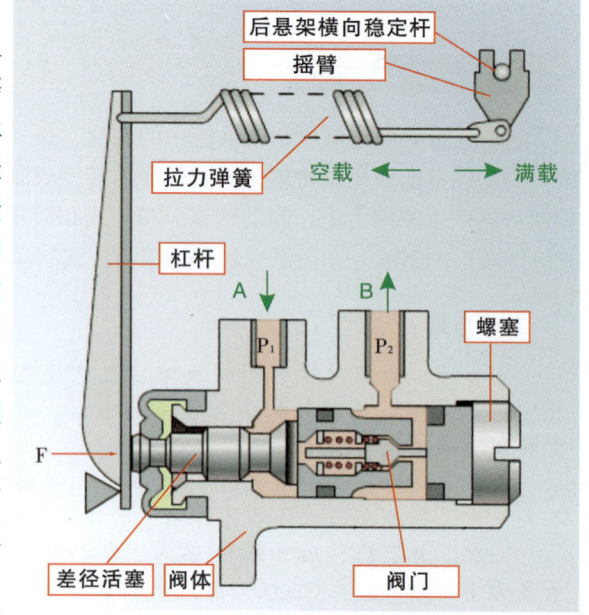

图4-96 液压式感载比例阀

五、气压制动操纵机构的检测与维修

1. 空气压缩机的检修

（1）单缸空气压缩机检修

①机体的检修：检验缸体、缸盖、曲轴箱及底盖各接合平面的平面度误差应不大于0.05mm，缸体出现裂纹，应换用新件。测量气缸的磨损情况，当其圆度误差超过0.08mm、圆柱度误差超过0.25mm时，应换用新件。

②曲轴的检修：空气压缩机曲轴出现裂纹或轴颈与前、后支承轴承的配合间隙大于0.02mm时，均应换用新件。连杆轴颈的圆柱度误差大于0.010mm时，应换用新件或磨削修复；超过极限磨损量1mm时，必须换用新件。

③活塞连杆组的检修：轴连杆出现弯扭变形，应进行校正。连杆衬套与活塞销配合间隙大于0.010mm时，应更换衬套。新衬套与连杆轴承孔的配合过盈量应为0.06～0.15mm，衬套铰削后与活塞销的配合间隙应为0.004～0.010mm。连杆出现裂纹、活塞环磨损严重或折断，均应换用新件。连杆轴承与轴颈的配合间隙大于0.12mm时，应换用新轴承。

（2）双缸空气压缩机检修

①气缸体及气缸盖的检修：检查气缸盖及气缸体的接合面平面度，如图4-97所示。当平面度误差大于0.05mm时，应磨修。气缸体上螺纹孔的螺纹损伤超过两牙以上时，应焊修后重新攻螺纹；气缸盖有裂纹时，应更换新件。

②气缸磨损检修：用量缸表检查气缸的磨损情况，如图4-98所示。当其圆度误差大于0.008mm、圆柱度误差超过0.25mm时，应进行镗磨。空气压缩机气缸有两级修理尺寸，第一级为0.40mm，第二级为0.80mm。当气缸因磨损不能按最大一级修理尺寸修理时，应镶套或更换气缸体。

③曲轴磨损检修：用千分尺检查曲轴的磨损情况，如图4-99所示。当连杆轴颈磨损，其圆度和圆柱度误差大于0.03mm时，应进行光磨；曲轴轴颈磨损至与球轴承内座圈配合间隙大于0.02mm时，可镀铬或堆焊修复后再进行光磨。

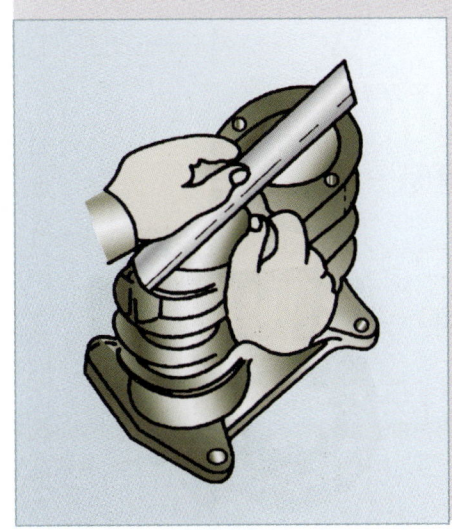
图4-97 直尺检查气缸体平面度

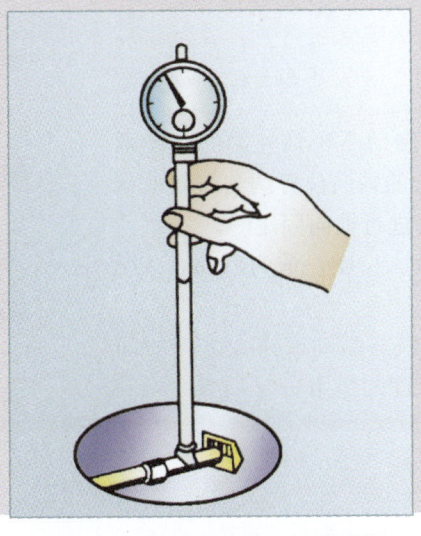
图4-98 量缸表检查气缸的磨损

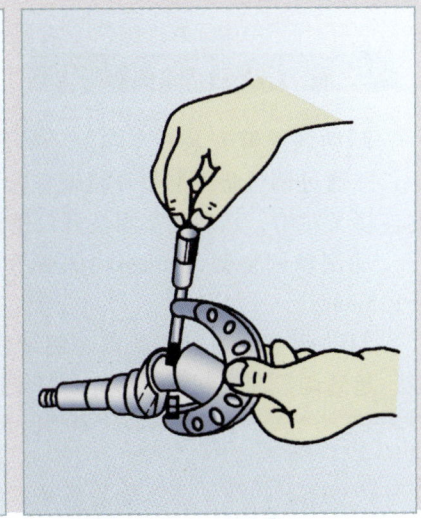
图4-99 千分尺检查曲轴的磨损

情境教学 汽车底盘构造与维修

2. 调压阀的检修

调压阀的阀体和阀盖不得有裂纹和严重变形。调压弹簧和阀门弹簧不得锈蚀、变形和折断。膜片出现变形、老化、裂痕，应更换新件。每行驶12 000km后要清洗、检查进气口上的滤芯。检查阀门总成的密封性，必要时更换新件。

3. 控制阀的检修

壳体破裂或变形严重时需更换。把制动阀壳体接合面扣在平台上用塞尺检查，平面度误差应不大于0.10mm，否则，可用砂布修磨。

在弹簧试验台上测试平衡弹簧的刚度，标准值为216N·m。若弹性不足、长度变短或变形时，应换新件，如图4-100所示。

检查制动控制阀各阀门的密封性，阀门压痕深度超过0.50mm，应换新件。

制动控制阀大修时，必须全部更换密封圈、橡胶膜片和阀门。

推杆与衬套配合松旷时，应换用新衬套。

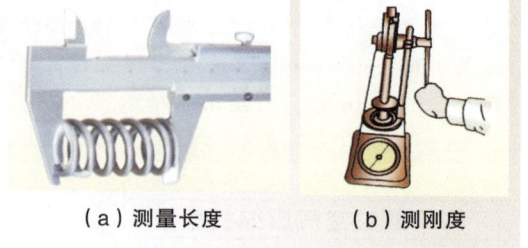

（a）测量长度　　（b）测刚度

图4-100　制动控制阀平衡弹簧检查

4. 制动气室的检修

制动气室的壳体和盖如有裂纹，应堆焊修复；膜片如有裂纹、老化或变形，应更换。

回位弹簧如有明显变形、严重锈蚀、弹性降低或折断时，应更换。

同一轴制动气室的弹簧张力应一致，不符合规定应予调整。

推杆如有变形或磨损呈台阶状，应校正或堆焊修复；推杆叉销孔因磨损过大，可堆焊后修复，或换用与孔直径相适应的加大销，应保持孔与销的间隙为0.01～0.03mm。

5. 制动调整臂

制动调整臂安装在车轮制动器制动凸轮轴外端的花键轴上，并通过调整垫圈和垫片将调整臂的轴向位置调到与制动室的连接叉对中，然后用垫圈及开口销进行轴向固定。

前制动调整臂，如图4-101所示。长度：前为117mm，后为125mm。

制动调整臂通过控制汽车制动鼓与制动摩擦片之间的间隙，起到调节和控制制动功能与灵敏度的作用。

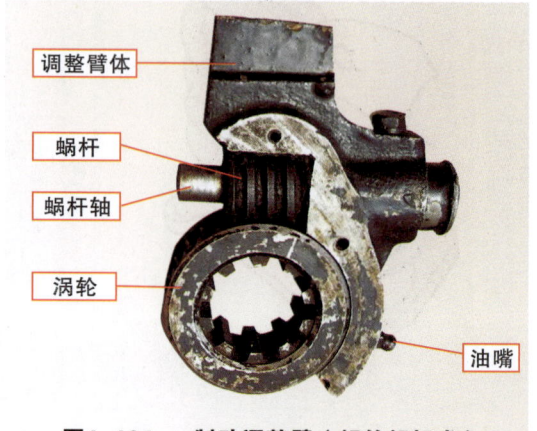

图4-101　制动调整臂（蜗轮蜗杆式）

六、气压制动操纵机构的维修实际操作

1. 气压制动传动装置常见故障诊断与排除

（1）制动失效

故障现象：

汽车行驶中使用制动时不能减速或停车，制动阀无排气声。

故障原因：

储气筒内无压缩空气。
制动控制阀的进气阀不能打开或排气阀不能关闭。
气管堵塞，制动控制阀或制动气室膜片破裂漏气。
制动踏板与制动控制阀拉臂脱节。

故障诊断与排除：

首先检查储气筒内有无压缩空气。若无压缩空气，应查找有无漏气之处；若无漏气，则为空气压缩机故障，应进行检修。
若空气压缩机工作正常，则可检查制动踏板与制动控制阀拉臂是否脱节，制动控制阀调整螺钉是否松动。如果上述情况都正常，则应拆检制动控制阀、疏通气道。

（2）制动不灵

故障现象：

汽车行驶中，将制动踏板踩到底后汽车减速不够，制动距离过长。

故障原因：

储气筒内压缩空气不足，气压表指示压力不足。
踏板自由行程过大。
制动控制阀和制动气室膜片破裂。
制动调整臂蜗杆的调整不当，使制动气室推杆行程过长。
气管破裂或接头松动漏气。
制动蹄片与制动鼓间隙过大或蹄片上有油污、泥水。

故障诊断与排除：

①启动发动机中速运转数分钟，察看气压表值是否达到标准。如果气压不足，发动机停转后气压也不明显下降，说明故障在空气压缩机，应检查风扇传动带是否松动或折断。如果良好，再检查空气压缩机至储气筒一段有无漏气，如均良好，应检查空气压缩机。

②发动机运转，未踩下制动踏板时，储气筒内气压不断升高，而发动机熄火后，气压又不断下降，故障原因应为空气压缩机至制动控制阀之间的气道漏气。

③储气筒内气压符合标准，若踩下制动踏板，气压不断下降，即为制动控制阀至各制动气室之间有漏气处，或为膜片破裂而漏气。

④如无漏气，则检查制动踏板自由行程是否符合规定，摩擦片与制动鼓之间的间隙是否过大，制动调整臂蜗杆的调整是否适当，必要时应进行调整修理。

（3）制动跑偏

故障现象：

制动时左、右轮制动力不等或制动生效时间不一致，导致汽车向制动力较大或制动作用较早的一侧偏驶。

故障原因：

左、右车轮制动间隙大小不等；接触面积相差太大；摩擦片材料不一致；质量不同。
左、右车轮制动鼓内径相差过多；回位弹簧拉力相差很大；轮胎气压不等。
个别车轮摩擦片有油污、硬化或铆钉外露；轮缸内活塞运动不灵活，皮碗发胀或油管堵塞；制动鼓失圆。
车架变形；前轴位移；前、后轴不平行；两前钢板弹簧弹力不等。

故障诊断与排除：

①汽车行驶中使用制动时向左偏斜，即为右轮制动性能差；反之，则为左轮制动性能差。通常是根据路试后轮胎拖印判断，拖印短或没有拖印的车轮即为制动效能不良的车轮。

②发现某个车轮制动不灵时，先检查制动气室。一人踏住制动踏板，另一人检查该车轮制动气室、气管或接头有无漏气。若有漏气之处，应修复；若没有漏气处，应检查制动气室推杆伸缩情况，察看是否有弯曲、变形或卡住现象，左、右推杆行程是否一致。

③如果上述情况良好，可将车轮架起，从制动鼓检视孔观察摩擦片是否有油污，测量制动间隙是否过大。如果上述情况良好，可踩下制动踏板并迅速抬起，察看制动蹄回位是否迅速自如。若不能迅速回位，多为制动蹄回位弹簧拉力不足或凸轮轴卡住，应进行修理或更换。

④如上述检查调整无效时，应拆下制动鼓，检查其是否失圆，摩擦片是否磨损过甚或硬化，铆钉头是否外露，以及弹簧拉力是否符合标准，制动调整臂凸轮轴转动是否灵活。检查后，可根据需要进行修理或换件。

⑤因摩擦片材料不同而引起制动跑偏是在更换新摩擦片后出现的，应换摩擦片。

（4）制动拖滞

故障现象：

抬起制动踏板后，摩擦片与制动鼓仍然接触，致使汽车起步困难、行驶无力、制动鼓发热。

故障原因：

制动踏板无自由行程或制动间隙过小。
制动控制阀调整不当或排气阀弹簧失效，使排气阀不能完全打开，管路不畅通。
制动踏板与制动控制阀拉臂之间传动件卡住。
制动气室推杆伸出过长或因变形而卡住。
制动凸轮轴与衬套锈滞或同轴度超差，使凸轮转动不灵活。
桥毂、轮毂轴承、半轴套管之间配合松旷。

故障诊断与排除：

①抬起制动踏板时，制动控制阀排气缓慢或不排气，大多属于制动控制阀故障；若排气快或继续排气而制动拖滞，则属于个别车轮制动故障。用手摸试各车轮制动温度，如果是制动控制阀故障，则所有车轮制动鼓发热；若个别车轮制动器有故障，则该车轮制动器发热。

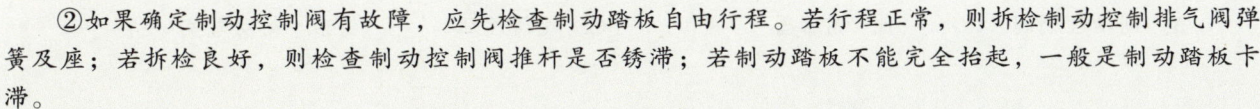

②如果确定制动控制阀有故障，应先检查制动踏板自由行程。若行程正常，则拆检制动控制排气阀弹簧及座；若拆检良好，则检查制动控制阀推杆是否锈滞；若制动踏板不能完全抬起，一般是制动踏板卡滞。

③若个别车轮拖滞，可在抬起制动踏板时观察制动气室推杆情况；若其回位缓慢或不回位，应检查制动凸轮轴与支架间润滑程度和同轴度；若推杆回位正常，可检查制动间隙；如果架起车轮检查的间隙与落下车轮检查的间隙有变化，则是轮毂轴承松旷，或半轴套管与桥毂配合松动等。如上述情况良好，则应拆下制动鼓，检查制动器各机件，进行必要的调整。

思考与练习

一、填空题

1. 在储气筒和制动气室距制动阀较远时，为了保证驾驶员实施制动时储气筒内的气体能够迅速充入制动气室而实现制动，在储气筒与制动气室间装有_____；为保证解除制动时制动气室迅速排气，在制动阀与制动气室间装_____。

2. 制动气室的作用是_____。

二、判断题（正确的打"√"，错误的打"×"）

气制动式汽车行驶时，将制动踏板踏到底，仍无制动效果的原因之一是制动系统中无气压。（   ）

三、选择题

1. 气压制动传动装置中，调压器的两个管接头应与（   ）连接
   A. 空气压缩机和储气筒　　　　　　　B. 空气压缩机和制动控制阀
   C. 卸荷阀和储气筒　　　　　　　　　D. 空气压缩机和单向阀

2. 气压制动系的制动气压压力由（   ）控制
   A. 制动控制阀　　　B. 调压器　　　C. 气筒气压　　　D. 制动气室